体能训练教程

TINENG XUNLIAN JIAOCHENG

主编 胡晓燕 黄志基

广东高等教育出版社
Guangdong Higher Education Press

·广州·

图书在版编目（CIP）数据

体能训练教程/胡晓燕，黄志基主编. —广州：广东高等教育出版社，2020.9（2021.1重印）

ISBN 978-7-5361-6791-9

Ⅰ. ①体… Ⅱ. ①胡… ②黄 Ⅲ. ①体能-身体训练-高等职业教育-教材 Ⅳ. ①G808.14

中国版本图书馆CIP数据核字（2020）第118187号

出版发行	广东高等教育出版社 地址：广州市天河区林和西横路 邮政编码：510500　电话：（020）87551597　87551077 http：//www.gdgjs.com.cn
印　刷	广东省教育厅教育印刷厂
开　本	787毫米×1 092毫米　1/16
印　张	20
字　数	462千
版　次	2020年9月第1版　2021年1月第2次印刷
定　价	48.00元

《体能训练教程》
编 委 会

主　编：
　　胡晓燕（广东体育职业技术学院）　黄志基（ARCA 亚洲康复体能学院）

副主编：
　　张　卫　杨　涛　魏晓伟

主　审：
　　李丹阳（中国体育科学学会体能训练分会秘书长，武汉体育学院）

编　委（排名不分先后）：
　　张　卫（广州体育职业技术学院）
　　杨　涛（上海体育学院附属体育职业技术学院）
　　魏晓伟（广东体育职业技术学院）
　　魏华祝（湖南体育职业学院）
　　周志俊（广州大学体育学院）
　　赵　歌（北京师范大学体育与运动学院）
　　刘　楠（山西体育职业学院）
　　何文军（山西体育职业学院）
　　陈杰林（广东省二沙体育训练中心）
　　朱丽敏（北京体育职业学院）
　　王洪刚（吉林体育学院）
　　邢国友（吉林体育学院）
　　年晓建（ARCA 亚洲康复体能学院）
　　李率铭（ARCA 亚洲康复体能学院）

特别鸣谢：
　　秦志超　林　涛　谢宏伟　雷　宁　安　宁

图片模特：
　　吴星利　谢宏伟　王新伟　宋庆全　郭亚旭　梁河龙

作者简介

胡晓燕

华南师范大学运动人体科学博士，研究员。广东体育职业技术学院运动防护专业带头人。

美国国家体能协会 NSCA 体能训练专家 CSCS
ACSM – CASM 中文 CPT 导师
德国筋膜健身 FT 中国区讲师
国际级现代五项裁判，国际现代五项联盟学校两项赛中国区总监
中国现代五项协会裁判委员会、科研委员会委员
广东省健身教练国家职业技能专业指导委员会委员
广东省体质健康管理学会常务理事
广东省学生体质健康专家委员会委员

黄志基

美国宾州加利福尼亚大学运动科学硕士。注册物理治疗师。现任 ARCA 亚洲康复体能学院总监、WER 睿康复体能中心总经理。

中国国家体操队物理治疗师
美国国家体能协会 NSCA 课程/中国区讲师
北京体育职业学院专业建设指导专家
美国国家体能协会 NSCA 体能训练专家 CSCS

序

体能是构成运动员竞技能力的重要内容之一，体能训练也是运动训练实践中的重要组成部分。近年来体能训练在国内得到前所未有的重视，不仅仅在竞技体育领域，还包括在大众健康领域、军事训练领域，以及运动医学领域，对体能从业人员需求越来越大。那么，如何培养合格的体能训练从业人员、如何提高体能训练从业人员的专业能力成为摆在我们面前的现实问题，本书正是基于目前的社会需求，由多名具有丰富执教经验的一线体能教练共同打造的一本侧重于实践能力培训的专业教材。

体能训练理论是体能教练执教的基础，体能训练方法则是体能教练执教的工具。作为体能教练需要掌握必要的训练理论与训练方法，且具备在实践中将两者紧密结合的能力，基于根本原则又能够灵活应用。近年来，体能训练的理念不断更新和丰富，本书的作者都是来自训练一线，有丰富的训练经验，本书并没有大篇幅地讲解理论和机制，更多的是从实践应用层面进行讲解，并且融入了很多作者自己在实践中的体会和技巧，可以快速地帮助读者掌握必要的训练方法。

本书在理念和技术方面均走在专业的前沿，不仅对体能训练的主要内容进行了详细讲解，同时也不拘泥于传统经典教材中的理论，引入很多新的训练理念和方法，比如功能评估、非传统力量训练等。功能评估是科学体能训练的重要环节，掌握功能评估的体能教练在训练中能发现潜在的损伤风险，更多地关注动作质量。而传统训练与非传统训练其实只是一个相对概念，只

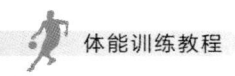

是大众对于训练方法的应用熟悉程度不同，目的都是提升训练者的体能水平。体能训练是一个多元化的组合，在目前高水平运动员的体能训练领域，越来越多的教练不仅使用传统的杠铃和哑铃训练方法，也会融入壶铃、沙袋、药球、战绳等器械，设计更具功能性的训练方法，让运动员能够获得更全面的体能训练。本书对体能训练新的理念和方法的讲解，在目前体能训练的教材中还不多见，这也是本书的亮点，相信一定会让每一位学习者受益匪浅。

本书的编写正是基于当前时代背景和对体能从业人员的特定需求，通过对当前体能训练的科学前沿理论进行梳理和凝练，为工作在训练一线的体能教练、体育教师以及训练指导人士提供具有现实意义的实践策略和方法。本书共十章，对体能训练的理论基础和训练技术进行了详细讲解，并提供了翔实的实践建议，体现了科学化和系统化。第一章介绍功能性动作评估，通过找出运动员身体可能存在活动度、稳定性、动作模式和动作控制的缺陷和薄弱环节，评估运动员潜在的运动损伤风险，并有针对性地进行功能动作纠正，提高动作质量及有效预防受伤。第二章至第九章详细介绍了准备活动与拉伸、耐力训练、力量训练、抗阻训练、增强式训练、速度训练和灵敏性训练、奥林匹克举训练的基本理论和训练方法，图文并茂，内容详尽；由于力量训练是体能训练的核心内容，在第五章、第六章、第七章和第九章分别对抗阻训练技巧、非传统力量训练、增强式训练和奥林匹克举训练进行讲解，在第四章深入浅出地介绍了抗阻训练方案设计原则的九个步骤，便于体能训练从业人员学习和理解。本书旨在为体能训练从业人员提供必要的理论和方法，尽可能地帮助他们提高指导体能训练的业务能力。

总之，本书特点鲜明，思路清晰，理念超前，更加紧密结合训练实践，是广大体能从业人员提高业务能力必备的专业教材。

闫　琪

2020 年 7 月

目 录

第一章　功能性动作评估 ································ 1

　　第一节　体态评估 ································ 2
　　第二节　关节活动测试评估 ························ 9
　　第三节　动态动作评估 ···························· 13

第二章　准备活动与拉伸 ································ 23

　　第一节　准备活动 ································ 23
　　第二节　拉伸的原理和方法 ························ 24
　　第三节　动态拉伸 ································ 31

第三章　耐力训练 ···································· 50

　　第一节　耐力的生理学基础 ························ 50
　　第二节　影响有氧耐力的因素 ······················ 52
　　第三节　有氧耐力课程设计 ························ 54
　　第四节　有氧耐力训练计划的类型 ·················· 61
　　第五节　耐力发展的长期计划 ······················ 64
　　第六节　有氧耐力训练的特殊议题 ·················· 68
　　第七节　常用的耐力训练器材 ······················ 70

第四章 抗阻训练方案设计 ……………………………………………… 77

第一节 抗阻训练方案的设计原则 …………………………………… 77
第二节 抗阻训练方案的设计步骤 …………………………………… 79

第五章 抗阻训练技巧 …………………………………………………… 103

第一节 基础训练技巧 ………………………………………………… 103
第二节 上肢固定设备抗阻训练技巧 ………………………………… 112
第三节 下肢固定设备抗阻训练技巧 ………………………………… 118
第四节 上肢自由重量训练技巧 ……………………………………… 121
第五节 下肢自由重量训练技巧 ……………………………………… 133

第六章 非传统力量训练 ………………………………………………… 139

第一节 非传统力量训练理论 ………………………………………… 139
第二节 壶铃训练方法 ………………………………………………… 144
第三节 平衡半球训练动作 …………………………………………… 158
第四节 沙袋（能量包）训练动作 …………………………………… 166

第七章 增强式训练 ……………………………………………………… 176

第一节 增强式训练机制及生理作用 ………………………………… 176
第二节 增强式训练安全指引 ………………………………………… 179
第三节 增强式训练方案设计 ………………………………………… 181
第四节 上肢及核心增强式训练 ……………………………………… 183
第五节 下肢增强式训练 ……………………………………………… 191

第八章 速度训练与灵敏训练 …………………………………………… 219

第一节 速度训练概述 ………………………………………………… 219
第二节 速度训练的方法手段 ………………………………………… 221
第三节 灵敏训练概述 ………………………………………………… 237
第四节 灵敏的训练方法手段 ………………………………………… 239

第九章　奥林匹克举训练 · 253

第一节　奥林匹克举分拆动作 · 253

第二节　奥林匹克举分解动作速度—力量关系 · 254

第三节　奥林匹克举分解动作与阶段性力量发展 · 255

第四节　奥林匹克举训练技术 · 257

第十章　恢复与再生 · 275

第一节　运动后恢复干预及方法 · 275

第二节　泡沫轴肌筋膜放松动作 · 284

第三节　静态拉伸技巧 · 289

第四节　本体感觉神经肌肉促进拉伸技巧 · 303

参考文献 · 308

第一章 功能性动作评估

体能教练在制订训练计划时，需要分析运动项目以及运动员情况。在分析运动员情况中，体能教练不但需要了解运动员的受训状况、伤病情况、最大肌力和其他生理指标，而且应该拥有评价动作质量与运动风险评估的相关知识及技能。其要求为：

- 能找出运动员身体可能存在的活动度、稳定性、动作模式和动作控制的缺陷和薄弱环节。
- 能评估运动员潜在的运动损伤风险。
- 能有针对性地进行功能动作纠正，以提高动作质量和预防运动损伤。

体能教练会根据不同运动项目的技术特点及体能需求，设计不同专项的评估方法。但是没有任何一套有效评估方案能适合所有运动项目，因此本章不会一一列举如最大力量测试、有氧能力测试、灵敏测试及柔韧性测试的方法。本章将以运动员的动作为评估对象，通过动作的筛查，发现运动员存在的问题，评估运动员的运动损伤风险。目的是让运动员具备良好的身体控制能力和合理的动作技术，在降低运动风险的同时提高训练效率。

运动损伤会给运动员带来巨大的医疗负担及给生活质量带来负面影响。从运动表现的层面上看，受伤会对运动员及团队获取良好的运动成绩造成障碍。运动员受伤，可能让前期的努力付之东流，更有可能导致运动员无奈结束运动生涯。以往对于运动受伤，大部分教练及运动员会视为是运动员运气不好或损伤本身就是无法避免的。但是，现时越来越多研究发现通过合适的预防方案，能有效降低运动受伤概率。在整个功能性动作评估中，建议包括体态评估、肌肉长度评估及动态动作评估。

第一节 体态评估

一、体态是什么

在物理治疗、按摩疗法、整脊、功能训练等背景下，体态描述的是身体各个部位之间的关系，包括它们自然排列的位置，或者从解剖学的角度看，它们的位置是否合理。体态评估最早是应用于医学领域，用于评估患者的身体排列。例如，站姿时的静态评估、伏案工作时的坐姿评估，以及身体移动时的动态评估。后来，更多的体能教练也应用此技术，作为评估运动员的运动损伤风险中的一个组成环节。

二、为何要进行体态评估

1．获取信息

体态评估能够帮助治疗师或体能教练获取更多关于个体的信息。体态问题可能是导致个体伤病或动作质量欠缺的原因之一，故体态评估可以为治疗师或体能教练提供线索，帮助发现造成个体问题的原因，并为进一步评估筛查方法的选择，以及治疗或矫正训练方案的制定提供思路。

2．节省时间

体态评估能够提高整个评估过程时效。在体态评估中，治疗师或体能教练能够360度全面观察个体，如相比于其他姿势的评估，有些问题在站姿体态评估下较易显现。

3．建立基准值

体态评估结果可以被用作矫正训练前个体基准值的一部分，并在后续用来衡量矫正训练的成效。

4．整体调整

将体态评估作为评估的一部分。将个体视为一个整体，而不仅仅将目光局限在不灵活的肩膀、疼痛的膝盖、不稳定的躯干上，如此有利于体能教练为个体提供更为全面的服务。

三、体态评估的常用观察点及标准体态

在进行体态评估时，体能教练需要在运动员背面、侧面及正面进行观察。评估时，

男性运动员应只穿短裤,女性运动员只穿运动背心及短裤。在整个评估过程中,运动员应使用平常、自然的站姿站立,体能教练不应指导运动员调整身体及尽可能少触摸运动员。以下为体态评估时主要的观察点及标准。

(一)背面观(见图1-1)

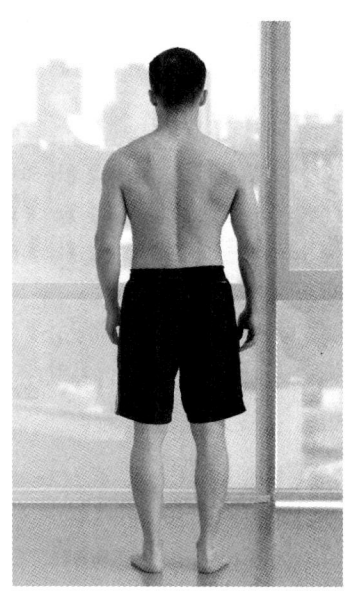

图1-1 背面观

1. 头部

(1)中央铅垂线穿过头部正中央,头部无侧移。

(2)双侧耳垂:等高,头部无侧屈。

(3)面部可见范围:从后方观察,左右相等,头部无旋转。

2. 颈部

颈椎棘突:中央铅垂线穿过所有颈椎棘突,颈椎无侧弯或侧移。

3. 胸廓

(1)胸椎棘突:中央铅垂线穿过所有胸椎棘突,胸椎无侧弯或侧移。

(2)肋骨轮廓:双侧形状大小对称,到正后方观察者距离相等,肋骨轮廓无旋转。

4. 肩部

(1)肩胛骨内缘:双侧肩胛骨内缘与中央铅垂线平行或轻微上旋;到中央铅垂线距离相等,距离为6.4~7.6厘米(2.5~3英寸);内缘贴胸廓,无翼状肩情形。

(2)肩胛骨上角:双侧等高,约对齐第二胸椎棘突。

(3)肩胛下角:双侧等高,约对齐第七胸椎棘突。

5. 上肢

（1）肱骨近、远端位于同一铅垂线上，肩关节无外展。

（2）鹰嘴：双侧等高，到中央铅垂线距离相等，且正对后方，肩关节处于中立位。

（3）掌面：双侧等高，到中央铅垂线距离相等，且正对身体侧面。

6. 腰部

腰椎棘突：中央铅垂线穿过所有腰椎棘突，腰椎无侧弯或侧移。

7. 骨盆

（1）髂嵴最高点：双侧等高，与中央铅垂线等距，与后方观察者距离相等，骨盆无侧倾，无旋转。

（2）髂后上棘：双侧等高，与中央铅垂线等距，与后方观察者距离相等，骨盆无侧倾，无旋转。

8. 下肢

（1）股骨大转子：双侧等高，与中央铅垂线等距。

（2）膝关节：双侧膝关节到中央铅垂线的距离相等，膝后褶正对后方。

（3）足、踝：双侧跟腱－跟骨连线几乎垂直地面，足部无内翻或外翻。

9. 其他

肌肉体积左右对称，无疤痕、水肿、体表颜色变化；无其他显著异常，如异常皮肤褶皱等。

（二）侧面观（见图1-2）

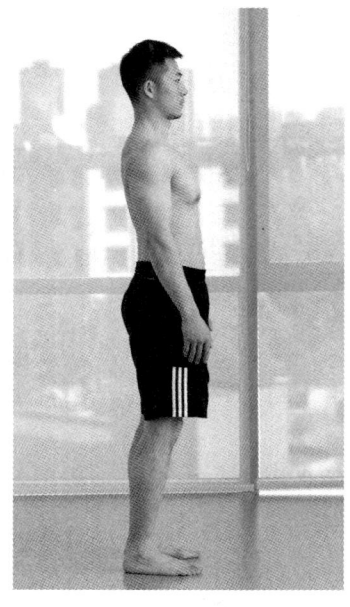

图1-2 侧面观

(1) 头部：耳垂位于中央铅垂线上。

(2) 颈部：颈曲轻微均匀前凸。中央铅垂线穿过大多数颈椎椎体。

(3) 肩部：中央铅垂线穿过肩峰，肩胛骨前倾约10度。

(4) 胸廓：中央铅垂线穿过胸廓正中央，胸曲整体呈均匀轻微后凸。

(5) 腰部：中央铅垂线穿过大多数腰椎柱体，腰曲整体呈均匀轻微前凸。

(6) 骨盆：髂前上棘与耻骨联合位于同一冠状面，骨盆无前倾或后倾。

7. 下肢

(1) 股骨大转子：中央铅垂线穿过股骨大转子。

(2) 膝关节：中央铅垂线穿过膝中央偏前方，无膝关节屈曲和无膝关节超伸。

(3) 踝关节：中央铅垂线穿过外踝稍前方，正常踝背屈（膝屈曲往往对应踝背屈增加，而膝超伸往往对应踝背屈减少）。

8. 其他

肌肉体积左右对称，无疤痕、水肿、体表颜色变化或其他异常。

（三）正面观（见图1-3）

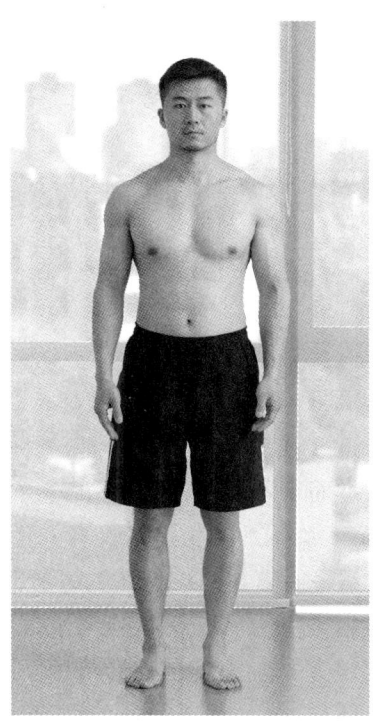

图1-3 正面观

1. **头部**

中央铅垂线穿过面部正中央,即前额、鼻子、下巴正中央,头部无侧屈、侧移或旋转。

2. **颈部**

中央铅垂线穿过颈部正中央。

3. **胸廓**

(1) 胸骨:中央铅垂线穿过胸骨柄及剑突,胸廓无侧弯或侧移。

(2) 肋骨轮廓:双侧形状对称;与正前方观察者等距,肋骨轮廓无旋转;肋下角约 90 度,被中央铅垂线均分。

4. **上肢**

(1) 锁骨:双侧胸锁关节、肩锁关节各自等高。

(2) 外偏角:男性约 5 度,女性为 10~15 度。

5. **腰部**

中央铅垂线穿过肚脐,腰部无侧弯或侧移。

6. **下肢**

(1) Q 角:双侧 Q 角对称,呈 15~20 度,女性 Q 角较男性偏大。

(2) 股骨 – 胫骨长轴内侧夹角:约 195 度,无膝关节内翻或外翻(若该夹角小于 180 度,视为膝内翻,反之,视为膝外翻)。

(3) 髌骨:双侧髌骨等高,与中央铅垂线等距,正对前方。

(4) 足:双脚朝外角度相同。

7. **其他**

肌肉体积左右对称,无疤痕、水肿、体表颜色变化或其他异常。

四、常见体态问题举例

1. **上交叉综合征**(suprachiasmatic syndrome)

上交叉综合征,又可称为近端或肩带交叉综合征。体态特点主要包括头前引、颈曲前突增加(上颈椎段后伸增加而下颈椎段前屈增加)、肩胛骨上提增加(耸肩)、肩胛骨前引增加(圆肩)、翼状肩、胸椎后突增加(驼背)等。见图 1-4。

上交叉综合征主要肌肉的不平衡表现为:个体枕下肌群、斜方肌上束、肩胛提肌、胸锁乳突肌、斜角肌缩短,斜向前下方,交叉对应胸大肌、胸小肌缩短。深层颈屈肌伸长,斜向后下方,交叉对应斜方肌中束、斜方肌下束、菱形肌、前锯肌伸长。具体归纳见表 1-1。

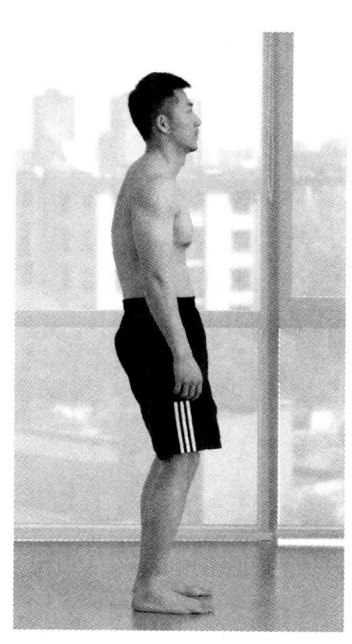

图 1-4 上交叉综合征

表 1-1 上交叉综合征主要肌肉的不平衡表现

缩短的肌肉	伸长的肌肉
枕下肌群	深层颈屈肌
斜方肌上束	斜方肌中束
肩胛提肌	斜方肌下束
胸锁乳突肌	菱形肌
斜角肌	前锯肌
胸大肌	—
胸小肌	—

从肌肉角度来看，上交叉综合征的矫正，建议先抑制和延展相应缩短的肌肉，主要包括枕下肌群、斜方肌上束、肩胛提肌、胸锁乳突肌、斜角肌、胸大肌和胸小肌。提升以上肌肉延展性的方法多种多样，比如可以通过手法放松、主动或被动拉伸、PNF（本体感觉神经肌肉促进疗法）等方法来实现。

此外，在抑制和延展了相应缩短的肌肉后，我们还应对相关伸长或参与不足的肌肉进行有针对性的锻炼和强化。

2. 下交叉综合征（inferior cross syndrome）

下交叉综合征，又可称为远端或骨盆交叉综合征。体态特点主要包括腰椎前突增加、骨盆前倾，而身体为了维持平衡，可能出现链状反应，导致胸椎后突增加（驼背）、颈椎前突增加等。见图1-5。

图1-5 下交叉综合征

下交叉综合征主要肌肉的不平衡表现为：个体腰段竖脊肌、腰方肌、背阔肌缩短，斜向前下方，交叉对应屈髋肌群、髋关节内收肌群缩短。腹部肌肉伸长，斜向后下方，交叉对应臀大肌、臀中肌（尤其后束）伸长。具体归纳见表1-2。

表1-2 下交叉综合征主要肌肉的不平衡表现

缩短的肌肉	伸长的肌肉
腰段竖脊肌	腹横肌
腰方肌	臀大肌
背阔肌	臀中肌（后束）
屈髋肌群	—
髋关节内收肌群	—

从肌肉角度来看，下交叉综合征的矫正，建议先抑制和延展相应缩短的肌肉，主要包括腰段竖脊肌、腰方肌、背阔肌、屈髋肌群及髋关节内收肌群，提升上述肌肉延展性的方法多种多样，比如可以通过手法放松、主动或被动牵拉、PNF等方法来实现。

此外，在抑制和延展了相应缩短的肌肉后，我们还应对相关伸长或参与不足的肌肉进行有针对性的锻炼和强化。

第二节 关节活动测试评估

柔韧性（flexibility）是指与关节连接的肌肉、筋膜和韧带等组织允许的最大活动范围。如果柔韧度不足，不但影响运动表现，更会引起身体出现代偿情况，导致运动受伤。良好的肌肉长度对保障运动中的动作质量及预防受伤十分重要。体能教练应该定期评估运动员的肌肉长度。如果出现肌肉长度不足的情况，应制定拉伸及放松方案，尽快协助运动员恢复需要的肌肉长度。

一、肩关节外旋测试（见图1-6）

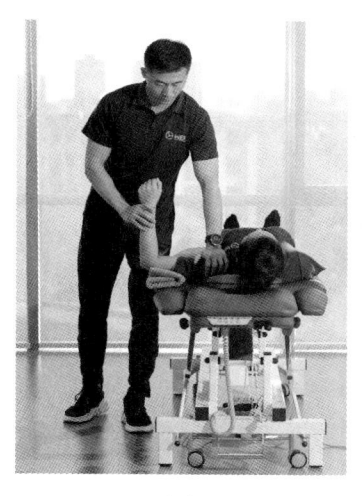
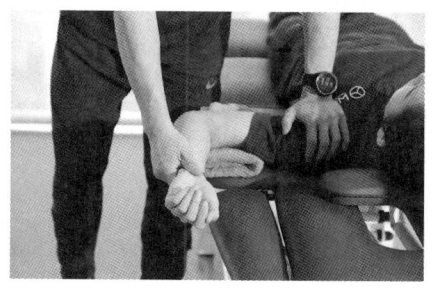

（a） （b）

图1-6 肩关节外旋测试

1. **准备动作**
（1）运动员仰卧，测试侧上臂的下方垫上毛巾，使得肱骨位于肩胛骨平面内。
（2）肩外展90度，屈肘90度，掌心朝向体能教练。
2. **评估方法**
（1）体能教练立于评估侧，缓慢外旋运动员的肩关节。过程中，体能教练需要固定运动员的肩胛骨及肱骨头。
（2）若肩关节被动外旋活动度不足90度，则怀疑该侧肩胛下肌缩短。测试时注意左右对比。

二、肩关节内旋测试（见图1-7）

1. 准备动作

（1）运动员仰卧，测试侧上臂的下方垫上毛巾，使得肱骨位于肩胛骨平面内。

（2）肩外展90度，屈肘90度，掌心朝向体能教练。

2. 评估方法

（1）体能教练立于评估侧，缓慢内旋运动员的肩关节。过程中，体能教练需要固定运动员的肩胛骨及肱骨头。

（2）若肩关节被动内旋活动度不足70度，则怀疑该侧冈下肌、小圆肌缩短。测试时注意左右对比。

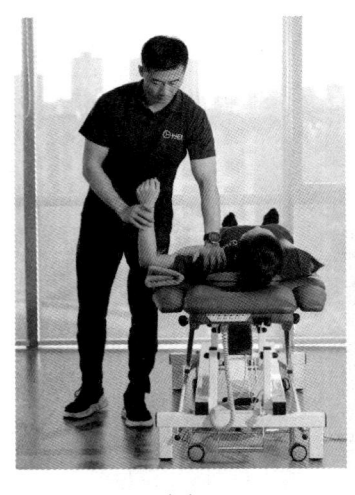
（a）

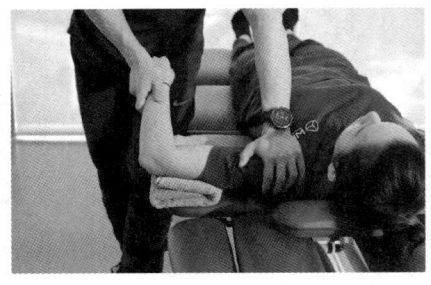
（b）

图1-7 肩关节内旋测试

三、托马斯测试（见图1-8）

1. 准备动作

（1）运动员坐在按摩床上，坐骨结节靠近按摩床边缘，然后躺下，双腿屈髋屈膝。

（2）运动员双手抱紧非测试一侧大腿，使大腿尽量紧贴腹部。

（3）体能教练立于非测试一侧，协助固定。

2. 评估方法

（1）运动员的测试侧腿自然下放，整个过程腰骶区域不离开按摩床。

（2）若大腿达到水平面（髋伸可达0度），且体能教练给予轻微压力时，髋伸可达

10~15度，则表明该侧髂腰肌长度正常。

（3）若运动员髋伸达到0度，体能教练能被动屈运动员膝关节至80度，则表明该侧股直肌长度正常。

（4）测试时注意左右对比，以及大腿是否出现外展情况，这可能与阔筋膜张肌/髂胫束缩短有关。

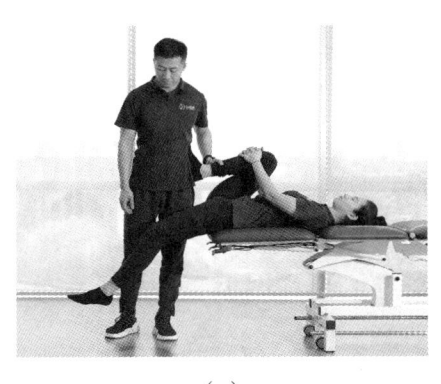
（a）

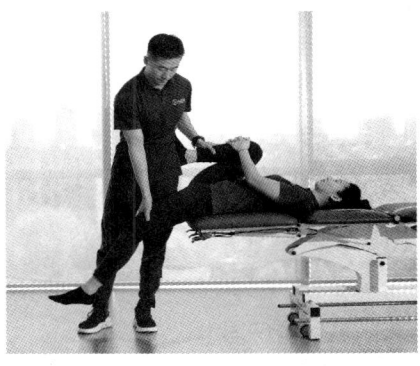
（b）

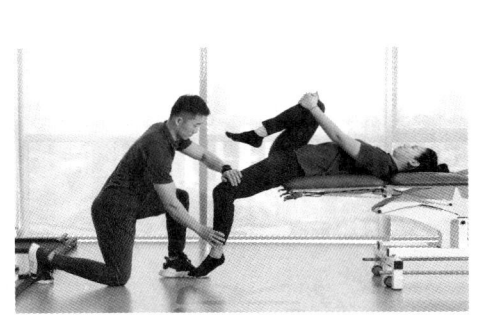
（c）

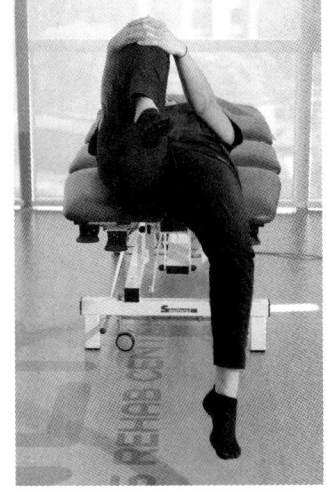
（d）

图1-8 托马斯测试

四、直腿抬高测试（见图1-9）

1. 准备动作

（1）运动员仰卧，非评估测试侧的膝关节伸直。若运动员腰部不能平放于按摩床面或屈髋肌群紧张，也可令非测试侧屈膝。

（2）体能教练立于测试侧，一手置于运动员的小腿后侧，另一手置于大腿前侧，保证运动员的膝关节始终伸直，且髋关节处于旋转中立位。

2. 评估方法

（1）缓慢将运动员腿抬高，直到骨盆即将后倾。

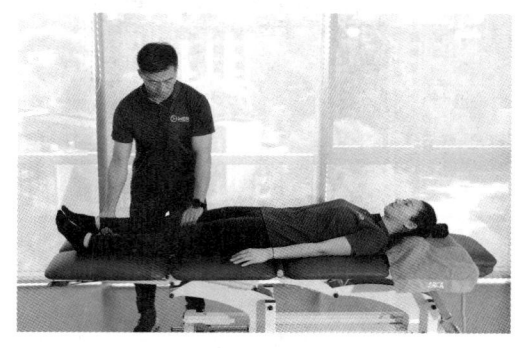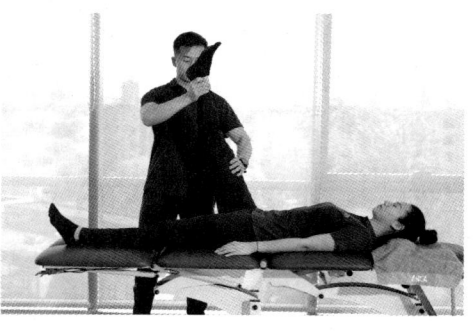

（a）　　　　　　　　　　　　（b）

图1-9　直腿抬高测试

（2）若非测试腿直膝情况下，测试腿屈髋可达80度；或非测试腿屈膝情况下，测试腿屈髋可达90度，则表明测试腿的腘绳肌长度正常。

（3）若屈髋角度小于或等于70度，则应怀疑测试腿的腘绳肌缩短。测试时注意左右对比。

五、比目鱼肌长度测试（见图1-10）

1. 准备动作

运动员赤脚，弓步跪在垫上，测试侧大脚趾朝向前方。

2. 评估方法

（1）运动员重心向前移使膝关节尽量向前，足背屈幅度增加。过程始终保证脚跟着地，髋、膝与第二脚趾位于同一直线上。

（2）体能教练测试膝前方垂直向下的投影线与大脚趾的距离。如果运动员大脚趾与膝前方垂直向下的投影线距离小于6厘米，则应怀疑该侧比目鱼肌缩短。

(3) 若距离在 10~12 厘米，则表明比目鱼肌长度正常；若距离超过 12 厘米，则应怀疑运动员踝关节过度灵活（hypermobile）。测试时注意左右对比。

(a) (b)

图 1-10 比目鱼肌长度测试

第三节 动态动作评估

动态动作评估需要体能教练观察运动员的动作模式，发现运动员的代偿情况并对后续的相关测试或训练提供更多的线索。常见的动态测试有过头深蹲（overhead squat）、单腿蹲（battement fondu）、坐姿肩外展（sitting shoulder abduction）、俯卧撑（push-up）、坐姿躯干旋转（body rotation in sitting position）等5个动作。

一、过头深蹲（overhead squat）

1. 评估意义

运动员的脚踝、膝及髋关节必须要有足够的活动度才能完成深蹲动作。当运动员把双手举起过头时，会对肩关节周围的肌肉群产生压力及张力，并在后续的下蹲时身体前倾，增加腰部区域的阻力臂，对躯干核心稳定度要求增大。运动员能够正确地完成过头深蹲，这需要足够的身体关节活动度及肌肉长度，同时拥有良好的动态平衡以及足够的肌肉控制。因此，进行过头深蹲时，体能教练可以检测到全身的结构排列、身体的柔软度、左右两侧站姿的肌肉神经控制。

2. 如何评估过头深蹲

进行过头深蹲时，运动员双手高举过头，双脚打开与肩同宽且脚趾朝前。缓慢地下蹲到椅垫的高度再缓慢地站起。体能教练必须从前面、后面、侧面进行评估，每个面向进行三次深蹲（见图1-11）。

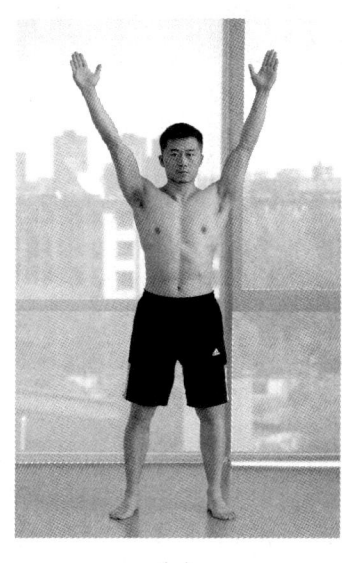  

（a） （b） （c）

图 1-11　过头深蹲准备动作

3. 前侧评估观测点及总结

体能教练在进行过头深蹲前侧评估时，需要注意运动员的脚及膝是否出现代偿情况（见图 1-12）。表 1-3 所示的是前侧评估观测点及总结。

表 1-3　前侧评估观测点及总结

观测点	动作代偿	可能过度活跃的肌肉群	可能肌力不足的肌肉群
脚	足弓扁平 [见图 1-12（a）]	（1）比目鱼肌 （2）外侧腓肠肌 （3）股二头肌 （4）阔筋膜张肌	（1）内侧腓肠肌 （2）内侧腿后肌群 （3）臀大肌 （4）臀中肌 （5）股薄肌
膝	膝往内夹 [见图 1-12（b）]	（1）内收肌群 （2）股二头肌短头 （3）阔筋膜张肌 （4）外侧腓肠肌 （5）股外侧肌	（1）内侧腓肠肌 （2）内侧腿后肌群
	膝往外开	（1）梨状肌 （2）股二头肌 （3）阔筋膜张肌 （4）臀中肌 （5）臀小肌	（1）内收肌群 （2）内侧腿后肌群 （3）臀大肌

（a）　　　　　　　　　　（b）

图 1-12　脚、膝动作代偿情况

4. 侧面评估观测点及总结

过头深蹲侧面标准体态如图 1-13 所示。体能教练在进行侧面侧评估时，需要注意运动员的上半身、腰椎骨盆、髋关节复合体及脚是否出现代偿情况。表 1-4 所示的是侧面评估观测点及总结。

表 1-4　侧面评估观测点及总结

观测点	动作代偿	可能过度活跃的肌肉群	可能肌力不足的肌肉群
上半身	手落在头前面（见图 1-14）	（1）背阔肌 （2）胸大肌 （3）胸小肌 （4）喙肱肌	（1）中/下斜方肌 （2）菱形肌 （3）三角肌后侧 （4）肩袖肌肉群
腰椎骨盆及髋关节复合体	过度前倾（见图 1-15）	（1）比目鱼肌 （2）腓肠肌 （3）髋屈肌群	（1）胫前肌 （2）臀大肌 （3）竖脊肌
	下背过度伸展（见图 1-16）	（1）髋屈肌群 （2）竖脊肌 （3）背阔肌	（1）臀大肌 （2）核心稳定肌群
	下背弯曲	（1）腿后肌群 （2）内收大肌 （3）腹直肌 （4）腹外斜肌	（1）臀大肌 （2）竖脊肌 （3）核心稳定肌群

续上表

观测点	动作代偿	可能过度活跃的肌肉群	可能肌力不足的肌肉群
脚	脚跟提起（见图 1-17）	（1）比目鱼肌 （2）腓肠肌	胫骨前肌

图 1-13 过头深蹲侧面标准体态

图 1-14 手落在头前面

图 1-15 过度前倾

图 1-16 下背过度伸展

图 1-17 脚跟提起

5. 背面评估观测点及总结

体能教练在进行过头深蹲背面侧评估时，需要注意运动员脚、腰椎骨盆及髋关节复合体是否出现代偿情况。表 1-5 所示的是背面评估观测点及总结。

表 1-5 背面评估观测点及总结

观测点	动作代偿	可能过度活跃的肌肉群	可能肌力不足的肌肉群
腰椎骨盆及髋关节复合体	重心不对称	（1）内收肌群（重心偏移侧） （2）阔筋膜张肌 （3）梨状肌 （4）股二头肌 （5）臀中肌（重心远离侧）	（1）臀中肌（重心偏移侧） （2）内收肌群（重心远离侧）

二、单腿蹲（battement fondu）

1. 评估意义

单腿蹲可以检测出下半身的动态关节活动度、肌肉神经控制度以及平衡性。其对于腰椎骨盆及髋关节复合体会产生更大的挑战性，因为身体的支撑面积减少，本体感觉必须要做更多的努力来维持平衡。同时，单腿蹲也可以是一个日常生活的功能性检测。

2. 如何评估单腿蹲

进行单腿蹲时，双脚与肩宽且脚趾头朝前，双手叉腰后把重心移到一只脚上再缓慢地往下蹲三次（见图 1-18）。体能教练观察队员的骨盆位置，骨盆应该维持在水平线上，没有下坠或上提。同时观察膝盖有没有外翻或内翻情况。表 1-6 所示的是单腿蹲前侧评估观测点及总结。

图 1-18 单腿蹲

表 1-6 单腿蹲前侧评估观测点及总结

观测点	动作代偿	可能过度活跃的肌肉群	可能肌力不足的肌肉群
脚	足弓扁平	（1）比目鱼肌 （2）外侧腓肠肌 （3）股二头肌 （4）阔筋膜张肌	（1）内侧腓肠肌 （2）内侧腿后肌群 （3）臀大肌 （4）臀中肌 （5）股薄肌
膝	膝往内夹 （见图 1-19）	（1）内收肌群 （2）股二头肌短头 （3）阔筋膜张肌 （3）外侧腓肠肌 （4）股外侧肌	（1）内侧腓肠肌 （2）内侧腿后肌群

图 1-19　膝往内夹

三、坐姿肩外展（sitting shoulder abduction）

1．评估意义

肩外展主要包含三个动作，即盂肱关节外展、肩胛骨上回旋和上提。坐姿肩外展测试主要评估的是肩复合体肌肉于动作中的协调性。

2. 如何评估坐姿肩外展

运动员端坐，双手垂放体侧，掌心向前。体能教练从后侧观察运动员进行肩外展动作（见图1-20）。正常情况如下：最初30度主要是肱骨进行外展活动；大于30度后，肩胛骨随盂肱关节外展而上提、上回旋；到末端位置时，肱骨应该能贴近耳朵，肩胛骨可能出现轻微下降、后缩，肱骨轻微外旋；当肩外展达180度，肩胛骨上回旋约60度，盂肱关节外展约120度，整体盂肱节律为2∶1。这时，肩胛下角接近但不超过腋中线。运动员肩外展及下降过程中，体能教练可以观察手抬起时左右对称、肩胛下角位置是否出现翼状肩。肩胛骨运动的个体差异较大，评估时注意双侧对比。表1-7所示的是坐姿肩外展背侧评估观测点及总结。

(a) (b)

图1-20 坐姿肩外展

表1-7 坐姿肩外展背侧评估观测点及总结

观测点	动作代偿	可能过度活跃的肌肉群	可能肌力不足的肌肉群
肩胛骨	过度上提（尤其外展最初30度，过度耸肩）	（1）斜方肌上束 （2）肩胛提肌 （3）菱形肌 （4）对侧竖脊肌、腰方肌（若伴体侧屈代偿）	（1）斜方肌中束 （2）斜方肌下束 （3）三角肌 （4）肩袖肌群（如冈上肌、冈下肌、小圆肌、肩胛下肌）
	上回旋不足（终末位不足60度）	（1）肩胛提肌 （2）菱形肌 （3）胸小肌 （4）三角肌 （5）冈上肌	（1）斜方肌各束 （2）前锯肌

四、俯卧撑（push-up）

1. 评估意义

俯卧撑测试主要评估的是运动员在负重情形下，肩胛骨的动态稳定性。同时，对上肢力量及躯干稳定性也存在一定挑战。

2. 如何评估俯卧撑

运动员俯卧，双手置于双肩下方，双膝伸直，双脚并拢，且与地面垂直。执行俯卧撑（见图1-21），然后缓慢下放身体，回到起始位置。如果运动员在双膝伸直情况下，不能完成测试，可令其执行跪姿俯卧撑（见图1-22）。正常情况下，身体整体撑起；双侧肩胛骨前引、上回旋并可能轻微上提；撑起及下放全程无痛感，肩胛骨运动左右对称，无出现翼状肩或肩胛下角突出情形。表1-8所示的是俯卧撑评估观测点及总结。

表1-8 俯卧撑评估观测点及总结

观测点	动作代偿	可能过度活跃的肌肉群	可能肌力不足的肌肉群
肩胛骨	过度上提	（1）斜方肌上束 （2）肩胛提肌 （3）菱形肌	（1）斜方肌中、下束 （2）三角肌 （3）肩袖肌群
肩胛骨	上回旋不足（撑起终末位肱肩节律大于2:1）	（1）肩胛提肌 （2）菱形肌 （3）胸小肌 （4）三角肌 （5）冈上肌	（1）斜方肌各束 （2）前锯肌
肩胛骨	翼状肩/肩胛下角突出	（1）胸小肌 （2）胸大肌 （3）三角肌前束 （4）喙肱肌 （5）肱二头肌短头	（1）前锯肌 （2）斜方肌下束

(a)

(b)

图 1-21　俯卧撑

图 1-22　跪姿俯卧撑

五、坐姿躯干旋转（body rotation in sitting position）

1. 评估意义

坐姿躯干旋转测试主要用于评估运动员的胸—腰椎旋转活动度。若胸—腰椎旋转活动度受限，身体其他部分将发生旋转代偿，导致增加组织负担，加大伤病风险。

2. 如何评估坐姿躯干旋转

运动员端坐于按摩床或无靠背的椅子上，双膝、双脚并拢，正对前方，双手胸前交叉，将一根横杆固定在胸前。运动员分别向左、向右做躯干旋转至最大幅度（见图 1-23），各方向进行 3 次，过程中保证骨盆及下肢不动。体能教练观察横杆与冠状轴夹角。正常情况下，运动员躯干左、右旋转角度相等，均可达 45 度。表 1-9 所示的是坐姿躯干旋转评估观测点及总结。

表1-9 坐姿躯干旋转评估观测点及总结

观测点	动作代偿	可能过度活跃的肌肉群	可能肌力不足的肌肉群
横杆与冠状轴夹角	单侧旋转活动度不足	(1) 对侧腹内斜肌 (2) 同侧腹外斜肌 (3) 同侧胸椎段半棘肌 (4) 同侧胸椎段旋肌 (5) 对侧竖脊肌 (6) 同侧腰大肌	(1) 同侧腹内斜肌 (2) 对侧腹外斜肌 (3) 对侧胸椎段半棘肌 (4) 对侧胸椎段旋肌 (5) 同侧竖脊肌 (6) 对侧腰大肌

注意：躯干旋转活动度不足可能不仅仅是因为肌肉不平衡，还可能是躯干受到胸椎或腰椎段关节紊乱或功能障碍等多重因素影响。

(a) (b)

图1-23 坐姿躯干旋转

本章小结

肌肉最大力量、爆发力及速率等参数对于运动员提升运动表现来说十分重要。但是运动员在运动过程中两侧肌肉力量、发力率等是否均衡，是否有代偿情况，对于预防运动受伤同样十分重要。功能性评估，不仅能够在体能训练或矫正训练的前期帮助发现运动员的功能缺失区域及存在的功能性问题，而且能指导个性化训练方案的制定，强化运动链上的薄弱环节，降低运动员的损伤风险。功能性评估还能在训练的中期和后期，作为检验体能教练训练成效的方法之一，在训练中及时地指导体能训练或矫正训练，提高训练的效率。因此，体能教练在训练的前、中、后期，非常有必要有规律性地为运动员进行功能性评估。

第二章 准备活动与拉伸

运动前的热身是运动员训练或比赛前必须进行的重要环节。由传统的慢跑及功率自行车或固定单车等,到后来训练前的静态肌肉拉伸,再到近代运动体能比较推崇的动态热身,这些都是为提高运动员运动成绩及预防运动时受伤做准备。

第一节 准备活动

运动训练前进行热身非常重要,目的在于为运动训练做好身体和心理上的准备。从生理上看,有效的热身准备运动能够让更多毛细血管扩张,减少血管外周阻力,提高血流量,增加肌肉中血液供应。血液流量提升能提高局部肌肉温度及核心温度,降低软组织黏滞度,达到提高肌肉的弹性、预防肌肉拉伤及撕裂的目的。热身可以加快原动肌及拮抗肌的收缩及放松,提高速率及反应能力。另外,多角度、多方向的热身运动也能使关节腔内分泌更多滑液,以减轻关节面软骨间的摩擦,减少进行剧烈的体育运动时造成的关节软骨损伤。

从心理上看,热身准备活动可使人体的大脑皮层处于兴奋状态,提高人体的警觉性,不易发生意外损伤。同时,通过模拟训练或比赛的动作模式进行热身运动,能让运动员从心理及精神上为参加剧烈运动做好准备。

一、准备活动的生理反应

准备活动的生理反应包括:
(1)增加血流量,激活肌纤维。
(2)加快原动肌与拮抗肌之间的收缩与放松。
(3)提高力量增加的速率和反应能力。
(4)增强肌肉力量与爆发力。
(5)降低肌肉黏滞度。

（6）较高的体温有利于氧气从血红蛋白和肌蛋白中释放，提高氧运输能力。

（7）提高新陈代谢率。

二、准备活动计划

准备活动应该循序渐进，在不引起疲劳和降低能量储备的前提下，保证充分的活动强度以提高肌肉与身体温度，并尽可能获得训练或比赛时需要的关节活动幅度。准备活动应选择具有合理性、专项性、个性化的环境进行活动。准备活动主要包括以下两部分。

1. 一般性准备活动阶段

首先，可进行5~10分钟的慢跑、功率自行车、固定单车或跳跃，也可以选择进行低强度的专项活动（如篮球行进间传球）。适当的专项活动有助于运动员技能的发展。接着，进行一般拉伸以提高关节活动幅度。一般性准备活动阶段的任务就是提高心率、血流量、肌肉温度、呼吸频率及降低关节黏滞度等。

2. 专门性准备活动阶段

首先，可开展一些与专项类似的练习活动，包括8~12分钟的主动动态拉伸。根据专项需要改善关节活动度，如走步提膝。接着，进行专项递增强度的活动，如短跑技术、跳跃等。若准备活动后的训练或比赛强度越高，那么，准备活动就要越充分。高强度专项技能有助于促进随后的训练状态，同时也可以复习巩固专项技能。

第二节　拉伸的原理和方法

柔韧性（flexibility）是指与关节连接的肌肉、筋膜和韧带等组织允许的最大活动范围，而活动度（mobility）是指由关节的结构所体现出的自由活动范围。

在竞技运动过程中，良好的柔韧性有助于运动员扩大其动作幅度，从而实现更多的复杂竞技动作及肌力的最大化。相反，柔韧性和活动度差会影响动作技能的掌握，同时限制力量、速度、协调性等素质的发展。

拉伸是在训练体系中提升机体柔韧性和活动度不可或缺的手段，主要针对特定的肌肉、筋膜，通过增加骨骼肌起点与止点之间的长度，调整肌肉的肌张力。通过调整不同骨骼间的距离提高关节的活动度。

在准备活动期间，拉伸练习可以有效降低肌肉黏滞度，减少不必要的能量损耗。同时，由于肌肉的弹性增加，可以进一步提高肌肉的收缩速度与收缩力量，从而有助于运动员更加合理地完成技术动作，并预防运动损伤。

拉伸一方面可以增加肌肉长度和关节活动范围，使运动员更加合理地完成技术动作和减少不必要的能量损耗，如加大游泳运动员肩关节的活动范围，可以增加划水的幅度和动作效率。另一方面由于前后肌群不平衡而引起的身体形态不良，都可以通过拉伸进行调整。如跑步运动员的屈髋肌过于紧张，使其后伸动作范围受限，并阻碍拮抗肌伸髋肌群力量的发展。拉伸能把屈髋肌放松拉长，同时对前后肌群配合针对性的力量训练，最终达到一个比较合理的肌肉平衡，改善跑姿和提高动作的效率。

一、影响柔韧性的因素

关节活动幅度会受一系列解剖或训练因素影响，如关节结构、年龄与性别、结缔组织、抗阻训练活动水平等。其中，关节结构、年龄与性别，这些是不可能被训练更改的，但结缔组织、抗阻训练活动水平、拉伸练习等因素则可以通过训练而改变。

1. **关节结构**

关节结构决定了关节活动幅度。球窝关节如髋和肩关节，可在所有解剖平面上活动，拥有最大的关节活动幅度。腕关节是一个椭圆关节（椭圆形髁状突与椭圆形窝结构），主要允许在矢状面与额状面活动，其活动幅度小于髋与肩关节。另外，膝关节是一个变形的铰链关节，主要在矢状面内运动，活动幅度更小于以上两者。关节类型、关节联合面形态、周围软组织都会影响关节活动幅度。

2. **年龄与性别**

一般来说，年轻人的柔韧性比老年人好，女性的柔韧性比男性好。这是因为身体在成长后期经历了一个纤维化的过程，纤维结缔组织取代了退化的肌肉纤维，所以老年人的柔韧性会比年轻人差，也可能是与缺乏活动和较小的活动幅度有关。因此，老年人可以像增进肌肉力量一样，用适当的练习提高柔韧性。男性和女性之间的柔韧差异部分归因于结构与解剖差异、形态与活动程度。

3. **结缔组织**

肌腱、韧带、筋膜、关节囊、皮肤都可以限制关节活动幅度。结缔组织的弹性和可塑性是另外一些影响关节活动幅度的因素。拉伸练习可以对结缔组织产生积极的影响，发挥其可塑的潜力。

4. **限制活动度的抗阻训练**

全面而恰当的抗阻训练可以提高柔韧性，限制活动度的大负荷抗阻训练可能会降低关节活动幅度。为了防止活动度的丧失，运动员应均衡发展主动肌与拮抗肌。

5. **肌肉体积**

肌肉体积的增加会对活动度产生负面影响，妨碍关节活动。例如，一名肱二头肌与三角肌较为发达的运动员在伸展肱三头肌、高翻或握着杠铃进行前蹲时会感到困难。

尽管改变训练计划可以降低肌肉体积,但是对于需要高爆发性的运动员不应提倡这种做法,如铅球运动员或美式橄榄球前锋。

6. 活动水平

相对而言,有运动习惯的人比不爱运动者有更好的柔韧性。如果这些运动包括柔韧性练习、抗阻训练与功能性训练,则更能显著提高柔韧性。但仅提升运动水平并不会显著提高柔韧性。如果要保持或提高柔韧性,则必须进行拉伸训练。

二、拉伸的作用

拉伸的作用主要体现在以下两个方向,降低肌肉张力与帮助肌肉筋膜良好排列。见表 2-1。

表 2-1 拉伸的作用

拉伸的主要目标	拉伸的效果
降低肌肉张力,并增加关节活动度	(1) 降低损伤风险 (2) 提高运动表现 (3) 利于躯干核心稳定 (4) 改善关节排列与体态
帮助肌肉筋膜良好排列,促进循环	(1) 增加肌肉弹性 (2) 增加代谢 (3) 促进水合恢复

三、拉伸的方法

拉伸的技术可按照不同方式进行分类,根据施力方式可分为主动拉伸、被动拉伸和辅助拉伸,根据动作特征可分为动态拉伸和静态拉伸。本书主要介绍肌肉的主动动态拉伸、静态拉伸、被动拉伸以及早期在康复治疗中被广泛使用的本体感觉神经肌肉促进拉伸等。

(一) 主动动态拉伸

主动动态拉伸常用于准备活动,运动员把训练或比赛中活动需求比较多的关节逐渐从小幅度的慢速运动,过渡到大幅度的快速活动。如游泳运动员通过旋肩活动肩关节;足球运动员通过向前踢腿,拉伸大腿后群肌肉,目标都是把关节和肌肉活动至专项运动所需要的活动范围。原地重复动作进行 10~15 次,或者进行 10~15 米的距离跑，每次逐步加大幅度、力度和速度，并重复1~3组。由于在进行主动动态拉伸时肌肉全程主动参与运动，因此对比下面介绍的静态拉伸或被动拉伸，它对关节活动度的增加有效性会相对较低。

由于主动动态拉伸可以非常接近专项运动的动作，因此主动动态拉伸被视为准备活动的一个有效部分，可以有效降低运动损伤风险，增加身体组织准备程度，令身体可快速投入运动状态。主动动态拉伸需要按每个不同的项目来设计，是针对性的热身部分，因此可以考虑运动专项的技术要求，同时注意拉伸动作中是否出现代偿情况。

（二）静态拉伸

静态拉伸是指用被拉伸肌肉的拮抗肌主动收缩或自身体重对侧肢体的协助，缓慢地将肌肉拉长至有拉伸感觉的位置，并维持30~60秒。由于是自己控制拉力的大小和动作幅度，所以这种方法比较安全，并且不易激活肌肉的感受器（肌梭），避免牵张反射引起的肌肉收缩影响拉伸效果。

静态拉伸重点在于开始和完成的动作缓慢，肌肉无痛感，并配合正常呼吸。为了增加其效果，可以在吸气时停止施加压力，呼气时才施加压力。有关最佳的拉伸时间，有些研究建议拉伸时间维持30~40秒，重复次数高达每个动作6次；有的研究则建议拉伸时间维持10~15秒，重复2~3次便足够。拉伸时间的长短还是取决于不同人、不同肌群和不同需要。运动后的全身拉伸超过30分钟对大多数人来说是不现实的，实践证明维持15~30秒、2~3次的组合耗时20分钟左右比较容易被接受。

对于需要力量和爆发力类型的运动项目，准备活动阶段不宜进行静态拉伸。有多项研究指出，运动前的长时间静态拉伸会令肌肉力量、爆发力、速率和速度下降，直接影响运动水平的发挥。目前大多数体能教练建议静态拉伸在训练后采用。

（三）被动拉伸

被动拉伸是指被拉伸者完全放松，肢体不参与发力，如体能教练或康复治疗师为运动员进行训练后的拉伸。在进行被动静态拉伸时，通常由体能教练移动运动员的肢体，缓慢发力，把肌肉顺着肌纤维的走向拉长，直至关节活动幅度的极限或肌肉能接受的轻微疼痛感区域，并保持这一姿势不动。一般应用于训练或比赛后5~10分钟进行。针对训练或比赛中，使用比较多的大肌肉群进行被动拉伸。拉伸时间是15~30秒，重复2~3次。

被动拉伸的好处是被拉伸肌肉有更佳的放松效果，并且可以达到更大的活动幅度。而且，由经验丰富的体能教练执行时，可以非常准确和细致地拉伸到不同的肌肉纤维束。部分文献及书籍都推荐将被动拉伸作为运动后整理活动的一部分，目的是有效地减少运动后的肌肉反应及恢复肌肉长度。

在进行被动拉伸时,常见的问题是初学者没有观察运动员的反应,动作太快和太用力会造成运动员肌肉紧张和疼痛。这样不但没有起到拉伸效果,更有可能造成肌肉拉伤。如果拉伸幅度过大,导致运动员出现疼痛、肌肉收缩的对抗情况及憋气,这时体能教练应该适当调整拉伸幅度,并指导运动员保持缓慢呼吸及放松身体。运动员与协助拉伸的人之间应该互相配合形成默契。要做到安全并有效的拉伸,体能教练必须具备一定的人体解剖学和生物力学知识,掌握正确的用力点和方向。不明白其中的具体要求而做简单的模仿,往往是无效甚至是危险的。所以,拉伸技能亦应该通过系统学习和实践后才能够保证运动员的安全和拉伸效果。

以下为体能教练协助运动员进行被动拉伸时的实操技巧。由于每位运动员的关节结构、肌肉紧张程度及疼痛的阈值不一,体能教练需要系统学习并通过反复训练,从而提升运动员被拉伸时的舒适性及效果。

(1)拉伸动作如需调动多个关节,应先将一个关节活动到最大幅度后,再引导下一个关节,如拉伸腘绳肌需要进行髋关节屈曲及膝关节伸展。我们应先把髋关节屈曲或者膝关节伸展至最大幅度,然后再移动另外一个关节,充分拉伸整块肌肉。

(2)牵引增加关节间隙,并在拉伸过程中保持延伸。在拉伸过程中,运动员有可能出现关节卡压情况。因此,拉伸时通过牵引把关节空间增加,减少卡压情况,从而额外增加拉伸幅度。

(3)使用多个平面进行拉伸。通过对解剖学的了解,伸延肌肉相反功能,把拉伸效果提升。如拉伸肱二头肌时,冠状面肩外展约40度,矢状面肩后伸及水平面前臂旋前。

(4)"温水煮青蛙"。在拉伸时动作流畅及缓慢,避免肌梭刺激,诱发牵张反射。

(5)配合呼吸。拉伸时,引导运动员进行有节奏的呼吸,能让副交感神经作为主导,放松身体。

(四)本体感觉神经肌肉促进拉伸(PNF)

PNF意为本体感觉神经肌肉促进拉伸,也可称为本体感觉神经肌肉促进疗法(proprioceptive neuromuscular facilitation,PNF)。PNF技术是通过刺激本体感受器(肌梭),促进和加速机体神经肌肉系统反应的一种方法。在运动前或运动时刺激本体感受器,并配合刺激其他感受器(触觉、听觉、视觉等),使其作用于运动中枢,加强运动冲动,使更多的前角细胞及运动机能单位兴奋,从而提高锻炼效果。在早期的康复训练中,PNF法可以应用于一些有受伤史的运动员,协助其消除肌肉功能障碍。如运动员腓骨骨折固定后,由于关节长期固定不动导致肌肉萎缩,康复师会使用PNF训练法,协助其肌肉收缩及神经控制。

此外,PNF法也可以作为运动员的柔韧性训练。有研究表明,相比主动静态拉伸,

PNF 的效果更加明显。这是由于它包含了相互抑制及自主抑制。尽管如此，并不是所有人都认为 PNF 拉伸是最好的练习方法。进行 PNF 拉伸时，必须有体能教练的协助才能完成。体能教练在协助拉伸时，一定要注意安全，不能拉伸过度，否则会有受伤的危险。

PNF 拉伸有三种拉伸方法，包括：撑住—放松（hold-relax）、收缩—放松（contract-relax）、主动肌收缩时撑住—放松（hold-relax with agonist contraction）。肌肉在进行等长及向心收缩动作时能获取自主抑制，即收缩肌肉有一个短暂的放松状态，让肌肉能被拉长至更大幅度。拉伸时配合主动肌主动收缩，能产生相互抑制，拮抗肌同样能被拉长至更大幅度。以下以腘绳肌作为案例，示范 3 种 PNF 拉伸技巧。

1. 撑住—放松（hold-relax）

（1）准备动作。

①运动员仰卧躺在垫子上，右腿膝关节尽可能伸直但不锁死，抬到最高点，左腿自然放在垫子上，保证髋关节稳定且左腿没有离开垫子（见图 2 - 1）。

图 2 - 1　撑住—放松准备动作

②体能教练跪在运动员两腿之间，左手按压运动员右脚底部，右手绕过运动员右腿，放在其膝关节上方，为膝关节提供支撑（见图 2 - 2）。

图 2 - 2　体能教育提供辅助

（2）动作执行（见图2-3）。

①腘绳肌静力性被动拉伸开始，会有一点轻微的不适感，大约持续10秒。

②体能教练将运动员大腿向胸口方向推，同时指导运动员保持这一姿态，大腿不要有移动。此时运动员进行一个等长收缩，持续6秒。

③运动员呼气及放松。由于自主抑制，体能教练能进行更大幅度的被动静态拉伸并保持30秒。动作可以重复进行2~3次。

图2-3 撑住—放松动作执行

2. 收缩—放松（contract-relax）

（1）准备动作。

与撑住—放松的准备动作相似。

（2）动作执行（见图2-4）。

①腘绳肌静力性被动拉伸开始，会有一点轻微的不适感，大约持续10秒。

②体能教练指导运动员大腿后侧肌肉发力进行髋伸展，同时对抗运动员髋伸力量，让运动员缓慢完成整个髋伸展动作。

③运动员呼气及放松。体能教练把运动员大腿抬起进行髋屈曲，拉伸大腿后侧肌肉并保持30秒。动作可以重复进行2~3次。

（a） （b）

图2-4 收缩—放松动作

3. 主动肌收缩时撑住—放松（hold-relax with agonist contraction）

（1）准备动作。

与撑住—放松的准备动作相似。

（2）动作执行（见图2-5）。

①与撑住—放松的方式一致，预先拉伸腘绳肌10秒，然后进行6秒的等长收缩。

②在等长收缩后，运动员需要主动进行髋屈曲及伸膝动作，同时配合体能教练提供更大幅度的髋屈曲动作，保持30秒。

③动作可以重复进行2~3次。进行主动髋屈曲及膝伸展是因为相互抑制，能更有效促进腘绳肌的拉伸幅度。因此，这个技术被视为最有效的PNF拉伸技术。

图2-5 主动肌收缩时撑住—放松动作

第三节 动态拉伸

一、向前走抱肩（见图2-6）

1. **训练目标**

（1）提高胸部及上肢肌群的柔韧性。

（2）增加肩关节的活动幅度。

2. **准备动作**

（1）双手在胸前交叉触肩，双脚打开，前后站立。

（2）背部挺直，收紧腹部，肩膀往后往下。

3. 动作执行

（1）呼气，右脚向前一步，双臂向后扩胸，双手掌心向上。

（2）吸气，左脚向前一步，双臂缓慢回到开始姿势。

（a） （b）

图2-6 向前走抱肩

二、向后走斜上举（见图2-7）

1. 训练目标

（1）提高胸部及上肢肌群柔韧性。

（2）增加肩关节活动幅度。

2. 准备动作

（1）双手在腹前交叉，双脚与髋同宽站立。

（2）背部挺直，收紧腹部，肩膀往后往下。

3. 动作执行

（1）呼气，左脚向后一步，双手掌心向上，双臂向后扩胸上举。

（2）吸气，右脚向后一步，双臂缓慢回到开始姿势。

(a) (b)

图 2-7 向后走斜上举

三、抱膝提踵（见图 2-8）

1. 训练目标

（1）增强下肢平衡及核心控制能力。
（2）拉伸臀部肌肉。
（3）增加髋关节活动幅度。

2. 准备动作

（1）双手抱住左腿小腿前侧。
（2）右单腿站立，膝微屈。
（3）背部挺直，收紧腹部，肩膀往后往下。

3. 动作执行

（1）呼气，右脚脚跟抬离地面。
（2）吸气，左脚缓慢回到地面，换右脚进行。

(a) (b)

图 2-8 抱膝提踵

四、向前走屈膝提踵（见图 2-9）

1. **训练目标**
(1) 增强下肢平衡及核心控制能力。
(2) 拉伸腿部肌肉。
(3) 增加膝关节活动幅度。

2. **准备动作**
(1) 左单脚站立，同时左手抓住右踝。
(2) 背部挺直，收紧腹部，肩膀往右往下。

3. **动作执行**
(1) 呼气，左脚脚跟抬离地面。
(2) 吸气，缓慢回到开始姿势，换右腿进行。

(a) (b)

图 2-9 向前走屈膝提踵

五、屈膝单腿触地（见图 2-10）

1. **训练目标**
（1）提高下肢功能性活动幅度。
（2）增加躯干核心稳定性。
（3）增强下肢平衡及核心控制能力。
2. **准备动作**
（1）左单脚站立，同时左手抓住右踝。
（2）背部挺直，收紧腹部，肩膀往后往下。
3. **动作执行**
（1）呼气，以髋为轴心，胸部下沉至与地面平行，同时右手接近左脚。
（2）吸气，缓慢回到开始姿势。

图 2-10　屈膝单腿触地

六、斗鸡提踵（见图 2-11）

1. 训练目标

（1）提高髋关节活动幅度。

（2）增强下肢平衡及核心控制能力。

2. 准备动作

（1）左腿屈膝、屈髋外旋，双手握住左踝关节至右腿前方。

（2）背部挺直，收紧腹部，肩膀往后往下。

3. 动作执行

（1）呼气，右脚脚跟抬离地面。

（2）吸气，缓慢回到开始姿势，换左腿进行。

（a） （b）

图 2-11 斗鸡提踵

七、髋绕环（见图 2-12）

1. **训练目标**
（1）提高身体横向移动能力。
（2）提高髋关节活动幅度。
（3）增强下肢平衡及核心控制能力。

2. **准备动作**
（1）站姿，双臂伸直与地面平行，掌心朝上。
（2）背部挺直，收紧腹部，肩膀往后往下。

3. **动作执行**
（1）呼气，提左膝向左侧绕环，左腿落地后提右膝向右侧绕环。
（2）吸气，换另一侧腿进行。

(a)　　　　　　　　　　　(b)

图 2-12　髋绕环

八、侧倾箭步走（见图 2-13）

1. **训练目标**
（1）增加躯干核心稳定性。
（2）激活下肢肌肉群。
（3）拉伸髋屈及躯干两侧肌肉。

2. **准备动作**
（1）弓步蹲，左脚前，右脚后，保持膝关节屈曲 90 度。
（2）双手置于头部后侧，肘关节向外打开。
（3）背部挺直，收紧腹部，肩膀往后往下。

3. **动作执行**
（1）呼气，上身保持直立向右侧倾。
（2）吸气，缓慢回到开始姿势。
（3）呼气，上身保持直立向左侧倾。
（4）吸气，缓慢回到开始姿势后向前走一步，重复进行。

(a)

(b)

(c)

图 2-13 侧倾箭步走

九、弓步后转身（见图 2-14）

1. **训练目标**
(1) 增强下肢功能性耐力。
(2) 增加躯干及肩关节的活动幅度。
2. **准备动作**
(1) 双脚与髋同宽站立，双膝微屈。

(2) 背部挺直，收紧腹部，肩膀往后往下。

3. 动作执行

(1) 呼气，左脚向右前方迈一步成弓步，躯干向左转身，右手指向天花板，左手指向后方。

(2) 吸气，右脚向前方迈一步，缓慢回到开始姿势。

（a）　　　　　　　　　（b）

图 2-14　弓步后转身

十、向后走勾脚侧倾（见图 2-15）

1. 训练目标

(1) 拉伸大腿后侧肌肉。

(2) 增强下肢平衡及柔韧性。

2. 准备动作

(1) 左腿伸直向前，勾左脚尖，身体向前倾，右腿稍微下蹲且弯曲。

(2) 双手叉腰置于骨盆处，目视前下方。

(3) 背部挺直，收紧腹部，肩膀往后往下。

3. 动作执行

(1) 呼气，骨盆保持稳定，身体向右侧倾然后向左侧倾。

(2) 吸气，缓慢回到开始姿势。

（a） （b）

图 2-15 向后走勾脚侧倾

十一、跪姿转体（见图 2-16）

1. **训练目标**
（1）提高躯干核心传送力量的能力。
（2）增强肩部的肌群耐力。
（3）增强躯干核心及肩部的稳定性。
2. **准备动作**
（1）四点跪姿跪在垫子上。
（2）背部挺直，收紧腹部。
3. **动作执行**
（1）呼气，右腿向前迈一步置于右臂内侧，同时转体右臂伸直指向天花板。
（2）吸气，缓慢回到开始姿势。

(a)

(b)

(c)

图 2-16 跪姿转体

十二、尺蠖撑起（见图 2-17）

1. 训练目标

（1）增强肩部及上肢肌群的力量。

（2）提高肩部稳定性。

（3）拉伸大腿后侧及腹部肌群。

2. 准备动作

（1）俯卧撑姿态，双手与肩同宽。

（2）背部挺直，收紧腹部。

3. 动作执行

（1）呼气，双腿伸直，臀部向上抬起，身体向后移动。

（2）吸气，身体贴向地面缓慢向前移动至身体平行于地面。

（3）呼气，上半身缓慢抬起（下肢可不落地），伸直手臂。

（4）吸气，缓慢回到开始姿势。

(a)

(b)

(c)

(d)

图 2-17 尺蠖撑起

十三、蜘蛛侠撑起（见图 2-18）

1. **训练目标**
（1）激活肩部肌群。
（2）增强肩关节稳定性。
（3）增加髋关节活动幅度。
（4）提高四肢协调能力。
2. **准备动作**
（1）俯卧撑姿态，双手与肩同宽。
（2）背部挺直，收紧腹部。
3. **动作执行**
（1）右脚向前迈一步至右手臂前侧。
（2）右手向左侧撑地，双手交叉。
（3）左手向左侧移动至与肩同宽，同时右腿回到原位，换另一侧腿进行。

(a)　　　　　　　　　　　　　　(b)

(c)　　　　　　　　　　　　　　(d)

图 2-18　蜘蛛侠撑起

十四、仰卧髋内收（见图 2-19）

1. 训练目标
（1）增强下背部柔韧性。
（2）拉伸臀部及大腿后侧肌群。
2. 准备动作
（1）仰卧在垫子上，左手向外打开。
（2）左膝抬起，右手握住左脚尖。
3. 动作执行
（1）呼气，右手向外打开，同时左腿伸直牵拉大腿后侧肌肉。
（2）吸气，缓慢回到开始姿势。

(a)   (b)

图2-19 仰卧髋内收

十五、盘卧伸展（见图2-20）

1. **训练目标**
（1）拉伸髋外旋侧臀肌及对侧背部肌群。
（2）激活身体螺旋动力链。

2. **准备动作**
（1）一脚前一脚后盘腿坐于垫上。
（2）脊柱中立位。

3. **动作执行**
（1）呼气，躯干转向左侧屈髋俯身，左手撑于地面，右手向远处延伸。
（2）吸气，缓慢回到开始姿势。

(a)   (b)

图2-20 盘卧伸展

十六、膝撑挺髋后仰（见图2-21）

1．训练目标
（1）拉伸髋屈肌群、内收肌群及腹部肌群。
（2）增强躯干核心及肩部的稳定性。

2．准备动作
（1）一脚前一脚后盘腿坐于垫上。
（2）髋外旋一侧手臂撑于身体后侧。

3．动作执行
（1）呼气，髋关节、脊柱伸展，肩关节、肘关节屈曲。
（2）吸气，缓慢回到开始姿势。

（a） （b）

图2-21 膝撑挺髋后仰

十七、跪撑转体（见图2-22）

1．训练目标
（1）拉伸髋内收肌群及上肢肩带肌群。
（2）增强脊柱灵活度。

2．准备动作
（1）双膝跪地，分开至大腿内侧有轻度拉伸。
（2）屈髋臀部坐于足跟。

3．动作执行
（1）呼气，胸椎旋转带动一手通过肩膀下方伸向对侧。
（2）吸气，往回收。

（3）呼气，手臂撑起，胸椎旋转带动手臂打开。

（4）吸气，缓慢回到开始姿势。

（a）

（b）

图 2-22　跪撑转体

十八、三点支撑顶髋（见图 2-23）

1. 训练目标

（1）拉伸身体前侧肌筋膜链。

（2）增加脊柱的灵活度及控制力。

（3）增强肩关节稳定性。

2. 准备动作

（1）四足跪姿。

（2）手在肩正下方，膝在髋正下方并离开地面，脊柱头部中立位。

3. 动作执行

（1）吸气，右脚从腹下伸向左侧，同时左手抬起、左脚旋转，右脚落地与另一只脚和支撑手呈等腰三角形；脊柱挺直。

（2）呼气，挺髋向上，脊柱伸展旋转，眼睛看向支撑手，肩屈肘屈。

（3）吸气，逐步缓慢回到开始姿势。

（a）

图 2-23　三点支撑顶髋

(b)

(c)

图 2-23（续）

十九、爬行转体（见图 2-24）

1. **训练目标**

(1) 激活躯干核心稳定性及肩部控制力。

(2) 拉伸腿后肌群、胸大肌、胸小肌及髋屈肌群。

(3) 激活身体螺旋、前后侧动力链。

2. **准备动作**

站于垫子末端

3. **动作执行**

(1) 呼气，屈髋俯身向下，手触摸到地面，让腿后肌有拉伸感，根据能力选择是否屈膝。

(2) 吸气，维持躯干稳定，向前爬至手撑于肩膀正下方，趴下。

(a)

图 2-24 爬行转体

（3）呼气，一侧手臂外展135度，对侧屈膝90度，并带动身体旋转向对侧，延展身体。

（4）吸气，回到俯卧位，再伸展另一侧。

(b)

(c)

图 2-24（续）

本章小结

训练前进行充分的准备活动是比赛及正式训练前的重要环节。建议以主动动态拉伸为主，使身体各系统进入比赛及训练状态。如果运动员某关节活动幅度不足，体能教练可以配合被动拉伸或 PNF 拉伸，尽可能为运动员获取运动需求的活动幅度，提高运动表现及避免代偿导致的受伤。

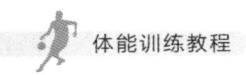

第三章 耐力训练

通常将维持身体长时间活动的能力称为耐力。无论对于普通人群还是运动员，拥有良好的耐力基础更容易应对工作与训练中的疲劳，并且可以保持积极的生活态度。很多时候，人们习惯把耐力称为"心肺功能"，其准确含义应该是指持续进行体力活动时骨骼肌利用氧气做功的能力。对于普通人群，耐力对预防慢性疾病、提高健康状况和生命质量起着极其重要的作用；对于大部分运动员，耐力可以有效应对疲劳。因为，疲劳会影响训练中的专注度，导致技战术的失误，以及降低投射项目的精准度。这也很好地解释了为什么一场体育游戏或比赛越是临近结束，出现失误越多。因此，运动员想要在比赛中提高表现就必须提高自己的耐受能力。

耐力从能量供应的角度可以分为有氧耐力和无氧耐力两种类型。有氧耐力（aerobic endurance）是指人体长时间进行有氧代谢（糖和脂肪等有氧氧化）供能为主的运动能力。有氧耐力有时也称为有氧能力（aerobic capacity）。肌肉要持久地工作，必须有充足的能量供应。因此，充分的氧供应及糖和脂肪的有氧氧化能力是影响有氧耐力的关键因素。

无氧耐力（anaerobic endurance）是指机体在无氧代谢（无氧糖酵解）的情况下，较长时间进行肌肉活动的能力。无氧耐力有时也称为无氧能力（anaerobic capacity）。进行较大强度的运动时，体内主要依靠无氧糖酵解提供能量。因此，无氧耐力的高低，主要取决于肌肉内无氧糖酵解供能的能力、缓冲乳酸的能力以及脑细胞对血液 pH 值变化的耐受力。无氧耐力更多地体现在集体类项目、网球以及武术等项目中，而有氧耐力则更多地体现在持续时间较长的项目之中，如自行车、游泳、铁人三项、长跑和越野滑雪等。对于绝大多数运动员而言，应当在具备了良好的有氧基础之后，再去考虑专项无氧耐力训练。

第一节 耐力的生理学基础

在从事耐力性运动时，身体需要消耗大量的能量。在运动实践中，动用何种能量系统首先取决于运动的强度，其次是运动的持续时间。因此，从事耐力训练或设计耐力训练计划前，有必要对人体的能量系统供应有清晰的认识。

一、能量系统

在人体内部，能量的基本单位是三磷酸腺苷（ATP）。人体有三个能量系统（见图 3-1）：我们可以理解为即时（ATP-CP）能量系统，短时（糖酵解）能量系统和长时（氧化磷酸化）能量系统。这三个能量系统的相同之处是它们都产生 ATP，不同之处则在于产生 ATP 的速度和数量不同。其中即时能量系统和短时能量系统属于无氧代谢，不需要氧气就可以产生 ATP。而长时能量系统属于有氧代谢，需要利用氧气来产生 ATP。

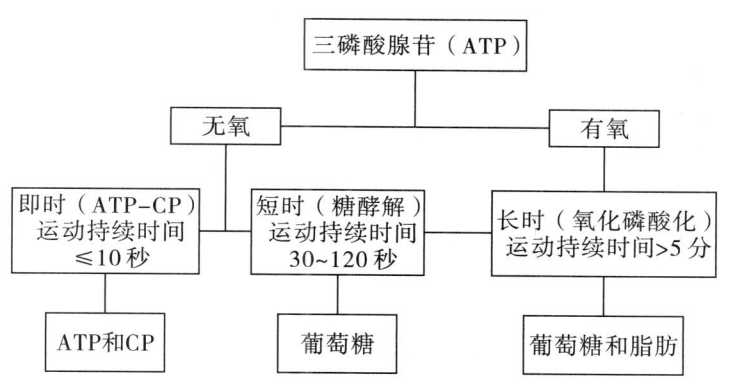

图 3-1　三个能量系统

即时能量系统的优势在于能够非常迅速地产生 ATP，而劣势是产生的 ATP 非常有限。根据运动项目的竞技表现特征，即时能量系统适合于高强度、短时间（≤10 秒）的运动项目。田径运动中 100 米短跑、10 米台跳水或举重等项目，都属于以即时能量系统为主导的运动项目。

短时能量系统与即时能量系统相似，也属于无氧代谢。短时能量系统的优势在于，它能够比即时能量系统产生更多的能量；劣势是需要花更多的时间，并且产生乳酸。因此，根据运动项目的竞技表现特征，短时能量系统适用于持续时间为 30～120 秒、高强度、中等距离的运动项目，例如田径运动中的 400 米跑、100 米短距离游泳或 1 000 米场地自行车赛等。

长时能量系统本身属于有氧代谢，需要利用氧气来产生 ATP。这个能量系统被称为氧化磷酸化（oxidative phosphorylation）。与其他能量系统相比，长时能量系统的优势在于能够产生大量的 ATP，而劣势是需要更多的时间，这是由于长时间能量系统需要氧气来产生 ATP。

根据运动项目的竞技表现特征，长时能量系统适用于持续时间5分钟以上、低中等强度的运动项目，例如马拉松、800米游泳和公路自行车赛等。由此可见，以耐力为基础的项目中，长时能量系统在运动期间处于主导地位。但运动员必须明确的是，它并不是耐力性项目唯一可以利用的能量系统。

二、运动中能量系统的占比

人体的三大能量系统在每次运动中，都是同时在发挥作用，只是贡献的占比有所不同。这主要取决于肌肉的活动强度，次要的决定因素是运动持续时间。表3-1描述的是在功率自行车运动持续时间过程中无氧与有氧代谢的能量贡献占比。以无氧代谢为主的能量供应最多持续60秒，之后便转为以有氧代谢为主的能量供应。

表3-1　功率自行车运动持续时间过程中无氧与有氧代谢的能量贡献占比

运动持续时间/秒	0~5	30	60	90	150	200
运动强度（最大功率输出百分比）/%	100	55	35	31	无资料	无资料
无氧代谢机制贡献百分比/%	96	75	50	35	30	22
有氧代谢机制贡献百分比/%	4	25	50	65	70	78

➡ 第二节　影响有氧耐力的因素

一、最大摄氧量（$VO_{2\,max}$）

摄氧量是指机体组织所消耗的氧气量，"消耗"的含义是指能够被身体组织有效地利用，而非简单地吸入。最大摄氧量即在持续运动或递增负荷运动（供能过程以有氧为主）时运动员所利用的最大氧气量。最大摄氧量可通过特定的实验室或测试场地来测定，计量单位是：毫升/千克/分钟。

最大摄氧量是评估有氧能力和心肺耐力的最常用指标，是指单位时间内全身细胞所能消耗的最大氧气量。从前面关于能量系统的供能比例关系可知，随着运动时间的增加，有氧代谢占总能量需求的比例也随之增加。因此，最大摄氧量越高，抗疲劳程度就越好，耐力项目取得好成绩的条件就越好。对于普通人群和初级运动员来说，耐力训练计划设计应该以提高最大摄氧量为主要目标。普通人群安静时的摄氧量为 3.5 毫升/千克/分钟（该值被定义为 1 个代谢当量 MET），高水平运动员的最大摄氧量可达 80 毫升/千克/分钟，甚至更高，这主要取决于运动专项对于耐力水平的要求。由此可见，只要从肺到肌细胞中的酶所形成的氧传输链中的任何一个环节出问题，有氧耐力都会下降。

研究表明，就运动员的水平而言，限制其有氧耐力水平高低的因素各不相同。限制训练不足的个体最大摄氧量的因素主要是肌肉利用（线粒体密度和相关酶活性较低）可提供的氧的能力，而限制训练水平高的个体最大摄氧量的因素则主要是心脏的泵血能力。运动员的每搏输出量是久坐人群的两倍，因此，每搏输出量被认为是（限制最大摄氧量的）非常重要的因素。

二、乳酸阈和最大乳酸稳态

在有氧耐力的竞赛项目中，能够在与自己有相似最大摄氧量的选手中胜出的运动员，通常可以在自己最大摄氧量的百分比中维持有氧能量产生，却不在肌肉及血液中堆积大量乳酸。乳酸阈值（lactate threshold）是指在渐增强度的运动中，血液中乳酸堆积开始明显超过安静时浓度的那一刻的运动速率（运动强度），或最大摄氧量的百分比。许多研究指出，与最大摄氧量相比，乳酸阈值是表现有氧耐力更好的指标。最大乳酸稳态（maximum lactate homeostasis）是指体内乳酸的产生量和清除量相等时所对应的运动强度。因此，最大乳酸稳态被认为比最大摄氧量和乳酸阈值能更好地反映有氧耐力的指标。有氧耐力运动更应该增进其乳酸阈值或最大乳酸稳定状态。这需要运动员在高水平的血液和肌肉乳酸浓度下训练，以加强最大限度的训练效果。

三、运动经济性

所谓运动经济性（exercise economy），是指在给定的运动速度下，测量所消耗的能量。运动经济性好的运动员在等同的运动速度下，消耗较少的能量。一些研究者认为运动经济性是跑步项目中影响运动表现的一个重要因素。成绩好的运动员相比成绩差的运动员，步幅较短、步频较快。在自行车项目中，身体质量大小、骑车速度及空气动力学的姿势均影响运动员运动经济性。对于自行车选手来说，身体体重增加、骑行速度加快，加之一个低效能的身体姿势位置都会产生更大的风阻力，从而导致运动经济性的降低。研究表明，优质游泳运动员比非优质的运动员有较好的运动经济性，在等同的游泳速度下消耗较少的氧气量。当游泳技巧变得更有效率时，可以观察到在游泳期间，运动经济性能产生深远的影响。随着游泳动作力学技术的改善，设定游泳速度所需要的能量也相对降低。所以利用训练去增进运动经济性，对有氧耐力运动员至关重要。

四、其他因素

1. 快肌纤维和慢肌纤维

耐力表现受到遗传性的显著影响，因为慢肌纤维与快肌纤维的比例在很大程度上决定了运动员的耐力潜力。遗传学对个体最终运动表现的影响不低于70%。大多数人快、慢肌纤维的先天比例是50∶50。但是优秀耐力运动员极有可能具有更高比例的慢肌纤维，而天赋异禀的短跑运动员则可能快肌纤维比例较高（见表3-2）。慢肌纤维（也称为Ⅰ型肌纤维），主要支持耐力型项目，如长跑、越野滑雪以及其他有氧活动。快肌纤维（也称为Ⅱ型肌纤维）则分为两类：ⅡA型和ⅡX型。这些肌肉纤维主要负责需要进行高速、爆发性动作及短时无氧活动，如短跑和投掷铁饼等项目。

尽管有研究认为，通过特定训练，快、慢肌纤维之间可以发生极少部分的转换，但基本上不具有统计学意义。还有研究认为，进行基础性训练（有氧能力）时，快肌纤维处于"休眠状态"。

表3-2　肌纤维类型占比

运动员种类	Ⅰ型肌纤维	Ⅱ型肌纤维
长距离跑者	78%~80%	20%~30%
田径短距离跑者	25%~30%	70%~75%
非运动员	47%~53%	47%~53%

2. 温度与体液

温度调节（产热）和体液丢失（缺水）也对耐力运动表现，甚至心理运动表现（口渴、脉搏加快、痉挛、触发弱点、逐步富于攻击性等）产生不利影响。训练时，特别在非常炎热的天气下运动时，体能教练需要为运动员及时补水，这可降低发生运动受伤的风险。运动员整体健康状态、饮食、年龄和心理因素等也对耐力能力有影响。

➡ 第三节　有氧耐力课程设计

有效的有氧耐力训练课程，必须包括针对运动员个体差异性而开发的不同运动处方。这需要考虑课程设计的主要变化因素。图3-2所示为有氧训练课程设计的5个变量。

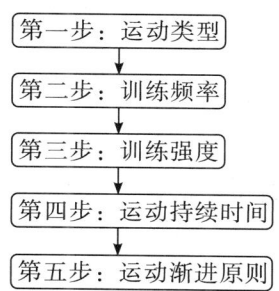

图3-2 有氧训练课程设计的变量

可惜的是，体能教练及运动员大多只采用在自己的运动项目中的成功教练或成功运动员的训练计划和课表。这种没有考虑运动员的优势及弱点的训练方式，可能会导致训练计划变得毫无效能，甚至会为身体带来潜在的伤害。建立完善的训练计划的理想方式，是评估与有氧耐力表现的相关因素，再以这些资讯来制订一个运动员专属的训练计划。举例来说，运动经济性欠佳的运动员，在其训练中应该着重提高其经济性。这可能包括聚焦于动作技术的间歇训练，以及使用较长时间的组间休息。相反地，需要增加乳酸阈值表现的运动员，可以考虑进行更多的高强度训练（high intensity training）；等等。

一、运动类型

运动类型（Mode）是指运动员所参与的特定运动，如自行车运动、跑步、游泳等。当训练目标是为了提升有氧运动耐力表现时，运动员选择的活动必须与其竞技比赛的动作类型相似，对其身体的生理系统才会产生正面适应性。例如，在有氧耐力训练期间，特定肌肉纤维的招募及那些纤维内能量系统的适应性，都需要在有氧耐力训练中被挑战激发。在训练期间选择适当的运动类型，才能确保在竞赛中使用到的生理系统在平时的训练课程中得到强化。训练类型对于其竞赛项目越专属，其运动表现就越容易从训练中获得进步。对于一般有氧耐力健身计划感兴趣的运动者而言，多元的有氧耐力活动或是交叉训练会更加合适。

二、训练频率

训练频率（frequency）是指每天或每周的训练课程次数。对于普通大众而言，美国公共卫生部建议所有 2 周岁以上的人都应该参加有氧耐力性的活动，每天至少累积 30 分钟的中等强度运动。1998 年，美国运动医学协会建议每星期应该有 3~5 天进行有氧运动，每星期少于两天的训练通常不能够产生足够的刺激来发展并维持身体素质。所以，对于大众健身来说，建议每星期运动 2~5 天。对于一些身体素质好的人来说，如果休息充足的话，可以承受每星期多于 5 天的训练量。

训练课程的频率取决于运动强度与持续时间的交互作用、运动员的训练条件以及特定的赛季周期。较高的运动强度和较长的持续时间，可能需要较低频率的训练次数，以允许身体在训练后有足够时间获得充分恢复。运动员的训练条件可影响训练频率，训练较少的运动员在训练初期，比训练有素的运动员需要更多的恢复天数。而运动员处于不同的赛季周期也会影响其训练频率。一般而言，在非赛季的课程安排应该是每周 5 个训练日。但是，在季前赛（pre-season）的训练频率可以为每日训练，甚至每日多次训练，例如铁人三项全能运动项目。此外，维持一个已达到较佳的生理功能或运动表现的运动员，比刚开始为了达到这个体能程度的运动员，可能需要较少的训练节数。适当的训练频率对有氧运动员是很重要的，因为过多的训练会增加运动员的受伤率或造成运动员生病。许多研究显示，一周超过 5 次训练会增加受伤率。相反地，太少的训练根本无法激发身体各个系统的正向适应性。研究证实，一周超过 2 次训练才足以增加最大摄氧量。

若运动员想从随后的训练课程中获得最大收益，从训练课程中恢复（recovery）体能是必要的。在严格的训练后获得充分休息，能够增进运动员的运动表现。因此，获得充分的休息、补充水分和恢复储存燃料源是运动员在恢复期间的关键问题。经过高强度或长时间的训练以后，需要懂得放松及避免从事费力的身体活动。若训练强度高、时间长，运动后应该摄取碳水化合物为主，以补充可能已耗尽的肌肉与肝脏糖原的储存。

三、训练强度

训练适应性产生的主要原因是，身体受到训练强度及训练持续时间交互作用。一般而言，运动强度越高，运动持续时间越短。身体中的适应性来自训练课程中的强度（intensity）及努力。

运动强度的调节对每节训练课程，甚至整个训练的成功都是非常重要的。运动强度太低，则无法让身体系统达到超负荷（overload），无法诱导所期待的理想生理适应性；运动强度过高，则会让运动员产生疲劳而导致训练课程过早结束。

用于调节运动强度的最准确方法，是监测运动期间的氧气消耗，以确定其最大摄氧量的百分比，并且定期测量血乳酸浓度以确定其与乳酸阈值的关系。若没有可用的最大摄氧量测量仪器,运动处方的制定可以使用心率、自觉强度量表、代谢当量或运动速度来监控运动强度。

1. **心率**

心率测量是最常被使用于规定有氧运动强度的方法。原因是心率与氧气消耗密切相关,特别是当运动强度在功能容量最大摄氧量的50%~90%时。使用心率来监测运动强度的方法是,确定与期望的最大摄氧量百分比相关的心率,或是找出与乳酸阈值相关的特定心率。为了更精确地进行监测,必须使用实验室测验来识别这些运动强度。若无法使用实验室测量,可以用个体年龄预测最大心率作为确定运动强度的基础,以卡式公式(karvonen method)及最大心率百分比公式确定有氧运动心率范围。

$$年龄预测最大心率 = 220 - 年龄$$

$$靶心率(目标心率) = 年龄预测最大心率 \times 运动强度$$

最大心率与运动表现的相关性并不明显,并且通常不受训练影响。事实上鉴于训练会导致血容量和每搏输出量增加,最大心率甚至会随训练而降低。更重要的是同龄人群的最大心率也各不相同。一般误差为10~15次/分钟。除了准确性不高之外,还有一个重要的问题,即设计和监测训练强度时仅考虑最大心率,而不考虑个体的静息心率的差异,可能导致所设计的运动强度过高或过低。

另一种广泛使用的训练强度监控方法为卡式公式,或称为心率储备公式。储备心率是运动员的最大心率与静息心率之差。

$$储备心率 = 年龄预测最大心率 - 静息心率$$

$$靶心率(目标心率) = 储备心率 \times 强度百分比 + 静息心率$$

注:静息心率的最佳测试时间为早晨刚起床时。

用以年龄作为最大心跳预测的卡式公式及最大心率百分比公式,虽然能提供较实用的强度建议,但同时也可能存在一些不准确性(比照从实验室所测的最大心率)。此外,通过最大心率的预测公式去预估运动强度,而对运动员的乳酸阈值相关强度毫无了解,是无法制订出一个高效能的有氧耐力训练计划的。表3-3所示为最大摄氧量($VO_{2\,max}$)、最大储备心率(HRR)和最大心率(MHR)的关系。

表3-3 最大摄氧量、最大储备心率和最大心率的关系

$VO_{2\,max}$/%	HRR/%	MHR/%
50	50	66
55	55	70
60	60	74
65	65	77
70	70	81

续上表

VO$_{2\,max}$/%	HRR/%	MHR/%
75	75	85
80	80	88
85	85	92
90	90	96
95	95	98
100	100	100

2. 自觉强度量表

自觉强度量表（ratings of perceived exertion scales，RPE）（见表3-4）也可以用来调节有氧耐力训练的运动强度。当体能程度有改变时，RPE可以准确地监测运动强度。然而，有研究者指出，RPE与运动强度的关系会受各种外部环境因素的影响。首先，RPE受运动者的年龄、性别、训练条件及体能程度等特性影响。其次，一些环境因素也可能影响RPE，如听音乐、看电影、环境温度、高原地区、营养状况及外在反馈等。虽然有这些潜在的影响因素，但RPE仍然是一个有效的强度监测工具。

表3-4 自觉强度量表

伯格自觉量度	改良版自觉量度	自我感觉	训练强度区	最高心率百分比（%MRH）	训练类型
6	0	没有感觉	1区	50%~60%	热身
7	—	非常轻	—	—	—
8	1		—	—	—
9	—		—	—	—
10	2	呼吸加深但还是舒适可以保持持续的交谈	2区	60%~70%	恢复
11	—		—	—	—
12	3	—	—	—	—
13	—	呼吸开始变困难可以交谈但是无法持续	3区	70%~80%	有氧
14	4		—	—	—
15	5	呼吸有些困难而且很不舒服	4区	80%~90%	无氧
16	6		—	—	—

续上表

伯格自觉量度	改良版自觉量度	自我感觉	训练强度区	最高心率百分比（%MRH）	训练类型
17	7	很深并且强有力地呼吸	5区	90%~100%	$VO_{2\,max}$
18	8	几乎说不出话	—	—	—
19	9	极度吃力	—	—	—
20	10	最大限度	—	—	—

3. 代谢当量

代谢当量（metabolic equivalents，METs）同样也可以被用来设定运动强度（见表3-5）。一个代谢当量可以看作人体在安静状态下所需要的氧气量，也就是人体每分钟每千克体重消耗3.5 mL的氧气。表3-5所示的是常见的日常活动的代谢当量。举例来说，一项活动的代谢当量为10.0时，代表这项活动所需要的氧气摄取量为休息时个体所需要的氧气摄取量的10倍。

表3-5　不同身体日常活动的代谢当量值

日常活动	METs
步行（1.5~6.7千克/小时）	2.0~6.7
下楼	5.2
上楼	9
骑车（慢速）	3.5
骑车（中速）	5.7
弹钢琴	2.0
打牌	1.5~2.0
开车	2.0~2.8
有氧舞蹈	6.0
淋浴	3.5
扫地	4.5
做饭	3.0
拖地	7.7

4. 运动持续时间

运动持续时间（exercise duration）是指参与一节训练课的时间长度。训练课程的持续时间通常受运动强度的影响,持续运动时间越长,运动强度越低。举例来说,在高于乳酸稳态(例如 $VO_{2\,max}$ 的 85%)的强度下进行运动,其训练时间会相对较短(20~30 分钟),因为肌肉中堆积的乳酸会导致疲劳的产生。相反地,若运动训练的强度较低(例如 $VO_{2\,max}$ 的 70%),运动员可能接受训练几个小时才会感到疲劳。对普通大众而言,美国 NIH 建议最少进行 30 分钟有氧耐力训练才能对健康有效;美国心脏协会也建议"30~60 分钟有氧耐力训练能提高健康及预防心血管疾病";而美国运动医学协会建议大众"每天 20~60 分钟持续或间歇性训练"(间歇性训练针对训练时间不足、平时缺乏锻炼的大众而言)。

5. 运动渐进原则

一旦运动员开始实施有氧耐力运动训练计划,即会持续参与,以维持或提升有氧体能水准。有研究指出,当训练强度不变,每周只进行 2 次的训练,运动员的有氧体能即能在长达 5 周的时间内都不会下降。

根据运动员制定的目标,实施有氧耐力运动计划,最初要包含运动频率、运动强度及运动持续时间的增加(见表 3-6)。一般建议是,个人在每周的训练中要包括一个恢复日或活动休息日。大多数运动员的目标是希望增加体能,而不只是维持有氧体能水平。因此,训练计划应该固定以渐进原则进行。通常运动频率、运动强度或运动持续时间,每周所增加的进度都不应该超过 10%。运动员如果有更高水平的体能,当只增加运动频率和持续时间已经不可取时,应再通过增加运动强度来保持运动的渐进。

表 3-6 有氧运动渐进原则的范例

	范例一
第一周	每周 3 次 5 千米跑,运动强度为储备心率(HRR)的 70%~85%;每周 1 次 6 千米跑,强度为储备心率(HRR)的 65%~75%
第二周	每周 3 次 5 千米跑,运动强度为储备心率(HRR)的 70%~85%;每周 1 次 8 千米跑,强度为储备心率(HRR)的 65%~75%
第三周	每周 3 次 5 千米跑,运动强度为储备心率(HRR)的 70%~85%;每周 1 次 10 千米跑,强度为储备心率(HRR)的 65%~75%
第四周	每周 3 次 5 千米跑,运动强度为储备心率(HRR)的 70%~85%;每周 1 次 12 千米跑,强度为储备心率(HRR)的 65%~75%
第五周	每周 3 次 5 千米跑,运动强度为储备心率(HRR)的 70%~85%;每周 1 次 10 千米跑,强度为储备心率(HRR)的 65%~75%

续上表

	范例二
第一周	每周 3 次 40 分钟训练,强度为储备心率(HRR)的 70%~85%
第二周	每周 2 次 40 分钟训练,强度为储备心率(HRR)的 70%~85%;每周 2 次 30 分钟训练,强度为储备心率(HRR)的 60%~70%
第三周	每周 2 次 40 分钟训练,强度为储备心率(HRR)的 70%~85%;每周 1 次 30 分钟和 1 次 50 分钟训练,强度为储备心率(HRR)的 60%~70%
第四周	每周 2 次 40 分钟训练,强度为储备心率(HRR)的 70%~85%;每周 1 次 30 分钟和 1 次 60 分钟训练,强度为储备心率(HRR)的 60%~70%
第五周	每周 2 次 40 分钟训练,强度为储备心率(HRR)的 70%~85%;每周 1 次 30 分钟和 1 次 50 分钟训练,强度为储备心率(HRR)的 60%~70%

第四节　有氧耐力训练计划的类型

一、长距离慢速训练

长距离慢速训练(long slow distance,LSD)的训练强度大约在最大摄氧量的 70%,或大约最大心率的 80%。这里的"慢"是指比典型竞赛的配速慢。在 LSD 训练课程中,训练距离应大于比赛距离,或者持续时间长达 30 分钟至 2 小时。这样的强度和持续时间通常也被称为"对话"锻炼,表示运动者仍然能够在运动中对话而不会出现呼吸急促等情形。LSD 训练的生理效益主要包括:强化心血管和温度调节功能,增强线粒体和骨骼肌的氧化能力,提高使用脂肪作为燃料的利用率。

在运动中以脂肪作为燃料的使用率增加,会减少肌肉糖原的使用。由于 LSD 训练期间的强度低于竞赛期间的强度,如果这种类型的训练太多,则会对运动员不利。LSD 训练无法刺激运动员在比赛期间所需要用到的肌肉纤维的神经模式,并且这可能导致之前 LSD 训练所获得的肌肉适应在竞赛中根本无法使用。

二、配速/节奏训练

配速/节奏训练(pace/tempo training)采用的强度等于或略高于竞赛强度。运动强度与乳酸阈值相对应,因此这种类型训练通常也称为阈值训练(threshold training)或有氧无氧间歇训练（aerobic-anaerobic interval training）。进行配速/节奏训练有两种方式：稳定和间歇。

这种类型的训练目的是建立一种竞赛配速感，并提高身体系统维持在这种配速状态下的适应能力。配速/节奏训练涉及的肌肉纤维与竞赛时所需要的相同。这种类型的训练还能改善运动经济性和提升乳酸阈值。

三、间歇训练

间歇训练（interval training）包含了在接近最大摄氧量的运动强度下做锻炼。运动训练时间一般持续3~5分钟，也可以短至15秒。若运动训练时间是3~5分钟，休息时间应该等于训练时间，也是3~5分钟，以保持训练时间：休息时间（work：rest）为1：1的比例。运动员应该先具有很扎实的有氧耐力训练基础，才能进行这种类型的训练。间歇训练会给运动员带来压力，应该谨慎选择。间歇训练的益处包括增加最大摄氧量和增强无氧代谢能力。

由于间歇训练形式是以训练时间来进行设计的，前提是要求运动员在规定的时间内尽最大努力完成一定的距离，这在运动实践中较难保证训练效果。因此，体能教练常采用评估最大有氧速度（MAS）的方式设计间歇训练。

1. MAS 评估

进行至少20分钟的充分热身，之后进行1 500~2 000米计时跑。测试时，运动员一定要保证用100%最大努力程度进行，这样才能保证测试的准确性。

$$MAS = 距离（米）/时间（秒）$$

2. MAS 的应用

在了解了运动员的 MAS 后，可以根据 MAS 设计训练计划。例如，表3-7所示的是一个 MAS 为5.08米/秒的运动员的相关数据。通过这一组数据，我们可以计划间歇训练课，从而提高最大摄氧量。对于有氧间歇训练来说，运动时间：间歇时间1：1~1：1.5。

表3-7 根据 MAS 设计训练计划

时间/秒	10	15	20	25	30
强度（MAS 百分比）			距离/米		
140%	71	107	142	178	213
130%	66	99	132	165	198
120%	61	91	122	152	183
110%	56	84	112	140	168
100%	51	76	102	127	152
90%	46	69	91	114	137

体能教练可以根据表3-7的数据，为运动员设计一个高效的间歇训练计划。以下练习均为15秒间歇，共进行5组。本训练课强度练习时间为7分30秒，间歇时间为7分30秒，共进行2 510米100% MAS以上强度的训练。

第1组：5×15秒，100% MAS（76米）
第2组：5×15秒，110% MAS（84米）
第3组：10×15秒，120% MAS（91米）
第4组：5×15秒，110% MAS（84米）
第5组：5×15秒，100% MAS（76米）

四、高强度间歇训练

高强度间歇训练（high-intensity interval training，HIIT）是一种使用重复性的高强度运动，在运动回合中穿插休息恢复期的运动训练类型。为了让身体达到最佳刺激状态，运动员甚至在高于最大摄氧量的90%时从事高强度间歇训练几分钟。无论使用短时间（45秒）和长时间（2~4分钟）的高强度间歇训练都可以有不同的训练反应效果。随着单次训练时间持续增加，来自无氧糖酵解所产生的能量也随着血液乳酸浓度的提升而增加。此外，高强度间歇训练可能有利于提高跑步速率及运动经济性，对于需要在有氧耐力竞赛后期阶段优于其他对手，缔造个人最佳竞赛成绩或破大会纪录的"临门一脚"或"最终一推"是尤为重要的。

在进行高强度间歇训练时，重复运动之间适量的休息是关键。如果休息时间太短，运动员将不能在随后的运动中发挥优质表现，并且会面临较大受伤风险；若休息时间太长，因运动训练对无氧糖酵解能量系统产生刺激时所带来的许多效益将会减少，体能教练可以参考使用间歇训练强化特定能量系统，来安排运动时间与休息时间的比例（见表3-8）。

表3-8 使用间歇训练强化特定能量系统

最大功率百分比/%	主要能量系统	运动时间	运动时间：休息时间
90~100	磷化物	5~10秒	1:12~1:20
75~90	快速糖酵解	15~30秒	1:3~1:5
30~75	快速糖酵解与氧化	1~3分钟	1:3~1:4
20~30	氧化	>3分钟	1:1~1:3

五、法特莱克训练

法特莱克训练（fatlake training），fartlek 这个词起源于瑞典语的速率游戏，这是混合了前面提到的几种训练类型。虽然法特莱克训练通常与跑步有较多的关联，但它也可以被用于自行车和游泳的训练中。法特莱克训练包括轻松跑（$VO_{2\,max}$ 的 70%），结合在短时间内，不是上坡或就是短而快的跑步冲刺（$VO_{2\,max}$ 的 85%~90%）。运动员简单地结合长、慢、距离训练、配速/节奏训练和间歇训练，并将这些基本训练模式应用于跑步、自行车和游泳训练上。fartlek 训练挑战身体的所有系统，可以帮助身体调节日常训练的无聊与单调。这种训练可以改善 $VO_{2\,max}$，增加乳酸阈值，增加运动经济性和脂肪使用率。

表 3-9 所示的是总结以上 5 种训练的每周频率、持续时间及运动强度。体能教练可以结合运动员的自身状态、训练周期及训练特点等因素，选择合适的有氧耐力训练计划。

表 3-9　有氧耐力训练计划的类别

训练类型	每周频率	持续时间	运动强度
长距离慢速训练	1~2	比赛距离或更长（30~120 分钟）	最大摄氧量（$VO_{2\,max}$）的 70%
配速/节奏训练	1~2	20~30 分钟	在乳酸阈值或与竞赛配速相同或更快
间歇训练	1~2	3~5 分钟（运动时间、休息时间比为 1:1）	接近 $VO_{2\,max}$
高强度间歇训练	1	30~90 秒（运动时间、休息时间比为 1:5）	大于 $VO_{2\,max}$
法特莱克训练	1	20~60 分钟	做 LSD 与配速/节奏的训练变化

第五节　耐力发展的长期计划

在耐力性项目的训练活动中，恰当安排训练与恢复的内容，可以帮助运动员实现积极的生理适应，并使他们在特定时段获得最佳的竞技状态。为实现这一目标，训练方案通常需要精心设计。在整体训练活动的实施过程中，设计周密的训练方案不仅使运动员的机体得到积极、系统的恢复，还能降低发生运动损伤和疾病的概率。谈及耐力性训练，人们常有一种错误认识，认为练得越多越好。实际上，训练结束后，如果运动员的机体没有得到充分恢复，就可能产生过度训练、疾病或身心耗竭等情况。反之，如果只进行大量恢复却不训练，也会导致运动员状态低迷或无法为比赛做好充分准备。因此，在为耐力性项目运动员设计训练方案时，要注意训练与恢复的量与时间的比例。

一、耐力性项目训练方案设计的四个步骤

1. 第一步：搜集相关资讯

搜集资讯包括：明确运动员的短期目标和长期目标；关注整个赛季；选择优先考虑的比赛并设定训练的阶段目标。体能教练不仅需要搜集运动员当前所用训练方案的相关资料，以及运动员对集体训练和单独训练的喜好，还要确定当前能利用的设备和将要在训练过程中使用的新设备。另外，体能教练还应该确认训练时可利用的地形及训练地区的环境、气候等情况。

搜集资讯还包括查明运动员的运动背景、竞赛经历、专项能力的优点或弱点、伤病史、肌肉不平衡情况、生理学变量（根据血乳酸、新陈代谢和身体成分测试）、生物化学变量（根据血样分析）和生物力学变量（身体动作的有效模式）等。最重要的是，体能教练和运动员要明确每天可以实际用于训练的总时间。因此，了解运动员在生活中的责任和义务（如家庭、社交和职业），以及运动员日常通勤的详细情况（上班的方式和往返时间）是非常有必要的。许多刚开始参与耐力性项目训练的运动员，常常会因为过分热情，用于训练的时间在很大程度上超出了他们所能控制的范围。运动员必须认清实现目标、所需时间与现实中可控时间的差距，以便在运动和生活中找到一种适当的平衡。

2. 第二步：关注最初所制订计划的构成要素

这些要素包括高质量训练课的类型与训练频率、训练课之间的时间间隔、恢复课的类型与频率，以及训练周期划分方案中训练与恢复的适宜比例（在整个年度训练过程中可能有波动）。体能教练和运动员应该在该步骤确认心理训练和营养策略，以及他们之间进行沟通的方式和反馈信息的类型。

3. 第三步：开始更为详细的检查训练方案

体能教练和运动员不仅要确定专项技术训练在年度训练、整个训练周期和训练小周期的具体时间，还要明确战术技巧在何时与专项比赛中可能出现的情况有关。确定在每一个训练周期中，何时何地设置专项训练课，并确认每次专项训练所产生的训练效果与总体目标之间的联系。在实施整个训练计划的过程中，运动员在每次训练课上都要有身体、心理和营养方面的具体目标，取消那些没有质量的训练课。此外，在不考虑训练课类型的情况下，每个训练课都应该有专项训练的总体目标和具体目标。同时，体能教练和运动员也要重视恢复时机，并对整个训练方案中的恢复课的结构进行规划。

4. 第四步：对每一个训练周期进行划分

一般来说，准备时期持续12～16周。传统上按照训练周期划分的训练计划，准备时期（季外期）的主要任务是加强基础的有氧代谢能力以及力量所需的灵活性，以便为下一个训练周期打下基础（下个周期会有更多的身体、心理和营养方面的问题）。在竞赛前期的专项提高阶段，通常将提高运动员的速度能力、机能节省化、爆发力和专项比赛能力（2～8周）作为总体目标。在赛季开始前，要为运动员安排最适宜的恢复时间；接近赛季时，适当地安排赛前减量。赛前减量阶段的训练至关重要，在运动员恰好得到充分休息后，机体处于积极准备比赛的状态。

在整个赛季，最为重要的比赛常常分隔在两个或三个比赛单元中。为了使运动员能够在两次比赛之间进行短暂恢复，可以在比赛或是强化训练单元之间安排一些过渡性训练，一般持续1～2星期。在整个赛季结束后，应该为运动员安排一个持续2～8星期的过渡时期，作为一个完整的恢复单元。过渡时期不必对训练内容进行周密安排，可以采用交叉训练或娱乐活动的方式，训练目的是使运动员身体和心理上的疲劳得到有效缓解。

二、训练周期划分

通常一个训练年度分成多个阶段，包括季外期（off-season）[有时称为基础训练（base training）或一般准备期]、季前期（pre-season）（专项准备期）、季中期（in-season）（竞赛期）和季后期（post-season）（动态休息）。表3-10所示总结了每个训练季的主要目标和典型的课程设计。

1. 季外期基础训练（一般准备期）

季外期训练排序的优先事项是建立心肺适能基础。训练初期应包括长时间及低强度的组合课程。随着季外期的延续，强度和持续时间都应以较小的程度增加，每周不要超过5%～10%。训练时间增加过多，实际上可能导致有氧耐力表现的降低。当运动员已经适应训练刺激并且需要额外的超负荷时，必须增强周期性的运动强度以获得持续的进步。

2. 季前期（专项准备期）

在季前期，运动员应该聚焦于增加运动强度，维持或减少持续时间，并将所有的有氧训练类型都纳入计划中。每种有氧训练类型取决于运动员的优势和劣势而设定。

3. 季中期（竞赛期）

季中期训练计划的设计需要包括竞赛日的训练。低强度和短时间训练日应安排在预定比赛前进行，以便运动员体能得到充分休息及恢复。在季中期使用的训练类型是以改善运动员的劣势和保持其优势为目标。

4. 季后期（动态休息）

在季后期，运动员的训练目标应该是聚焦于之前比赛季中获得完全的恢复。这个动态休息期最典型的训练类型就是低强度短时间训练,但同时也需要有足够的全面性运动及活动,以维持良好的心肺功能、肌力和瘦体重。在季后期,有氧耐力运动员应该为在比赛期间运动损伤进行康复,并为较弱的肌肉群多增加肌力训练。

表3-10 赛季训练计划目标和设计

运动季	目标	每周频率/次	持续时间	强度
季外期（一般准备期）	发展很强的基础体能	5~6	长	低到中等
季前期（专项准备期）	增进对有氧耐力表现很重要的因素	6~7	中等到长	中等到高
季中期（竞赛期）	维持对有氧耐力表现很重要的因素	5~6（训练及比赛）	短（训练）	低（训练）高（竞赛）
季后期（动态休息）	从赛季中恢复	3~5	短	低

通常情况下,耐力性项目运动员身体素质的渐进发展,是从培养其有良好的有氧能力基础开始的（见图3-3）。超长距离训练和耐力性训练常用于提高运动员的有氧系统的基础能力,随后是进行更高强度的有氧训练和节奏训练（金字塔向上移动）。当身体已经逐渐建立了有氧能力和力量素质的坚实基础后,则可以加入间歇训练和最大用力程度训练（金字塔的顶部）。

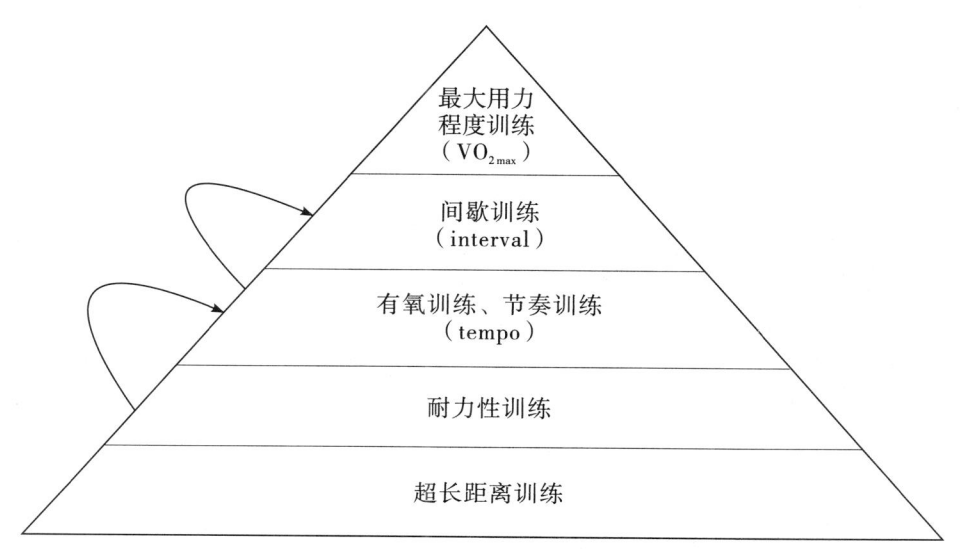

图3-3 耐力性项目运动员传统训练周期中渐进发展范例

正常情况下，在各个训练时期，负荷量、负荷强度和每种训练类型的百分比分配概况可以参考表3-11。有氧耐力（指的是超长距离和耐力性运动）是全年训练的主要部分，速度训练的内容（指的是间歇训练和$VO_{2\,max}$）虽然少，但它们是帮助运动员提高竞技能力的非常重要的因素。表3-11所示内容可以用来指导运动员设计负荷量和负荷强度，也可以看出各个方面之间的相互作用。

表3-11 各个训练类型的负荷分配

周期	负荷量	负荷强度	超长距离	耐力	节奏	间歇	最大摄氧量
一般准备期	中—高	低	60%	30%	5%	5%	0
专项准备期	中	中—高	55%	25%	5%~10%	10%~15%	0~10%
赛前减量期	低—中	中—高	55%	25%	5%~10%	10%~15%	2%~5%
竞赛期	低—中	高	55%	20%	5%~10%	5%~10%	0~10%
动态休息期	低	低	85%	5%~10%	0~5%	0	0

第六节 有氧耐力训练的特殊议题

一、交叉训练

交叉训练（Cross Training）是一种可用于因受伤而需要训练减量，或是从训练周期后恢复运动员良好体能的一种训练模式。交叉训练可以减少身体过度使用导致损伤的可能性，因为它将训练的生理压力分配给予训练期间不常使用的肌肉组。多项运动员也可使用交叉训练，以便在游泳、自行车运动和跑步等项目中表现最佳化。从交叉训练中带来的益处包括呼吸、心血管和肌肉骨骼系统的适应性。运动员以交叉训练作为一种训练模式（如跑步运动员去骑自行车或游泳）的单次训练，可以合理预期维持其一般的体能。为了有效地维持$VO_{2\,max}$，交叉训练在强度和持续时间上必须与运动员主要的运动模式相同。但是交叉训练这种单次训练所提高的运动训练表现，无法像运动员以自己特定项目训练那样有相同的进步幅度。

二、超循环训练（hypercycle training）

超循环训练也称有氧循环训练，是将有氧运动与阻力训练交替。例如，进行3分钟的跑步机训练，接着1分钟的倒蹬；再进行3分钟的登阶、1分钟的弓步蹲；然后进行3分钟的脚踏车、1分钟的颈前下拉；最后进行3分钟的划船练习、1分钟的卧推训练等。

此类型的训练好处为有趣及降低运动员的厌倦感。体能教练可以安排其作为团体训练，又或者作为一对一教学训练。另外，这种训练可以在短时间内累积较大的做功量。但是，训练缺点是运动员须熟悉各种运动要点及器材的操作，因为他们需迅速地自一站移动至下一站。体能教练可以安排每周1~2次、训练时间20~60分钟，强度根据运动员能力做最后确认。

三、赛前减量

赛前减量（tapering）一般是指训练负荷逐渐减少的时段。训练负荷的减少，即意味着减少了外界对身体和心理的刺激。这些刺激往往由日常的训练施加给运动员，使其机体产生适应，从而尽可能地提高其竞技能力。通过赛前减量训练，可以对运动员身体和心理状况进行改善。因此，在训练过程中，体能教练和运动员一般采取两个主要的变量对赛前减量进行调控，即负荷量和负荷强度。为了获得积极的训练效果，运动员必须要注意协调这两个因素之间的关系。

如果运动员可以恰当地实施赛前减量训练，那么其运动成绩将有望提升0.5%~0.6%。在赛前减量训练的调控过程中，最重要的变量是负荷强度。为了避免由于减少训练而造成的影响，运动员需要维持一定的负荷强度，但这一点常常被运动员和体能教练所忽略。训练频率应该维持在正常训练的80%或更多。为了能引起积极的生理和心理反应，在赛前减量期间，负荷量应该减少60%~90%。总之，运动员对专项训练的需求会随着运动项目和训练程度的不同而变化。因此，在赛前减量期间，为运动员设计的训练计划要更加精细。研究表明，最佳的赛前减量期一般持续4~28天，具体时间则要取决于多种因素。通常没有固定的模式可确定赛前减量阶段的时间，但参加短距离比赛的运动员，赛前减量训练较短，而参加较长距离比赛的运动员，赛前减量阶段则较长。线性式赛前减量是指在整个赛前减量期间，每天的负荷量逐渐减少（想象着走下台阶）。阶梯式赛前减量则是指直接大幅度减少训练量（>50%），然后维持在这一水平不再波动（想象着全部同时落到一个较低的台阶上，然后保持在台阶上）。而渐进式赛前减量，已被证明是最有效的一种训练类型。采用渐进式赛前减量，即开始训练时负荷量直接减少10%~15%，然后每天再以较低的百分比逐渐减少（这是前面两种模式结合的一种模式）。这种模式既可以减少负荷量，也可以同时保持适当的负荷强度和训练频率。

三种赛前减量训练类型包括线性式赛前减量、阶梯式赛前减量和渐进式赛前减量。

四、抗阻训练

抗阻训练（resistance training）是提高有氧耐力运动员表现的一个重要、却经常被忽视的因素。有氧耐力运动员可从抗阻训练中获得许多好处，包括从伤病中得到更好的恢复，预防因过度训练导致的伤害，减少肌肉不平衡；等等。抗阻训练能对无氧代谢和神经肌肉系统能力产生积极影响，促进其乳酸阈值水平、运动经济性和从事高强度工作的能力提高。

在传统的耐力性项目的训练中，运动员与体能教练往往都认为抗阻训练对耐力性项目运动员的竞技能力，既没有积极作用，也没有消极影响。之所以存在这种观念，是由于包括抗阻训练和耐力训练在内的很多训练方案，都在设计上有一定缺陷，即仅仅把抗阻训练作为耐力性训练的补充内容。而按这种方式进行训练的运动员，常常会产生更大的疲劳感，进而影响运动员整体竞技能力的进一步提高。如果运动员将减少的耐力性训练负荷，增加到抗阻训练的内容中，那么，抗阻训练就会有助于其耐力性运动能力的提高。

有研究报告指出，采用耐力性训练与抗阻训练相结合的方式，来提高运动员的耐力性运动能力，需要减少19%～37%的耐力性训练负荷。减少的负荷量取决于训练所处的阶段、在训练方案中抗阻训练的负荷量，以及年度训练计划的总目标。例如，在一般准备期，由于要进行更高频率和更大负荷量的抗阻训练，运动员要减少的耐力性训练负荷应占较大百分比（25%～37%）。而在竞赛时期，由于所安排的抗阻训练负荷较低（频率和量），耐力性训练负荷减少的百分比（19%～25%）也较低。

第七节　常用的耐力训练器材

不同的有氧设备使用方法及使用原理有所不同，体能教练应该对这些产品有充分的了解。常用的设备包括跑步机、脚踏车、踏步机、椭圆训练机、划船机、水上运动等，本章节将简单介绍这几种常用设备的基本使用技巧。

一、跑步机（treadmill）

1. 起始位置

（1）将安全夹子连接到衣服上。

（2）将脚跨过跑步机的皮带，置于左右两侧的平台上。

（3）阅读跑步机控制台上的说明，了解如何调控特定跑步机在使用中的速率和坡度。

（4）启动跑步机并调节皮带的速率，调节至自己所期望的热身速率。

2. 运动阶段

（1）握住跑步机扶手时，允许一脚自由摆动，脚掌使用类似抓地动作踩在跑步机上。

（2）一旦习惯了皮带运行的速率，则可以开始在跑步机上步行/跑步。

（3）在步行/跑步时，身体保持朝向机器的前部，同时维持在跑步机的中心位置。

（4）逐步把手松开，调整机器的运行速率和坡度，直至达到所期待的训练程度。

（5）由于跑步机没有风阻，运动员在等同速度情况下，对比会在室外跑比较轻松，因此可以调整坡度为1%。

（6）在步行或跑步时，避免双手握住控制台，否则易造成前扶手或身体向后倾斜。

3. 结束位置

（1）逐步降低跑步机速率，进行3~5分钟的缓和运动以预防血液堆积和促进静脉回流。

（2）双脚踏上皮带两侧的平台，然后关掉机器。

二、脚踏车（stationary bike）（见图3-4）

1. 起始位置

（1）开始运动时，先调整座椅高度，脚踩着踏板底部时膝关节呈稍微弯曲（15度至30度）。

（2）让脊柱保持中立位，上半身从臀部稍微向前倾斜。

（3）调整脚踏车把手，使手臂在向下的角度延伸时手肘可以轻微弯曲。

（4）最理想的动作是上臂和躯干形成的角度大约为90度。

2. 运动阶段

（1）开始踩踏时，保持脚掌在整个运动过程中与踏板接触。

（2）躯干保持中立姿势，不圆肩驼背。

（3）使用"牛角式"把手，可以使用各种手部位置。

（4）旋前姿势，手掌朝下抓着把手，允许更直立的身体姿势。

（5）手掌自然抓在手柄的两侧，允许上半身做更大的前倾。

（6）比赛姿势，前臂放松靠在手把上，让上半身形成最大的前倾度。

3. 结束位置

逐渐减速直到踏板完全停止，然后踏下自行车。

三、踏步机（stair stepper）（见图 3–5）

1. **起始位置**
(1) 向前踩踏板时握住扶手。
(2) 将整个脚底紧贴踏板。

2. **运动阶段**
(1) 以踏步机扶手做支撑，开始踏步。
(2) 在保持自立姿势的同时，采取较深的踏步（10~20 厘米）。
(3) 不要让阶梯踏板碰触地面或机器的高限停制点。
(4) 继续轻握扶手，目视正前方，身体保持直立姿势，肩膀保持端正和放松。
(5) 躯干与臀部对齐，膝盖和脚对齐，脚趾朝前。

3. **结束位置**
握住扶手，同时向后踏下离开踏板。

图 3–4　脚踏车

图 3–5　踏步机

四、椭圆训练机（elliptical trainer）（见图 3–6）

1. **起始位置**
(1) 面对椭圆训练机的中央控制台，双脚各自踩在踏板上。

（2）保持直立站姿，目视正前方，躯干直立并握住扶手，适当平衡并对齐臀部，头部抬高，肩膀放松（但不耸肩驼背）。

2. 运动阶段

（1）开始向前踩踏，手臂及腿部以往返的方式成为相互对应的动作。

（2）在整个运动期间，除非机器设计导致脚后跟抬起，脚底应与脚踏板完全保持接触。

（3）握住扶手以保持平衡。如果不需要扶手支撑，最好放掉手臂，并且以类似于行走或跑步移动时状态摆动手臂。

（4）在机器上执行向前动作可能会较着重于股四头肌训练；动作向后则可以增加腿后肌群和臀大肌的负荷压力。

3. 结束位置

逐步减速直到机器完全停止，然后步下踏板。

图 3-6　椭圆训练机

五、划船机（rowing machine）（见图 3-7）

划船是一种非承重性运动，可以同时刺激到上下肢的肌肉。正是由于全身大多数肌肉在划船时都可以被动用，所以局部肌肉疲劳的风险是比较低的。唯一的缺点是大多数人不熟悉这项运动，所以在刚开始使用划船机训练时会过多运用上肢。此外，有下背部疼痛的使用者在使用过程中会过多弓背。因此，正确的运动姿势对划船是非常重要的。

1. 起始位置和驱动

（1）起始位置时，运动员应该保持头部抬正，目视正前方，背部挺直，上半身微微前倾。

（2）双臂伸展置于身体前方，并握住手柄，屈髋屈膝。

（3）由起始位置开始，用力伸髋伸膝，同时躯干微向后倾。在完全伸髋伸膝后，双臂将手柄拉向腹部。

2. 结束位置，还原和恢复

（1）在结束位置上时，双腿充分伸展，躯干微微后倾，双肘关节弯曲，手柄拉向腹部。

（2）当还原时，依次伸展肘关节，躯干由髋关节处微前倾。特别要指出的是，在身体由髋关节处微前倾，手臂伸直后，屈膝至胫骨重新垂直于地面的位置，为下一轮动作做好准备。

3. 阻力调整和运动节奏

（1）虽然划船机种类多样，但常见的还是气阻式划船机。

（2）划船机的通气孔控制着进入风轮的空气量。当有更多空气量进入风轮后，其阻力就会变大。初学者都应该从低阻力开始，随着体能增加，慢慢增加运动负荷。

（3）大多数休闲运动员以每分钟20~25次的节奏运动，精英运动员可以使用更快的节奏（如25~35次/分钟）。

(a)

(b)

(c)

图3-7 划船机

六、水上运动 (aquatic exercise)

水上运动是一种安全的训练方式,因为水的浮力减少了落在关节上的冲击力。因此,这种运动方式特别适合那些病弱、年老、肥胖或下背部疼痛的人群。对于下肢受伤的运动员,水上运动也是经常被使用的前期康复手段。其优点在于运动员并不需要会游泳以及掌握相关的专业知识。在水上运动期间,适当的水分补给很重要,因为呼吸会导致水分流失,而运动员可能不会有很高的出汗率,所以应该指导运动员锻炼后多补充液体。

水上运动时身体直立,可以在浅水区或深水区里进行。通常说来,水淹没到腰部时,要承受身体50%重量;淹没到胸部时,承受身体25%~35%的重量;淹没到脖子时,只承受身体10%重量(见图3-8)。基本的水上运动包括散步、慢跑、踢腿、跳跃等。具体的动作包括高抬腿、后撤步、侧身,并有不同的脚趾支撑变化。越快的移动速度意味着越高的运动强度。手臂动作也可以用来增加动作变化,如单侧踢腿动作可以向前、向侧面和向后;其他踢腿动作还包括抬膝和腿弯举。运动员也可以进行单足或双脚跳跃,并可以从池底部开始起跳,这可以增加运动强度。跳跃的变化包括开合跳、往返跳跃、跳跃转体、蛙跳和原地跳跃。运动员在进行跳跃动作之前,都应学习正确的着陆技巧。正确的着陆是指脚趾、大脚拇趾丘和脚跟依次落地,并且脚踝正上方的膝盖以"软"着陆(伸展但不锁死)方式落地,这可以吸收体重带来的冲击力,降低受伤风险。

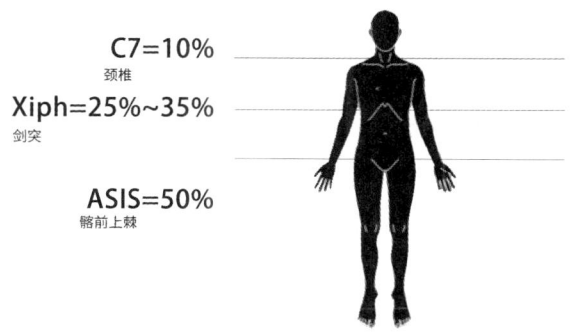

图3-8 在水中浸没不同深度所承受的不同体重百分比

其他水上运动包括深蹲、弓步、腿屈伸展和腿弯举,以及前臂屈伸等。如果精英跑步运动员受伤,可以使用水上运动或深水跑步(或两者兼有)代替,这可以补偿路面跑步练习。这样,他们可以保持较高的心肺能力和跑步专项性训练。此外,水上运动时,运动员既可以以脚触碰游泳池底部,也可以借助漂浮设备在水中漂浮。

本章小结

每一个运动员都是不同的个体，体能教练要根据不同运动员的身体条件和运动需求来设计不同的有氧耐力训练计划。这要求体能教练需了解：首先，不同运动强度和运动时间决定了身体将会使用不同的能量系统。其次，最大摄氧量、乳酸阈值和运动经济性是影响有氧耐力表现最重要的三个因素。运动模式、运动频率、运动强度、运动持续时间和渐进原则，这些基本变量构成每一个个体具体的有氧训练计划。有氧耐力计划包括长距离慢速训练、配速/节奏训练、间歇训练、高强度间歇训练和法特莱克训练5种类型。它们在不同的训练周期中都有不同的占比。除此之外，有氧耐力的一些特殊的议题在设计整个周期性计划时也必须加以考虑，比如交叉训练、赛前减量以及如何更好地整合抗阻训练。如果想让运动员在规定的时间内发挥出最好的竞技水平，以上这些内容，就是一份精心设计的有氧耐力计划所必须要考虑和了解的。最后，体能教练还应该了解常见的有氧器械以及它们正确的使用方法。

第四章 抗阻训练方案设计

训练是为了实现长期目标而进行的身体活动。抗阻训练是在精心设计的多次练习之后，最终产生一个可见结果的过程。不同的人群有着不同的抗阻训练目标，有些人是为了减脂塑形，有些人（如竞技运动员）则是为了提升运动表现。无论是什么目标，都需要制订有针对性的训练计划。训练计划的制订人首先要熟悉整个训练过程，并了解完成这个过程需要付出多少努力；其次要了解抗阻训练的逻辑进程。本章通过案例的形式呈现抗阻训练方案设计的九个步骤，即：抗阻训练需求分析、训练项目选择、训练频率、训练顺序、训练目标负荷与重复次数、训练量、训练节奏、训练间歇时间还有训练负荷进阶。

第一节 抗阻训练方案的设计原则

设计一份完整的抗阻训练方案是一项复杂的过程，体能教练需要掌握机体对刺激的适应性反应，并具备对完整计划的认知与分析能力。在本章节中，将介绍抗阻训练计划设计的原则及 9 个步骤，通过这 9 个步骤，可以设计出符合运动员特点的、有针对性的抗阻训练计划，并通过举例展示如何设计出针对不同运动项目、不同周期、不同运动员情况的抗阻训练方案（计划）。

一、抗阻训练的原则

在实施抗阻训练的过程中，有几个重要原则是必须遵守的：专项性原则、渐进性原则、超负荷原则。如果在训练中忽略原则性的基本要求，会给运动者带来一些意外运动伤害甚至会终止运动员的运动寿命。

1. 专项性原则

专项性原则是其中最基本的原则。德朗在 1945 年提出专项性的概念，是指通过专项性的运动训练让运动员产生专项的适应或训练结果。每一个项目对运动员的身体素质要求都不一样，我们训练时给运动员身上的刺激要符合专项训练的要求。在抗阻训练中，专项性特指肌肉、动作模式和动作的性质。要想提高快速的爆发力，需要神经系统在短时间内募集更多的快肌纤维参与运动，就要以最快的速度完成爆发力的抗阻训练。比如跳远运动员，在训练的过程中，需要下肢的一次性的快速收缩力量，在训练时需要尽可能设计和专项动作接近的下肢爆发力抗阻练习动作。不同的专项动作的呈现方式也不同，在抗阻训练中要特别关注动力链及动作模式。比如网球选手的上肢推拉的动作多数不是在一个水平面完成的，可能是多维度的，那么在训练中就要安排一些非水平面的推拉动作，如劈砍等模拟专项运动的功能性抗阻训练动作。

专项性原则也要和运动员的训练周期密切结合。运动员在不同的训练周期，抗阻训练的内容以及负荷要求也不同，在准备期和恢复期通常以基础体能训练为主，在比赛前期抗阻训练则以专项体能训练为主。

2. **渐进性原则**

如果想要持续提高运动表现，训练的强度要不断增加。尽管我们注意的多半是负重的不断增加，其实通过增加每周训练课次数、每堂课增加训练内容、不断改变专项训练难度、增加训练强度的刺激等，也可以逐步提高训练的强度。这里应注意的一个问题是训练的按次序进阶，如在解决无负重单腿蹲出现膝内扣问题之前，不可以增加负重，更不能进行单腿的跳跃练习。抗阻训练训练的是肌肉更是动作，动作模式的发育有渐进性，因此在训练设计时也要考虑动作的渐进性。

3. **超负荷原则**

超负荷原则是指在训练者对某一负荷刺激适应后，要有计划地、适量地增加抗阻训练动作的负荷，使肌肉产生新的适应，从而运动员的抗阻运动能力也随之逐渐增加。假设无超负荷的刺激，即使训练方案设计得比较全面，也会极大地限制运动员能力的提升。

在抗阻训练中，最典型的应用超负荷原则的例子就是在练习中增加负重。另外，还有其他一些变化，如每周训练课次数的增加、每堂训练课训练强度和训练量的增加；在训练中增加难度、减少间歇时间等，这些都是超负荷训练原则的应用。例如，在短跑训练中可以通过增加风阻来实现负荷的增加；在增强式训练中，将单次跳改为多次跳，或将台阶增高做跳深练习等都是超负荷原则的应用。超负荷原则的目的就是对身体提出新的挑战。但在应用超负荷原则时应避免过度训练的发生。

总而言之，专项性、渐进性和超负荷原则的应用保证了抗阻训练是针对专项需要的动作，通过专项化、渐增负荷对机体的刺激，使运动员的运动表现得以提升。

二、抗阻训练原则的应用

在抗阻训练方案的设计中要考虑 9 个要素或步骤，为了更清楚地理解每一步骤的应用，将举例两个不同项目的运动员在抗阻训练方案设计的每一步骤的选项方式。方案1是一名处于赛季中的大学阶段篮球运动员；方案2是一名处于赛季前的高中阶段长距离游泳运动员，具体情况如表4-1所示。假设所有运动员均无任何身体健康问题、无任何骨骼肌功能障碍，并已经得到队医的允许可以开始接受抗阻训练。

表4-1 两位运动员的基本信息

项目	方案1	方案2
性别	男	男
年龄/岁	22	17
运动项目	篮球	长距离游泳
位置	中锋	NA
赛季情况	赛季中	赛季前

方案1的运动员从高中阶段起就开始接受抗阻训练，并且已经熟练掌握运用大重量的自由训练器械及其他固定训练器械的技巧；方案2的长距离游泳运动员仅仅只是刚刚开始接触抗阻训练4周时间，还没有掌握大重量训练的技巧。针对以上2名运动员的个人情况，体能教练应该根据下面9个步骤来分析并制订运动员各自的训练方案，以最大限度通过抗阻训练实现提升运动表现的目标。

第二节 抗阻训练方案的设计步骤

一、抗阻训练需求分析

一名专业的体能教练的首要工作往往都是进行分析，主要包括两个方面：运动项目分析和运动员自身项目分析。

1. 运动项目分析

有效的训练方案必须满足运动员所从事专项的需要。通过预先了解运动项目特征和运动员特点来决定如何安排可变训练因素。为了在训练方案制订过程中分析每一个可变因素，并设计一个科学合理的周期训练方案，体能教练需要提供理论依据，为不同专项和个体差异的运动员设计训练方案。

此步骤的首要任务就是先决定运动项目的特点是什么。这点能帮助体能教练了解运动员最重要的需求。体能教练应该思考通过训练方案能带给运动员的是什么。当然进行运动分析的方法有很多，例如，运动项目的能量代谢特征分析、肢体运动模式分析、运动生理需求分析以及常见伤病分析；通过对心肺功能需求方面进行分析；对速度、灵活性、协调性、柔韧性等方面的需求分析。通过以上的综合分析来确定运动项目的特点并有针对性地制订抗阻训练方案。但是在本章节的举例中，只通过运动生理（肌肉力量、耐力、爆发力、增生肥大等）需求分析来确定运动项目的特点并制订方案。

具体来说，肢体运动模式分析可用于投掷类的项目（如铅球）。通过对运动员投掷铅球的动作，分析此动作是属于爆发力动作，则能量代谢系统应属于磷酸原系统。动作模式上分析此动作是全身性动作，由多关节屈曲到多关节伸展，可以确定最主要被使用的肌肉是肱三头肌（肘关节伸展）、三角肌（肩关节外展）、臀大肌和腘绳肌（髋关节伸展）、股四头肌（膝关节伸展）、腓肠肌和比目鱼肌肉（踝关节跖屈）。从运动生理需求方面来分析，投掷铅球这项运动需要Ⅱ型肌纤维在瞬间被使用，所以肌肉爆发力和肌肉力量是通过抗阻训练实现的主要目标。另外，运动医学方面的研究表示，铅球运动员的肩和肘关节周围的肌肉和肌腱等软组织，是最容易因为过度使用而受伤的，所以对应肌肉群的抗阻训练也必须在训练方案的考虑之中。

2. 运动员自身情况分析

第二个任务是通过对运动员的受训状况、伤病情况、最大肌力和其他生理指标测试来确定运动员抗阻训练的首要目标。对运动员的分析与测评内容越详细，抗阻训练的目标就会越贴切运动员的实际需求。

对运动员当前的身体状况分析是制订整个训练方案的重中之重，这部分包括评测运动员当前的伤病情况和接受训练的历史背景。如果体能教练可以从这方面得到越多的信息，就越能了解运动员的需求，从而制订更为合适的抗阻训练方案。一份完整的运动员训练历史分析报告应该包括：曾经参加过的训练类型（如速度训练、增强式训练、抗阻训练）、上次参加训练的周期长度、上一周期的训练强度、抗阻训练技巧掌握情况。通常情况下体能教练会根据分析报告将运动员的抗阻训练能力分为初级、中级和高级3种情况，具体分级标准如表4-2所示。

表4-2 抗阻训练能力分级标准

抗阻训练能力	接受抗阻训练背景情况				
	当前训练状态	训练时长	训练频率（每周）	训练强度	抗阻训练技巧及经验
初级（未接受过训练）	还没开始或刚开始接受训练	小于2个月	小于1~2次	无或低	无或很少
中级	训练中	2~6个月	2~3次	中	一般
高级	训练中	大于1年	大于3~4次	高	熟练

3. 身体状况分析

身体状况分析评测主要是针对运动员的肌力、柔韧性、爆发力、速度、肌肉耐力、身体成分以及有氧耐力等。在本书的举例中，只对最大肌力进行了讨论分析，体能教练可以参考本章第五步（训练负荷与重复次数）对运动员的测试结果进行分析。

为了减少测试结果的误差及保证测试结果的可靠性，对运动员身体状况的评测方法设计应该遵循运动项目特点，并考虑运动员的竞技水平及现实情况（如可供使用的测试设备）。总的来说，主要的上肢及下肢运动（如卧推、肩上推举、高翻及深蹲）都会考虑用来测试运动员的最大肌力或爆发力。在得到所有测试结果之后，体能教练应当对所有结果进行分析，确定运动员当前的优势及劣势，并根据这份分析报告确定接下来训练的主要目标。

4. 抗阻训练主要目标

运动员的测试结果、运动项目的生理需求分析及所处的训练周期都会决定接下来的抗阻训练的主要目标。大体上来说，这个目标是确定提高肌力或爆发力、耐力还是肌肥大。在不考虑其他客观因素的话（如肌力、爆发力都较弱），每个训练周期应当只有一个主要目标。表4-3显示了不同训练周期所对应的不同抗阻训练主要目标。

表4-3 训练周期与抗阻训练目标

运动周期	运动专项训练强度	抗阻训练强度	抗阻训练主要目标
休赛季	低	高	肌耐力（首要）、肌肥大；力量、爆发力
赛季前	中	中	运动项目的专项性（如力量、爆发力或肌耐力）
赛季中	高	低	维持赛季前的训练目标
赛季后	可变	可变	不固定，以主动放松为首要目标

需求分析完成之后，体能教练已经对运动项目及运动员有了一个整体的了解，以本章节的2名运动员为例，分析结果如表4-4所示。

表4-4 运动员需求分析结果

案例1（男，大学阶段篮球运动员，赛季中）	案例2（男，高中阶段长距离游泳运动员，赛季前）
运动项目分析（运动生理需求） ● 力量、爆发力	运动项目分析（运动生理需求） ● 肌耐力
运动员分析 ● 从高中阶段开始接受训练 ● 熟练掌握并运用自由器械 ● 刚结束一系列赛季前训练（4次/周）	运动员分析 ● 刚开始接触训练（2次/周） ● 有限的训练经验、技巧
抗阻训练能力分级 ● 高级	抗阻训练能力分级 ● 初级
赛季中主要目标 ● 力量/爆发力	赛季前主要目标 ● 肌耐力

二、训练项目选择

训练项目选择顾名思义就是确定抗阻训练动作。首先应该遵循运动项目的特点，在器械的选择方面考虑运动员的训练经验及现实条件（如体能馆能使用的设备、总教练能协调的体能课训练时间等）。

1. 训练项目类型

如果单说抗阻训练动作，可能会有近乎百种动作可供选择，但是训练项目的类型必须要有针对性。体能教练首先要针对运动项目主要动用的肌肉群或身体区域（如上肢、下肢），其次要针对与这些主要肌肉群相关的小肌肉群或辅助肌肉。

（1）核心和辅助训练项目。

根据训练目标肌肉的大小和目标运动中所被使用的频率、重要性，训练动作可被分为核心训练动作和辅助训练动作两种。核心训练动作，会刺激一块或多块大肌肉群（如胸、肩、背、臀、大腿）并且含有两个或以上主要活动关节（也称为多关节训练）。另外，如果某项训练动作的技术动作会在比赛运动中出现，也会被列为核心训练动作。辅助训练动作，通常指刺激小肌肉群（如前臂、腹部、小腿肌群、颈和下背部）或单独一块肌肉（也称为单关节训练），并且对于提高运动表现力不是那么的有效。总的来说，如果运用核心训练和辅助训练项目来定义训练内容的话，肩部所有关节（盂肱关节和肩锁关节）被认为是一个主要活动关节，脊柱也被认为是一个单一活动关节（如卷腹、背肌伸展）。

辅助训练项目运用得最多的是在康复训练中，因为这些训练动作会把单一肌肉或单一小肌肉群单独隔离出来训练。那些在运动中容易受伤的肌肉或肌肉群（如肩部外旋肌在棒球投手中是常见伤病），也可以通过一些辅助训练项目达到预防和伤后康复的效果。

（2）结构性和爆发性训练项目。

结构性训练项目是在核心训练项目的基础上，将负重直接（如颈后深蹲）或间接（如肩上推举）施加在脊柱上。再具体点说，结构性训练项目会刺激那些在运动和抗阻训练中起到姿态稳定性的肌肉或肌肉群。但是如果将结构性训练项目的节奏加快，就会将其变为爆发性训练。通常来讲，爆发性训练是要符合运动项目的特殊性的。

2. 运动模式分析

在需求分析中，体能教练已经定义了运动项目的特点和特殊性。接下来在训练动作选择中，体能教练要选择那些可以刺激到在运动项目中会被使用到的肌肉群，并尽量符合运动中关节活动度的动作模式训练动作。除此之外，还要考虑到主动肌与拮抗肌的平衡和预防常见肌肉伤病的训练项目。

(1) 运动项目特殊性训练。

抗阻训练项目越接近运动项目，则运动员从抗阻训练中得到的收益就会越大，这就是运动特殊性原则也叫特殊适应原则（specific adaptation to imposed demands principle，SAID），表4-5举例说明了一些抗阻训练所对应的不同运动项目。体能教练应该有能力分析出一项体育运动的特殊性并有能力制订出这样的一份训练方案。例如，在排球运动中起跳拦网的主要肌肉群是伸髋和伸膝肌肉群，所以在抗阻训练中可以让运动员做一些深蹲和倒蹬训练，这两项训练都能刺激伸髋和伸膝的肌肉群。但是这两项训练哪一项对排球运动员更有效？很显然是深蹲，因为在排球运动中，运动员起跳是在上身直立的情况下并同时要求控制身体平衡和对抗中完成的，所以在抗阻训练中应该用更多的深蹲训练来取代倒蹬训练。对比深蹲训练，高翻又是另一种比深蹲更有效的训练排球运动员弹跳能力的训练，因为它更加符合爆发力三关节伸展的动作，与实际动作一致。

表4-5 运动项目与抗阻训练项目

运动项目	抗阻训练项目
踢球类	单侧髋关节伸和屈、弓箭步蹲、伸膝
自由泳	直臂下拉、肩侧平举、弓箭步蹲
弹跳类	高翻、火箭推、颈后/颈前深蹲、站姿提踵
挥拍类	哑铃飞鸟、俯身哑铃飞鸟、屈腕、腕伸
跑步类	高翻、弓箭步蹲、上台阶、伸膝、屈膝
投掷类	曲臂杠铃上拉、颈后哑铃曲臂伸、肩内旋和外旋、弓箭步蹲

(2) 肌肉平衡。

训练项目的选择必须要遵循目标关节周围的主动肌与拮抗肌平衡发展的原则（如股四头肌和腘绳肌），否则会造成主动肌与拮抗肌不平衡发展而引起的伤病。举例来说，如果股四头肌比腘绳肌过度发达，那腘绳肌就很有可能在伸膝动作时被拉伤。需要注意的是，肌肉平衡并不是指主动肌与协抗肌的绝对力量的平衡，而是一块肌肉或肌肉群比起其他肌肉或肌肉群在肌肉力量、爆发力、肌耐力方面存在适当比例的平衡。

(3) 抗阻训练经验。

在前文提到了运动员抗阻训练经验的重要性。在真实的抗阻训练中，体能教练发现运动员在训练中对任何一训练技术出现问题，都应该先停止该项训练，并要求运动员将技术动作要领完整地向体能教练叙述一遍，以确保运动员已百分之百地掌握技术动作的要领。如果运动员无法正确及完整地叙述技术动作要领，体能教练都应先进行技术动作要领讲解，再要求运动员在固定器械中体会并正确地完成技术动作，待运动员完全掌握要领之后，方可允许其使用自由器械继续进行训练。因为在固定器械训练中，对运动员在动作过程中的协助肌肉或肌肉群的要求比较低，不会造成运动员因未能掌握技术动作而受伤。体能教练在制订训练方案和进行训练之前，应该做好并假设运动员未能掌握技术动作要领的准备。

（4）抗阻训练器材的不确定性。

体能教练在制订训练方案的时候，必须考虑训练器材的现实情况，有时可能因为训练器材的限制，需要调整或者修改训练方案。如没有可以做高翻的奥林匹克举重训练杆，需要由其他训练项目来代替或直接删除。

（5）训练时间的不确定性。

体能教练必须要熟练掌握完成每项训练项目所必需的时间要求。如果进行抗阻训练的时间有限，体能教练应当选择那些可以更容易、更快完成的训练项目。比如，训练目标是锻炼下肢和髋关节并在训练时间有限的情况下，体能教练应该选择蹬腿机而不是弓箭步蹲。因为在同样要求完成10次重复次数的情况下，蹬腿机所需要的时间更少。即便所有人都知道在这种训练目标要求下弓箭步蹲比蹬腿机更有效，但是主要侧重点应该变为在规定时间下可以完成所有训练项目。

回到本章节的两个运动员案例中，体能教练在本步骤完成之后又能完成如表4-6所示的分析和计划大纲（训练项目没有按照训练顺序排列）。

表4-6 训练项目选择

方案1（男，大学阶段篮球运动员，赛季中）	方案2（男，高中阶段长距离游泳运动员，赛季前）
核心训练 • 高翻（全身、爆发力） • 爆发力肩举（全身爆发力） • 颈前深蹲（下肢、髋） • 侧弓步蹲（下肢、髋） • 上斜哑铃卧推（胸）	核心训练 • 弓箭步蹲（下肢、髋） • 窄距卧推（胸） • TRX仰卧划船（背、核心）
辅助训练 • 悬垂举腿（腹肌） • 坐姿划船（上背） • 宽握下拉（背） • 哑铃二头交替弯举（肱二） • 三头下推（肱三）	辅助训练 • 卷腹（腹肌） • 坐姿屈膝 • 瑜伽球屈腿（股二头肌） • 水平肩举（肩） • 单臂哑铃划船（上背） • 坐姿背屈（小腿前群） • 背部伸展器械（下背部）

方案1（男，大学阶段篮球运动员，赛季中）	方案2（男，高中阶段长距离游泳运动员，赛季前）
备注 • 这些训练项目匹配了篮球中弹跳的最大爆发力练习和运球中手臂的运动轨迹	备注 • 即便没有进行大量的核心训练，但是这两项训练的技术动作都匹配了游泳运动中的上下肢运动轨迹，这些辅助训练根据时效性，缩减了抗阻训练的时间

三、训练频率

在某特定期进行训练课的数量会影响训练适应效果。训练频率是指每周进行力量训练的次数。它取决于多种因素，比如，专项训练量、训练强度、体能水平或训练状态、恢复能力、营养摄入以及训练目标等。体能教练在制定训练次数时应该考虑以下五个主要因素：当前的训练周期、运动员当前的训练状态、训练负荷强度、训练类型和其他的训练活动内容。

1. 运动员的训练情况

运动员的当前训练情况决定了运动员是否已准备好进行所指定的抗阻训练方案（第一步需求分析中提到），也决定了运动员应该进行每周几次抗阻训练和每次抗阻训练之间的休息时长。通常情况下，建议大多数运动员每周进行3次抗阻训练，根据运动员的分级情况适当增加每周的训练次数（见表4-7）。基本原则是，同一目标肌肉或肌肉群的两次训练之间至少有24小时的休息时间，但不多于72小时。比如说体能教练在给一名初级运动员制订方案时只安排每周两次抗阻训练（周二和周四），而在周四训练结束后到下周二训练之前的休息时间超过了72小时，这样运动员训练的效果会有退减。如果是一周两次训练计划，则这两次应该合理地安排在一周之内（如周一和周四或周二和周五）。这样即便进行短时间的抗阻训练，对于高级运动员来说也足以维持肌力。

表4-7 运动员情况与训练次数

训练情况分级	建议次数（次/周）
初级	2~3
中级	3~4
高级	4~7

对于中级和高级训练水平的运动员来说，应该每次训练都侧重于不同的目标肌肉，因为几乎每天都在进行抗阻训练。比如，上肢和下肢分别安排在相邻的两节训练课，这样可以给予肌肉群在进行下一次训练之前足够的休息恢复时间，这种安排方法被称为"分割原理"。

2. 运动项目的赛季

运动项目的赛季是另一个影响抗阻训练频率的客观因素。在休赛季时，运动的专项训练次数会比较少、强度比较低。所以，在这个周期抗阻训练的强度和频率都要增加，以保证运动员可以在休赛季期间，从抗阻训练中获得更多的收益，并把训练效果在赛季来临时转换到运动专项能力中。同样，到了赛季期，运动员的专项训练次数会增加并且强度加大，在这个周期的抗阻训练就应该减少，训练频率及训练强度适当降低。同时，应以维持肌力和爆发力为目标，在不同的运动赛季中对具体的训练频率的建议如表4-8所示。

表4-8 不同运动赛季的训练频率

运动赛季	训练频率（次/周）
休赛季	4~6
赛季前	3~4
赛季中	1~3
赛季后	0~3

3. 训练负荷及训练类型

如果体能训练目标是最大肌力或近乎最大肌力，那运动员就需要比平时更多的休息恢复时间。如果将大负荷与小负荷交替作为训练目标，那训练的频率可以适当增加。研究表明，下肢肌肉群比上肢肌肉群需要更长的恢复时间，多关节训练动作需要比单关节训练动作更长的恢复时间。

除此之外，体能教练还需要考虑在同一周期内是否还会有其他的训练内容（如速度冲刺训练、增强式训练、敏捷性训练、速度耐力训练等），适当地调整或缩减抗阻训练的频率或次数。以本章节的两个方案为例，体能教练应该在本步分析结束后完成如表4-9所示。

表4-9 训练频率分析

方案1（男，大学阶段篮球运动员，赛季中）	方案2（男，高中阶段长距离游泳运动员，赛季前）
高级抗阻训练分级 ●4~7次/周	初级抗阻训练分级 ●2~3次/周
运动项目所处赛季 ●1~3次/周	运动项目所处赛季 ●3~4次/周
最终决定训练频率 ●3次/周 ●周一、周三、周五 ●每次都是全身训练	最终决定训练频率 ●2次/周 ●周三、周六 ●每次都是全身训练

方案 1（男，大学阶段篮球运动员，赛季中）	方案 2（男，高中阶段长距离游泳运动员，赛季前）
备注 • 训练次数相比较休赛季来说要有所减少，因为进入赛季后运动员的专项训练次数、比赛强度都会增加	备注 • 尽可能避开专项训练日，并注意主动训练调整身体疲劳状态，减少抗阻训练所带来的疲劳感

四、训练顺序

训练顺序是指在一次抗阻训练课中，运动员完成所有训练项目的先后顺序。一个训练单元当中的练习顺序，会显著影响抗阻训练过程中当下负重能力和随后力量的变化。练习顺序应当遵循训练的主要目标要求。训练顺序的背后思考方法有很多，但普遍方式是训练单元的前期动作，应以发力速率较大、举起重量较大为主。体能教练应该以能保证运动员在下一项训练中的最佳表现力或训练技巧为基本标准来制定训练顺序。以下为最常用的四种训练顺序。

1. 爆发力训练；非爆发力核心训练；辅助训练

在这种顺序中，首先进行爆发力训练（如高翻、膝位抓举），接下来是非爆发力核心训练（如深蹲），最后是辅助训练（如坐姿提踵）。这种训练形式也通常被以另一种方式来表达。先进行多关节运动训练，然后是单关节运动训练；或先进行大肌肉群训练，然后是小肌肉或肌肉群训练。这样安排是因为爆发力训练需要更严格的技术动作，并要求更多的肌肉参与运动，以及消耗大量的能量。因此，动作完成的质量更容易受到肌肉疲劳所影响。如果运动员在进行爆发力训练时已经感觉肌肉疲劳，那便会不自觉地使用错误的技术动作来完成这项训练，最终影响训练质量或增加训练受伤风险。

另一种与这种训练顺序相反的训练顺序叫作"预先消耗"。这种训练方法是有意地先进行单关节训练动作，使目标肌肉预先疲劳，然后进行同样刺激已疲劳肌肉群的训练，一般为多关节训练动作，比如先进行坐姿腿屈伸训练，然后进入颈后深蹲训练。

2. 上肢、下肢交替训练

这种训练顺序比较容易理解，就是先进行上肢或下肢训练，接下来进行另一个训练。这样会使同一肌肉再次被刺激时已经得到充足的休息恢复时间。这种训练顺序方法特别适用于初级训练者。即便受训练课时总长受限，教练也可以通过增加相同部位的训练时间并减少组与组之间的休息时间。这种训练法也会被称为"循环训练法"，常运用于提高心肺耐力为主要训练目标。

3. "推"与"拉"交替训练

"推"与"拉"交替训练法是另一种可以保证肌肉充分休息恢复的训练法。运动员在完成"推"的训练项目后（如卧推、肩举、三头伸展等），接着进行"拉"的训

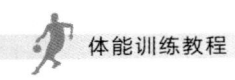

练项目（如高位下拉、俯身划船、二头弯举等）。所有参与"推"的项目的肌肉在进行下次训练前会得到充分的休息恢复时间。同样，所有参与"拉"的项目的肌肉也会得到充分休息恢复，然后在下一项训练项目中被刺激。这种训练方法能保证每一项训练的完成质量。如果把所有"拉"的项目安排到一起，即便教练在完成次数上有所调整，运动员也无法高质量地完成所有"拉"的训练项目。因为在那些参与到"拉"动作的大肌肉还没有疲劳时，像肱二头肌这样的小肌肉就已经疲劳了。

4. 超级组和复合组

这种训练方法是要求运动员完成一组两项的训练项目，允许很少甚至没有休息时间。在超级组（super set）中，运动员被要求完成一组两项的训练项目，并在这两项训练项目中包括了主动肌和拮抗肌，如第一组训练是屈膝和伸膝。运动员要在完成一组屈膝训练后立刻进行伸膝训练，在这组训练中股四头肌和腘绳肌就分别是对方的拮抗肌。复合组（compound set）训练就是将可以刺激同一块肌肉或肌肉群的两项训练项目组合成为一组训练。如运动员先完成一组站姿杠铃二头弯举后立刻进行一组坐姿哑铃二头弯举。这两种训练方法都具有节约时间的效果，但是不适用于初级运动员。有时，体能教练也会将两种训练法结合起来放在同一节训练课中。

在完成本步骤的分析后，要求体能教练能制作出训练顺序分析表（如表 4-10 所示，以本章两个方案为例）。

表 4-10　训练顺序分析

方案 1（男，大学阶段篮球运动员，赛季中）	方案 2（男，高中阶段长距离游泳运动员，赛季前）
训练顺序 ● 爆发力、非爆发力核心、辅助 ● "推"与"拉"交替	训练顺序 ● 非爆发力核心然后辅助 ● 上肢、下肢交替
● 周一、周三、周五 ● 高翻 ● 颈前深蹲/侧弓步蹲 ● 爆发力肩举 ● 上斜卧推 ● 坐姿划船/宽握下拉 ● 二头交替弯举 ● 三头下推 ● 卷腹	● 周三和周六 ● 弓箭步蹲 ● 垂直推胸器械 ● TRX 仰卧划船 ● 屈膝/瑜伽球屈腿（弹力带） ● 单臂划船 ● 坐姿背屈 ● 背部伸展器械 ● 卷腹 ● 每完成一组进行下一项以此循环
备注 ● 这种训练方法可以提供肌肉足够的恢复时间，并保证高质量地完成接下来的训练	备注 ● 循环训练法，每个动作完成一组后直接进入下一项训练，以此循环，组与组间没有休息时间

五、训练负荷与重复次数

负荷指的就是一组训练中所被举起的重量,这也是抗阻训练中最重要的部分。在抗阻训练中计算运动员的训练负荷是很有必要的。通常情况下,用负荷量来代表运动员所做的功,计算方法是用重量乘以每组被举起的次数,然后将所有数值加起来就是本次训练课运动员所做的功,也就是负荷量。虽然 1 组 12 次与 3 组 4 次最终的完成次数是一致的,但是重复次数变化会对运动负荷有直接影响。所以,次数和组数都会影响训练的强度,也就是会影响体能教练在抗阻训练中选择的重量。

1. 负荷与重复次数的关系

负荷与重复次数之间的关系成反比,负荷越大,重复次数越少。当体能教练制定训练目标的时候,就已经潜意识地限定了训练的负荷和重复次数(如训练目标是肌肉力量,那么负荷就会相对大而且重复次数较少)。当体能教练分配好训练任务和训练负荷之后,应该清楚负荷与重复次数之间的关系。这些负荷通常通过 1 RM(最大负重)的百分比来表达,1 RM 是指运动员可以完整地完成一次的最大重量。例如,一名运动员可以进行 60 kg 深蹲并完成 10 次,那么 60 kg 就是他的 10 RM 负荷的重量,但前提是运动员已经尽全力去完成。有一种情况是这名运动员还可以进行第 11 次或第 12 次甚至更多次数,但是技术动作已经变形,那么他的 10 RM 负荷重量还是 60 kg。理论上来说,随着 1 RM 的百分比的重量增加,运动员所能完成的次数会相应地减少。下面这个 1 RM 和重复次数的关系(见表 4 - 11)提供了预测运动员 1 RM 的建议值。体能教练在预测运动员的 1 RM 时,可以通过询问或观察运动员完成情况及本体感受来预测运动员的 1 RM,避免运动员需要通过尝试最大负荷来测试 1 RM 而增加运动损伤风险。这种预测的方法特别适用于初级运动员,因为他们没有太多力量训练经验,而且没有掌握进行大负荷训练的技术动作技巧。

表 4 - 11 1 RM 百分比与重复次数

1 RM /%	建议重复次数/次
100	1
95	2
93	3
90	4
87	5
85	6

续上表

1 RM /%	建议重复次数/次
83	7
80	8
77	9
75	10
70	11
67	12
65	13

这个表格的数值均是建议值，不同研究结果可能有所区别。以下四种情况下，体能教练需要根据经验和实际情况来制定调整重复次数。第一，这个表格的重复次数建议值是指进行只有一组时的重复次数。运动员可能会在实际训练中由于多组数的重复而导致疲劳，并在接下来的几组训练中不能完成目标次数。因此，训练计划是进行多组训练时，目标负荷需要有所调整。第二，同样负荷重量的情况下，用固定器械所能完成的次数会超过这个建议值。第三，同样比例的负荷重量用来训练小肌肉或肌肉群时，运动员可能无法完成这个建议次数。第四，在这个表格中，大于或等于75%的负荷重量与所对应的重复次数（≤10）之间的关系更加准确。当负荷重量小于75%之后，实际的重复次数会受运动的影响较大。

2. 预测最大重量和多次数最大重量的测试方法

进行预测最大重量（estimate 1RM）的方法根本原因是，1 RM 的测试需要达到运动员的负荷极限，所以必然会伴随一些受伤危险因素。也就是说通过预测最大重量来计算 1 RM，更适合那些没有掌握用大重量训练技巧的初级运动员。但是对比直接 1 RM 测试，其准确性有一定的影响。除此之外，体能教练也会根据训练目标的不同，选择不同的测试方法，如果训练目标以 6 次为 1 组增加肌肉力量训练，体能教练可以直接进行 6 次的最大重量测试，以确认后续训练的负荷。另外，体能教练也可以使用 GymAware 等测试速度为主的设备进行 1 RM 的预测。

（1）1 RM 预测。

目前 1 RM 测试一般通过直接测试法和间接测试法。直接测试法是通过几组测试之后，运动员直接推起自己的最大负荷，由于这种测试方法采用极限负荷，因此具有一定的危险性。间接测试法一般是通过 3~4 RM 重量估算 1 RM 重量，有一定的估算误差，而基于速度的 1RM 预测近年来得到广泛应用。其优点是可以在较小的负重下进行测试并得出 1 RM 值。GymAware 线性位置传感器通过测量线性位移得出速度，具有测量准确性高，运动伤害小、方便快捷的优点。

测试流程：

运动员进行充分热身，体能教练询问运动员最大蹲起重量，预估运动员 1 RM 值，并进行每组测试的重量分配。例如，运动员平时蹲起最大重量 100 kg，按照 20 kg、40 kg、60 kg、90 kg 的重量分别进行测试。以空杆（20 kg）进行第一组深蹲，要求下蹲后以最快速度最大爆发向上蹲起，共进行 2 次蹲起，取平均速度。然后增加负重继续进行深蹲测试，要求运动员每次都以最大速度向上蹲起，每个重量蹲起 2 次，取两次的平均速度，直至该组的平均速度低于 0.5 m/s 为止。总测试组数应≥4 组，同时为避免受疲劳的影响，总测试组数应≤6 组。注意：每次深蹲的动作幅度应该相同，组与组间歇息建议 2～5 min。

（2）使用表格估算 1 RM。

表 4-12 为预测 1 RM 与相对应建议负荷重量数值表格。使用表 4-12 时，体能教练可以在得知任何一项最大重量值（1 RM 或多次数最大重量）之后，根据运动员的训练目标（重复次数）寻找到合适的负荷重量。如某运动员的 8 RM 是 88 kg，通过表格查询可以得到 1 RM 值应是 110 kg。此表格只是提供暂时性的数据参考，如果运动员通过训练使得肌肉神经足够有能力可以安全有效地接受负荷较大的重量测试（如 1～4 RM 测试）时，那么建议其尝试使用直接 1 RM 测试法。

表 4-12 预测 1 RM 与负荷

最大重复次数	1	2	3	4	5	6	7	8	9	10	12	13
1 RM/%	100	95	93	90	87	85	83	80	77	75	67	65
负重/kg	10	10	9	9	9	9	8	8	8	8	7	7
	20	19	19	18	17	17	17	16	15	15	13	13
	30	29	28	27	26	26	25	24	23	23	20	20
	40	38	37	36	35	34	33	32	31	30	27	26
	50	48	47	45	44	43	42	40	39	38	34	33
	60	57	56	54	52	51	50	48	46	45	40	39
	70	67	65	63	61	60	58	56	54	53	47	46
	80	76	74	72	70	68	66	64	62	60	54	52
	90	86	84	81	78	77	75	72	69	68	60	59
	100	95	93	90	87	85	83	80	77	75	67	65
	110	105	102	99	96	94	91	88	85	83	74	72

续上表

最大重复次数	1	2	3	4	5	6	7	8	9	10	12	13
1 RM/%	100	95	93	90	87	85	83	80	77	75	67	65
负重/kg	120	114	112	108	104	102	100	96	92	90	80	78
	130	124	121	117	113	111	108	104	100	98	87	85
	140	133	130	126	122	119	116	112	108	105	94	91
	150	143	140	135	131	128	125	120	116	113	101	98
	160	152	149	144	139	136	133	128	123	120	107	104
	170	162	158	153	148	145	141	136	131	128	114	111
	180	171	167	162	157	153	149	144	139	135	121	117
	190	181	177	171	165	162	158	152	146	143	127	124
	200	190	186	180	174	170	166	160	154	150	134	130
	210	200	195	189	183	179	174	168	162	158	141	137
	220	109	205	198	191	187	183	176	169	165	149	143
	230	219	214	207	200	196	191	184	177	173	154	150
	240	228	223	216	209	204	199	192	185	180	161	156
	250	238	233	225	218	213	208	200	193	188	168	163

（3）多次数最大重量（multiple RM）的测试。

体能教练可以按照训练时实际进行次数作为多次数最大重量测试。例如，体能教练计划进行 1 组 8 次的卧推训练，便以测试完成 8 次重复次数的最大负荷，并用这个负荷进行后续的训练。测试的方式及流程与进行 1 RM 测试一致。

3. 计算抗阻训练负荷重量

体能教练在指导运动员进行抗阻训练时，免不了要对运动员的训练重量进行计算以决定热身以及进阶重量。在本小节中，通过以下例子来进行计算重量教学。如一名运动员的训练目标是肌力并且测试的卧推 1 RM 重量是 100 kg，在热身之后体能教练要将重量增加到 1 RM 的 85%（85 kg）并要求运动员完成最多每组 6 次，接下来要求运动员增加重量并完成每组 4 次的训练量，直至重量增加至或接近 1 RM 的 90%（90 kg）。

在之前的章节中讨论了力量与速率的曲线图及关系。肌肉产生越大的向心力，肌肉收缩的速度与关节运动的速率越慢。如果肌肉要完成之前所说的 1 RM 的重量，肌肉收缩的速度和关节运动的速率必然是最慢的。但是爆发力训练的第一点要求就是肌肉收缩速度与关节运动速率，因为这是在运动或比赛中肌肉与关节运动的速度和要求。

图4-1所示的是训练负荷重量与重复次数之间的关系，训练目标不同，训练负荷与重复次数都有相应的改变，训练目标字体越大代表相关重复次数越有效，相反字体越小代表相关训练目标效率越低。

爆发力训练需要两条负荷调整策略。爆发力是力与速度的乘积，因此，要最大限度发展爆发力，就必须同时注重力量和速度项指标。正如力量与速度的关系描述的那样，当采用大负荷时，向心收缩肌力增大而速度下降。负荷越大，速度也就下降得越快。实际运动中，运动员很少需要单次使用最大力量，多数都是连续的动作。但是这也不表示运动员的爆发力不受最大肌力训练的影响，因为与速度或爆发力有关的动作经常是从零或接近零的速度开始，训练所得的慢速力量可以直接应用于爆发力的产生。所以为爆发力训练而设定的负荷与次数，会与抗阻训练标准（见表4-13）有所重叠。

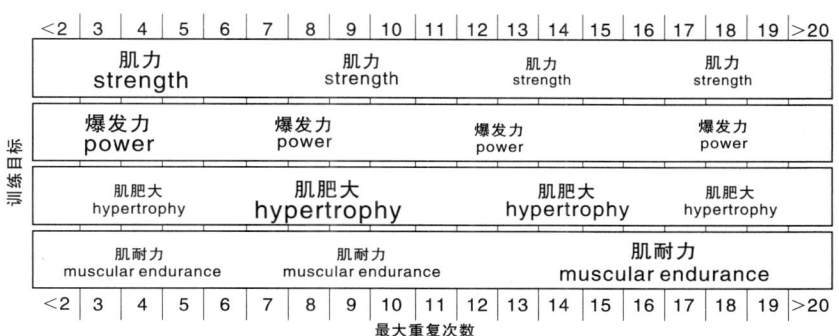

图4-1 理论上的最大连续性重复次数

表4-13 训练目标、训练负荷与重复次数

训练目标		负荷重量（1 RM）/%	重复次数/次
肌力		≥85	≤6
爆发力	单次爆发型运动	80~90	1~2
	多次爆发型运动	75~85	3~5
肌肥大		67~85	6~12
肌耐力		≤67	≥12

体能教练需要特别注意爆发力的训练方法，需要根据实际情况和运动的专项性来设计训练负荷与重复次数，以达到训练效果的最大化。如果是单次爆发性运动（如掷铅球、举重、跳高等），运动员在比赛中只需要做一次最大爆发力的运动，那针对这类型的运动员的爆发力训练应该遵循这项特点，避免过多的重复次数，并且使用较大的负荷，也就是1 RM的80%~90%重复1~2次。如果是多次爆发性的运动（如篮球、

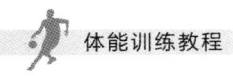

排球等），运动员在比赛中经常需要在一定时间内做多次爆发力运动，针对这类型运动员体能教练应该采用较多重复次数的相对小负荷的爆发力训练，1 RM 的 75%~85% 重复 3~5 次可以使训练效果最大化。还是以本章的两个方案为例，体能教练在完成本步骤的分析后应有能力完成表 4-14 的分析结果。

表 4-14　测试与训练负荷分析

方案1（男，大学阶段篮球运动员，赛季中）	方案2（男，高中阶段长距离游泳运动员，赛季前）
当前赛季的训练目标 ● 肌力、爆发力	当前赛季的训练目标 ● 肌耐力
负荷（1 RM%）、重复次数 ● 爆发力训练：75%~85%，3~5 次 ● 非爆发力核心训练：≥85%，≤6 次 ● 辅助训练：≤8 RM	负荷（1 RM%）、重复次数 ● ≤67%，≤12 次
目标训练次数 ● 爆发力训练：5 次 ● 非爆发力核心训练：6 次 ● 辅助训练：10 次	目标训练次数 ● 非爆发力核心训练：12 次 ● 辅助训练：15 次
测试方法 3 RM 测试爆发力训练项目 ● 高翻、爆发力肩举 1 RM 测试核心训练项目 ● 颈前蹲、上斜卧推 10 RM 测试辅助训练项目 ● 坐姿划船、二头交替弯举、三头下推	测试方法 12 RM 测试核心训练项目 ● 弓箭步蹲、垂直推胸器械 15 RM 测试辅助训练项目 ● 单臂划船、肩侧平举
测试结果 ● 3 RM 高翻 53 kg ● 预测 1 RM 56 kg ● 3 RM 爆发力肩举 50 kg ● 预测 1 RM 54 kg ● 1 RM 颈前蹲 84 kg ● 1 RM 上斜卧推 45 kg ● 10 RM 坐姿划船 41 kg ● 10 RM 二头交替弯举 9 kg ● 10 RM 三头下推 18 kg	测试结果 ● 12 RM 弓步蹲 20 kg ● 12 RM 垂直推胸器械 32 kg ● 15 RM 单臂划船 11 kg ● 15 RM 肩侧平举 5 kg

续上表

方案1（男，大学阶段篮球运动员，赛季中）	方案2（男，高中阶段长距离游泳运动员，赛季前）
训练负荷（1 RM%） • 爆发力训练项目：预测1 RM的75% • 高翻：43 kg • 爆发力肩举：41 kg • 核心训练项目：1 RM的85% • 颈前蹲：70 kg • 上斜卧推：39 kg 辅助训练项目： • 所有项目均使用测试结果重量	训练负荷（1 RM%） 所有项目： • 所有项目均使用测试结果重量

六、训练量

训练量是指在一次训练课中运动员举起的所有重量的总和。重复训练量就是所有重复次数的总和，负荷训练量就是每次举起的重量乘以重复次数再乘以组数的所有总和。如一个3组8次50 kg的训练，运动员在完成后的重复训练量就是24次，负荷训练量就是1 200 kg。体能教练可以通过改变每个训练单元的练习的数量、每组完成的重复次数，以及每项练习所做的组数来对训练量加以控制。通常，每项练习所进行的组数与每个训练单元中进行的练习的数量之间存在反比关系，训练量与训练强度之间也存在反比关系。根据训练目标的不同，体能教练需要安排不同的训练量，因为重复训练量和负荷训练量都会影响整次训练课的训练强度。

1. 多组与单组

有些体能教练提出1组8~12次的训练也可以训练肌力与肌肥大，事实证明在训练初期，这种训练方法的确对一部分人有效，但是经过一段时间训练后，训练效果会减退。实验证明，对于中级和高级训练水平的运动员需要更大训练量的刺激以达到训练目的（肌力、肌耐力、肌肥大、爆发力）。除此之外，肌肉生理适应性的特点也要求，在训练过程中需要通过增加负荷或组数增加训练量，这是由于训练目标已经限定了重复次数。所以，那些从一开始进入抗阻训练就使用多组训练法的运动员会比从单组训练开始的运动员更快地获得肌力、肌肥大等训练效果。

2. 首先考虑训练目标

训练量首先由训练目标（肌力、肌耐力、爆发力、肌肥大）决定。表4-15是不同训练目标的训练量建议值参考。在肌力和爆发力方面，有研究提出了许多关于训练量的不同训练方法和观点，但整合大多数研究课题的研究对象大多是以初级训练水平为主。对于中级和高级训练水平的运动员不同训练方法会带来较明显的不同效果。

表 4-15　不同训练目标的训练量

训练目标	训练目标重复次数/次	组数/组
肌力	≤6	2~6
爆发力（单次）	1~2	3~5
爆发力（多次连续）	3~5	3~5
肌肥大	6~12	3~6
肌耐力	≥12	2~3

在本步骤完成后，体能教练应有能力分析出如表 4-16 所示结果，以本章两个方案为例。

表 4-16　训练量分析

方案 1（男，大学阶段篮球运动员，赛季中）	方案 2（男，高中阶段长距离游泳运动员，赛季前）
训练项目（组数×次数）	
爆发力训练（4×5） • 核心训练（3×6） • 辅助训练（2×10）	• 核心训练（3×12） • 辅助训练（2×15）
周一、周三、周五 • 高翻（4×5） • 爆发力肩举（4×5） • 颈前深蹲/侧弓步蹲（3×6） • 上斜卧推（3×6） • 坐姿划船/宽握下拉（2×10） • 二头交替弯举（2×10） • 三头下推（2×10） • 卷腹（3×20）	周三、周六 • 弓箭步（3×12） • 垂直推胸器械（3×12） • TR×仰卧划船（负重背心）（3×12） • 屈膝/瑜伽球屈腿（弹力带）（2×15） • 单臂划船（2×15） • 背屈（2×15） • 挺背器械（2×15） • 卷腹（3×20）

注：所有组数、次数不包括热身。

七、训练节奏

训练节奏是指完成一次规定动作需要的时间，因此训练节奏决定了一组训练的时长。不论是完成一次动作的训练节奏，还是完成一组训练的节奏都会影响整个训练的效果。对于需要周期性训练的运动来说，一整个赛季的抗阻训练方案制订后，训练组数和重复次数就已经有了相应的限制。除此之外，训练节奏也必须要根据训练目标、重复次数和训练时长的需求，制订并贯彻使用到整个赛季的抗阻训练方案直至比赛结束。如果在赛季中某个时间段没有严格贯彻训练节奏或者体能教练修改了训练节奏，这些都会影响整个赛季的训练效果。

1. **训练节奏的表示方式**

训练节奏通常由4个数字组成，第一个数字是指肌肉做离心收缩也就是离心运动的时长；第二个数字是指从离心运动到向心运动之间的停顿时间；第三个数字是指肌肉做向心收缩也就是向心运动的时长；第四个数字是指从向心运动到离心运动的停顿时间。所有的时间都是以秒为单位，例如"3，1，X，0"在爆发力深蹲动作中就是指下蹲时长3秒，底端停止1秒，站起的过程要用做快的速度做爆发力训练，最后站起之后不做任何停顿继续下蹲，进行下一次重复动作。

2. **训练节奏的多样性**

抗阻训练中的向心收缩的速度是决定训练节奏结果的一个关键点，这个关键点会直接决定整个抗阻训练计划的训练效果。为了训练效果的最大化，向心收缩的速度应该是越快越好，因为这个速度取决于运动员作用在外部阻力上面肌肉所产生的力。如美式橄榄球、投掷、短跑等运动项目的运动员，在抗阻训练中会需要使用至少90%1 RM的重量。同时，体能教练在指导运动员训练时，建议要求在向心收缩过程中速度越快越好，就算在这个重量下速度看起来会很慢。但从神经生理学上讲，这种训练方法正是调整神经系统运动神经元的激活顺序，使运动员的运动神经元首先激活大肌肉群和Ⅱ型肌纤维以满足运动项目特点的需求。另外，训练节奏还需要根据抗阻训练目标而调整，不同的肌肉生理目标的训练节奏是不同的（见表4-17）。

表4-17 训练节奏

训练目标	离心运动	离心—向心过度（等长运动）	向心运动	向心—离心过度（等长运动）	举例
肌肉肥大	慢	或有或无	慢或快	无	3, 0, 2, 0
肌耐力（长）	中等	无	中等	无	2, 0, 1, 0
肌耐力（中）	中等	无	快	无	2, 0, 1, 0
肌耐力（短）	快	无	快	无	1, 0, 1, 0
肌肉力量	慢	或有或无	快	或有或无	3, 0, X, 1
爆发力	快	或有或无	快	或有或无	1, 0, X, 0
爆发力耐力	快	或有或无	快	无	1, 0, X, 0

3. 训练节奏的影响

提举重量速度影响人体对训练所产生的神经、肌肉肥大和代谢反应。在很大程度上取决于负荷和疲劳程度的影响。如果不是采取大重量训练，训练者在动作过程中采用的速度非常重要。当需要快速完成重复动作时，使用的负荷重量就会明显下降，反之亦是。训练时要求目标肌肉快速收缩的目的是能在后续举起更大重量或者是提升爆发力，而肌肉还有两种类型的慢速收缩方式：无意减速和有意减速。无意减速一般是在高强度重复动作中出现，这时负荷强度和疲劳程度都会对动作的速度产生影响，如果运动员最大发力，但是因为负荷太大或身体疲劳的原因使得速度很慢，也有些时候出现在一组训练中的最后阶段，这对于提高力量产生是有效的刺激。有意减速一般与次大重量结合运用，训练者直接控制动作速度。有意地放慢速度会迫使训练者大幅减少重量，经过测试发现，重量要减少约30%也会为发展1 RM力量提供最佳刺激效果。所以，有意减速可能会对肌肉耐力训练有所帮助，但是对力量和爆发力训练会适得其反。

八、训练间歇时间

训练间歇时间是指组与组和项目与项目之间的休息时间，间歇时间的长短取决于训练强度、训练目标、体能水平以及所针对的功能系统的发挥情况。组与组之间和各项训练之间的休息时间，会显著地影响抗阻训练过程中人体对急性刺激所产生的代谢、激素和心肺反应，以及随后的各组练习中的表现和训练适应。间歇时间过短不利于快速力量和爆发力训练的发挥，较短的间歇时间对于发展肌肉体积和肌肉耐力训练有较大的好处。在本小节中，主要讨论不同训练目标所对应的间歇时间（见表4-18）。

表4-18 训练目标与间歇时间

训练目标	间歇时长
肌力	2~5分钟
爆发力（单次）	2~5分钟
爆发力（多次)	
肌耐力	≤30秒
肌肥大	0.5~1.5分钟

对抗阻训练的长期研究表明，组与组之间的休息时间较长（如2~3分钟）与休息时间较短（如30~40秒）相比，较长休息时间对力量的提高程度更大。需要注意的是，间歇时间的长短应根据训练计划的目标和计划内的单个训练的需要而变化，不是每项训练都必须采用相同的间歇时间。一般抗阻训练组与组间歇时间都为2~5分钟，

以上建议也同样适用于发展肌肉体积的训练。不过，在不同训练阶段，可以采用更短的休息时间。力量和爆发力的成绩极大地取决于 ATP-CP 系统。因此，组与组之间的间歇时间比较长，从而让身体得到充分的恢复为下一组训练做准备。在进行肌耐力训练时，间歇时间的选择会产生很大影响。训练重复次数多能提高次最大肌耐力，组间歇时间短能提高训练强度或力量耐力。因此，肌肉耐力训练应采用较短的休息时间（如≤30 秒）。循环式抗阻训练法主要的就是利用缩短间歇时间来提高训练强度以达到训练目标。在完成本步骤分析之后，体能教练应有能力完成表 4-19 的分析，以本章 2 个方案为例。

表 4-19 间歇时间分析

方案 1（男，大学阶段篮球运动员，赛季中）	方案 2（男，高中长阶段距离游泳运动员，赛季前）
训练项目（间歇时间）	
爆发力训练（3 分钟） 核心训练（3 分钟） 辅助训练（1~1.5 分钟）	核心训练（30 秒） 辅助训练（20 秒）
周一、周三、周五 高翻　　　　　　　　（3 分钟） 爆发力肩举　　　　　（3 分钟） 颈前深蹲/侧弓步蹲　（3 分钟） 上斜卧推　　　　　　（3 分钟） 坐姿划船/宽握下拉　（1.5 分钟） 二头交替弯举　　　　（1 分钟） 三头下推　　　　　　（1 分钟） 卷腹　　　　　　　　（20 秒）	周三、周六 弓箭步　　　　　　　（30 秒） 垂直推胸器械　　　　（30 秒） TRX 仰卧划船　　　　（30 秒） 屈膝/瑜伽球屈腿　　（20 秒） 单臂划船　　　　　　（20 秒） 背屈　　　　　　　　（20 秒） 挺背器械　　　　　　（20 秒） 卷腹　　　　　　　　（20 秒）

九、训练负荷进阶

运动员需要进行长期的训练（5~10 年，甚至更长的时间），才能达到高水平的运动能力，参与国际顶级赛事。因此，在长时间的抗阻训练中，运动强度需要在合理的情况下进行比惯常更大的负荷，从而达到长期训练的效益。训练进阶可以是增加训练负荷、训练组数、减少休息、增加每周的训练次数，或者进行高级的训练技巧动作等。

1. 训练负荷的多样性

进行肌力和爆发力的抗阻训练的原则，就是不断地给运动员的身体施加生理上的压力，使之在不断地试压过程中，掌握进行更高负荷训练的技术和技巧。但是如果在一周3次的训练中（周一、周三、周五），全都进行高负荷的训练量，运动员是很难长时间维持在较高的训练状态中的。因为，只有一到两天的休息时间是很难让肌肉及其他生理机能得到充分的恢复的。为了避免超量训练的情况发生，体能教练在制订训练计划的时候应当有意识地区分开"高负荷日"和"低负荷日"。通过这种方式给予运动员的肌肉和生理机能充足的时间恢复补充，以保证每次训练中都可以保持较高的训练状态。以一周3次训练为例，周一为"高负荷日"，周三为"中负荷日"，周五为"低负荷日"。"高负荷日"的训练负荷强度为1 RM的90%；"低负荷日"的训练负荷强度为1 RM的80%；"中负荷日"的训练负荷强度可以在80%~90%，由运动员自己决定并提出要求以高质量完成训练重复次数为目标。另外，如果是一周4次的训练，那么可以在相邻的两天的上肢和下肢训练日都是"高负荷日"，然后接下来这一周剩下的两次训练日都是"低负荷日"。这些都只是调整训练强度的方法，体能教练必须要根据实际情况合理地设计安排抗阻训练的负荷强度，避免每天都是"高负荷日"的训练。

2. 训练负荷进阶

训练的负荷强度在所有训练周期内，必须要有计划性和有策略地增长，以保证运动员的身体处在不断地适应提高过程中。对于没有太多训练经验的体能教练来说，可以采用一种保守的增加负荷的方法，即运动员可以在连续两次训练课中，最后一组都超过规定重复次数两次并高质量完成训练，那么体能教练可以在下一次训练时，增加该运动员该项训练的负荷强度，这种方法叫作"2-2原则"（2 for 2 rule）。在表4-20中显示了不同运动员不同身体部位增加负荷重量的幅度，是另一种更好地综合了运动员的训练水平、重复次数训练量和其他肌肉生理方面等因素的方法，是在原有重量的基础上增加2.5%~10%。

表4-20 负荷增加

不同等级的运动员	身体部位	建议增加值/kg
身材较小、低水平、训练经验较少的运动员	上肢	1~2 kg
	下肢	2~4 kg
身材高大、高水平、训练经验丰富的运动员	上肢	2~4 kg
	下肢	4~7 kg

3. 训练目标进阶

前文提及抗阻计划的制订要考虑整个运动的赛季。首先，从周期性训练来讲，每个中周期或者小周期都有不同的训练目标，而这些训练目标的安排是有一定的顺序的。其次，体能教练需要根据运动不同的特点需求性，来调整各周期的时长及侧重点。

第一个阶段是生理适应期，在这段周期内的训练目标主要是刺激、激活运动员尽可能多的肌肉群、韧带、肌腱和关节，使其为接下来的大负荷训练做好准备。这阶段的抗阻训练不能简单只包括四肢，还应该包括核心肌群、腰腹肌及竖脊肌群等。除此之外，生理适应期的另一个目标是平衡肌肉群的肌力，比如主动肌与对抗肌、屈肌与伸肌。抗阻训练的负荷在这个阶段中应该是较小的，并以较多的重复次数高质量地完成。从实际的经验所得，运动员在生理适应期的训练基础做得越好，在后续训练中出现受伤的情况概率会有所下降。

第二个阶段是肌肉肥大期，有很多研究认为，周期训练计划应该从这个阶段开始。但是，那更适合于健身健美运动员而不是竞技体育运动员，通常肌肉肥大会有两种方式来实现。Ⅰ型是针对那些需要肌肉肥大的运动员来制定，并使用 15 RM 到 10 RM 的负荷及重复次数，60~90 秒的间歇时间来实现；Ⅱ型是结合更多的最大力量的训练方法，通过使用 8 RM 到 5 RM 的负荷重量及重复次数，90~120 秒的间歇时间来训练运动员的Ⅱ类快肌纤维。

第三个阶段是最大肌力阶段，最大肌力又分为多肌肉群之间的最大力量及单肌肉/群内的最大力量。多肌肉群之间的肌力通常是用 70%~80% 的 1 RM 来训练；单肌肉群的训练负荷重量通常在 80%~90% 1 RM。重复次数还是按照之前步骤里面所说的原则一样，肌力训练目标的重复次数不超过 6 次。另外，还有些观点认为，肌力需要分为最大力量（maximum strength）和绝对力量（absolute Strength），训练所使用的负荷分别为 80%~90% 1 RM，重复 4~6 次；和 90%~95% 甚至是 120%~140% 1 RM 重复 2~3 次。这里可能会有疑问，为什么会有超过 100% 1 RM 的重量负荷出现呢？其实是针对某些组合型的训练方法，而单选出其中一个部分来加以训练。比如高翻动作某个运动员所测得的 1 RM 是 110 kg，但是限制这名运动员的最大重量的不是他能从地板提拉起来的最大重量，而是受到增加接杆这个高难度技术的影响，使他只能完成这么大的重量。其实他所能从地板提拉起来的重量要远远大于这个 1 RM，这时体能教练可以将其使用大于 1 RM 的重量负荷只进行一拉动作训练，这个重量就是大于 100% 1 RM 的重量。

在此之后，会提出爆发力和爆发力耐力训练目标。这两个训练目标会根据运动项目的特点来制定，就像长跑和马拉松运动员的训练周期里面，以爆发力和爆发力耐力为训练目标的中周期，就会相对于篮球运动员的训练计划来说时间短很多。体能教练需要注意，这并不代表这些运动项目的计划不需要进行爆发力和爆发力耐力训练，而是根据项目特点以及运动生理需求，来调整爆发力和爆发力耐力训练在整个训练计划周期里面的所占比例。在有些资料中会将爆发力训练分为力量速度训练和速度力量训练，这个观点所遵循的首要原则就是将此周期的训练目标定为发力率（rate of force development，RFD），可以理解为肌肉产生力量的效率（见图 4-2）。发力率越好，代表能在更短时间内产生更大的力量。力量速度训练的首要目标就是在潜移默化的训练肌力的同时，更进一步地提高肌肉发力率和爆发力；速度力量训练的首要目标当然就是以速度为优先考虑，使肌肉的发力率和爆发力达到峰值。因此，这个训练目标所使用的负荷重量也会有所区别。力量速度训练的重量负荷必然会大于速度力量训练的负荷，因为训练首要侧重点还是肌力的增长。为了实现肌肉发力率和爆发力的峰值，根据爆发力与力量的原则曲线图，外部负荷重量必须要相应地减少。在爆发力训练的负荷重量选择上，不同的体能教练也有不同的观点，很多资料显示最佳的训练范围是 70%~80% 1 RM，也有很多文献认为在 50%~90% 1 RM 肌肉的爆发力没有明显的改变规律。造成这种现象的原因就是，每个体能教练或者研究者对于动作完成的评判标准不同，进而影响了研究数据与结果。总之，在爆发力重量负荷的选择方面，每位体能教练都需要根据运动员实际情况来调整制定以达到训练效果的最大化。

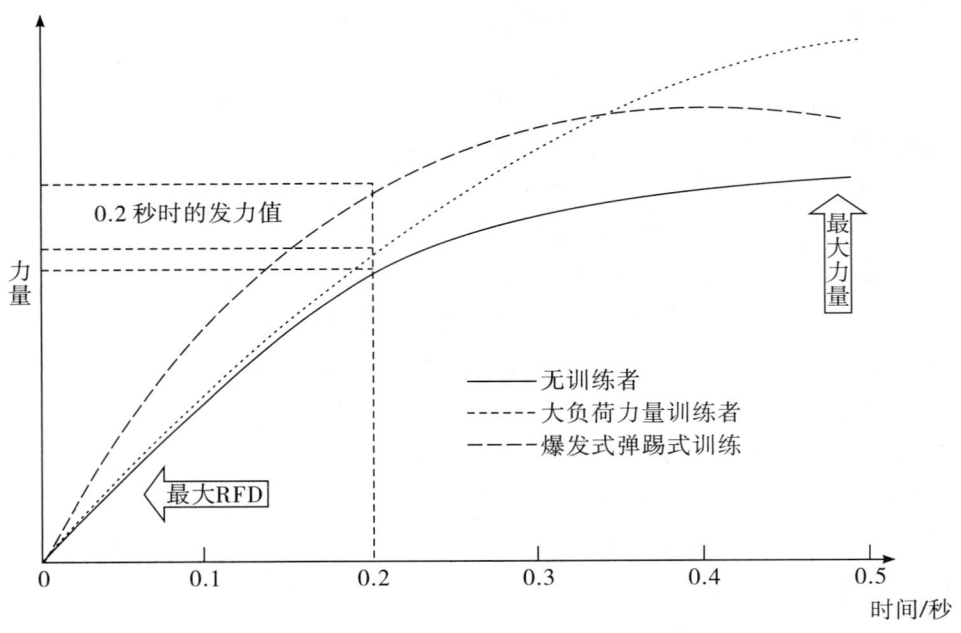

图 4-2　肌肉产生最大力量与时间的关系

本章小结

抗阻训练方案的制订是一项复杂而又精细的工作，体能教练所决定的每一项数值和分析结果都要有科学理论可依，这样才能获得最大化的训练效果，并最大限度地将运动员在抗阻训练中所获得的收益转化到专项训练及比赛中去。

第五章 抗阻训练技巧

抗阻训练是体能训练中十分重要的环节，通过抗阻训练能提高运动员肌耐力、肌肥大、肌力及爆发力。抗阻训练不仅是提高运动成绩的基础保障，而且能间接调整身体组合，提高骨质密度。抗阻训练可以简单分为自由重量及固定设备这两大类别。本章将重点讲解抗阻训练的基本技巧及注意事项，以及常见的抗阻训练方法。

第一节 基础训练技巧

抗阻训练的基础训练技巧包括杠铃握法、身体姿态、训练时的注意力、呼吸技巧、善用保护腰带、动作速度及幅度等。体能教练需要在正式训练前，应指导相关训练技巧，提高运动员的训练安全及效率。由于缺乏指导而导致运动员受伤，体能教练需要承担责任。

一、杠铃握法

抗阻训练中常用的两种握法为正握（掌心向下）和反握（掌心向上）。对于最近流行的多边杠铃，其握法为掌心相对的自然握。还有两种比较少用的握杠方法为正反握（一手掌心向上、一手掌心向下）及锁握。锁握与反握接近，但是拇指在中指以及食指下方）。锁握常用于抓举等爆发力动作。见图5-1。

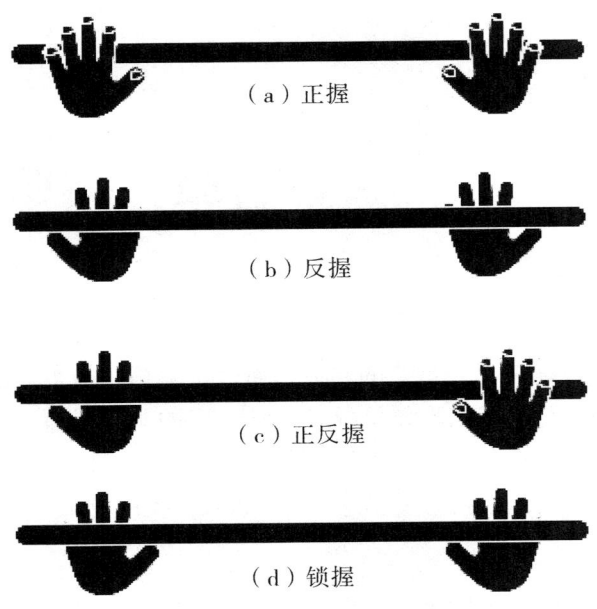

图 5-1　杠铃四种握法

当进行杠铃练习时，指导练习者双手保持一定的距离是非常重要的，这个距离称为握距。有三种标准的握距，分别为窄握、正常握和宽握（见图 5-2）。一般的杠杆训练握举为与肩同宽。但是在进行高翻及抓举等动作时，会使用变量的正握法，分别为高翻握及抓举握。高翻握稍微宽于肩，双手在膝关节外侧；抓举握是比较宽的握距。体能教练需要在训练中指导运动员如何用双手测量握杠铃的距离。这个测量方法会在后期的章节中详细描述。

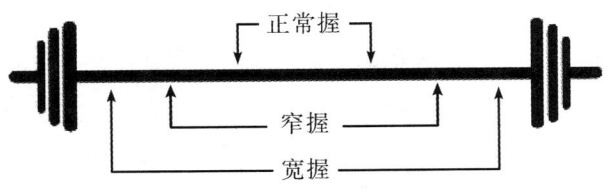

图 5-2　杠铃三种握法

二、身体姿态

1. 身体姿态在训练中的重要性

几乎所有的上肢及下肢抗阻训练动作，都要求运动员保持良好的脊柱曲度，不管是站立位、俯身位或仰卧位的训练。成年人的脊柱分为四个曲度：两个原始曲度（或叫后凸曲度），两个代偿曲度（或叫前凸曲度）。后凸曲度在婴儿时期就已经形成了，前凸曲度在婴儿抬头和开始站立的时候形成，往前凸出。

前凸是在脊柱的颈椎和腰椎区域。脊柱前凸症通常用于描述脊柱异型前凸的症状，通常为过度前凸。后凸是在脊柱的胸椎和骶椎区域。佝偻症通常描述脊柱在胸椎区域的过度后凸。脊柱的曲度和灵活性对于身体对抗重力和其他外部阻力至关重要。下肢的骨骼、关节、肌肉与韧带对于身体承重有重要的意义，它们在上身位于直立位时，有重要的支撑和平衡作用。

2. 不良姿态导致的受伤

以站立姿势的背部训练为例。下背部是一个特别容易受伤的部分。85%~90%的椎间盘突出发生在L4和L5椎间或者L5和S1椎间。考虑到在训练中对椎间盘的高压，接受高强度训练的运动员常发生椎间盘受伤，这并不足以为奇。当承载于手上或者肩部以及躯干的重力倾向前方时，在下椎间盘间有一个大的力矩，这是由于下背部和重力间有一个较大的水平距离。由于竖脊肌的垂直力矩对于椎间盘来说短于重力对椎间盘的水平距离，背部肌肉在一个极其低效的生物力学机制下工作，这种结果导致肌肉必须使用超过10倍的力量来对抗其抗阻重力。这种巨大的力量将导致邻近椎体间椎间盘的挤压而导致受伤。

一个正常的腰椎前凸位比驼背在预防下背部脊柱、椎间盘、关节面，以及韧带肌肉等损伤更有优势。同时，当下背部为中立背部姿势而不是圆背时，下背部肌肉能够产生更大的力量，从而避免受伤。

由于脊柱自然地呈S形，在胸椎部分有点后凸，而在腰椎部分有点前凸，让脊柱形成一个自然的形态。当背部处于它原本的S形时，椎间盘是扁平的。当下背部是驼背时，脊柱体的腹侧缘（朝前部）挤压椎间盘的前部。相反，极度的平背将导致挤压椎体的后部，如此压力不均的挤压很可能增加椎间盘破裂。因此，进行抗阻训练应该在中等的平背位置下进行训练，以降低下背部受伤的风险。

3. **力量训练中的身体姿态**

除了训练时需要保持良好的脊柱曲度，以站立姿势进行练习时为了保持身体平衡，两脚距离与肩同宽或与髋同宽，全脚掌着地（见图5-3）。另外，为了保持身体的稳定，建议在以坐姿或卧姿进行练习时，可以采用五点接触（头后部，颈背部和肩，腰背部和臀部，右脚，左脚）姿势（见图5-4）。

图 5-3　站立姿势　　　　　　　　图 5-4　卧姿

三、训练时的注意力

体能教练在指导训练时，不但需要强调动作要领，还可以通过调整运动员注意力，使其在训练时能募集更多、更大的运动单位，提高力量输出。在力量训练中，调用注意力来控制肌肉发力，即将注意力放在目标肌肉群上，这是内部注意力。当把身体作为一个整体，注意力在举起重物离开地面阶段，这是调用外部注意力。

在绝对力量输出、爆发力、速度等运动表现力相关运动项目中，体能教练要学会调用外部注意力，来提高运动员的运动表现。在追求最大化肌肉发展时，体能教练在训练中适合采取内部注意力。所以针对不同的训练目标，体能教练要运用不同的集中注意力方法让运动员获得最佳的训练效果。

四、呼吸技巧

1. 力量训练的呼吸原理

进行抗阻训练时，一般建议为离心收缩阶段吸气，向心收缩阶段呼气。或者说在用力举起重物时呼气，在放下重物时吸气。这样的建议是因为合适的呼吸能够让运动员更容易地完成训练，同时帮助运动员控制及调整血压的变化。

从气体交换的角度来看，呼吸系统的首要功能是氧气和二氧化碳的交换。大量的空气进入体内，以及身体的废气排出依赖肺部的扩张和收缩。肺部本身不会自己主动地扩张或者缩小,而是依赖这两种方式:通过膈肌的上下运动来扩张或者缩小胸廓的容积;通过提高或者降低肋骨,以此来增加或减少胸腔的前后径。

正常情况下,呼吸过程大部分由膈肌的运动完成。在吸气过程中,膈肌的收缩能够让胸腔产生负压,与此同时空气进入肺中;在呼气过程中,膈肌处于放松的状态,肺部弹性回缩,胸壁以及腹部相关组织挤压肺部,体内废气被排除。

在大负荷训练过程中,仅仅依靠弹性回缩力不足以提供必要的呼吸反馈,同时还需要腹部肌肉提供力量进行支撑,将腹腔往上推以达到支撑膈肌的目的。这也是为什么要在举起重物时进行呼气的原因。腹部肌肉收缩,增加腹内压,以提供给身体更稳定的核心力量。

2. 瓦尔沙瓦现象

在进行大负荷训练时,运动员普遍会进行憋气发力,这种称为瓦尔沙瓦现象(见图5-5)。瓦尔沙瓦现象的机制对于提高脊柱的稳定性有很多积极的影响。它在增加腹腔和胸腔的压力的同时,减少脊柱间的压力,对于抗阻训练有必要的帮助。同时它也通过对抗腹肌来增加稳定性,增加肌肉的长度—张力以及胸腰筋膜的张力。

图5-5 瓦尔沙瓦现象

瓦尔沙瓦现象对于抗阻负重训练来说是一种运用相对较频繁的技术,也是一种被允许进行的技术。但正如前文所述,它会限制静脉血液回流,使心输出量降低;还会引起血压升高,导致眩晕、疲劳血管破裂等现象,增加心血管危险。体能教练需要合理安排及正确指导,不应让患有心血管系统、新陈代谢问题、呼吸系统问题或骨科病的练习者、孕妇在训练中憋气。同时,针对上述危险,体能教练应该指导运动员在维持腹部收缩的同时进行呼气,以减少这种现象给心血管带来的危险。如果在收缩腹横肌的时候屏住呼吸,腹横肌的激活将会延迟。因为腹横肌对于脊柱节段的稳定性来说是必要的,在这个过程中呼气能够加强脊柱稳定性功能。

3. 呼吸对于姿势和稳定性的影响

吸气让胸椎扩展和脊柱排成一条线。肋间肌作为姿势肌能够稳定和移动肋骨，扮演着在肋骨间动态薄膜的作用，防止在呼吸过程中随着胸腔压力的改变，造成肺组织的损伤。腹横肌的稳定功能与横膈膜在快速上肢运动的前馈反射中协同工作。横膈膜的收缩以及增加的腹内压在快速上肢运动前开始出现，但与呼吸周期或者上肢的运动方向没有关系。腹横肌以及膈肌在吸气与呼气的活动中，为了满足呼吸需要是可调整的，同时当有重复性的肢体运动时，可以增加脊柱的稳定性。

五、善用保护腰带

1. 保护腰带的作用

在力量训练馆中，经常会见到运动员在进行各种抗阻训练动作时会使用保护腰带。他们认为这样能增加腹内压，从而增加脊柱稳定性，减少脊椎的压力并有助于防止损伤（见图5-6）。如果运动员每项运动都要使用保护腰带的话，那么由腹部肌肉所产生的腹内压的能力将不能得到很好的锻炼。尤其对于一些已经习惯使用保护腰带的训练者来说，突然进行一次没有保护腰带的训练，反过来更容易受伤。因为这时腹部肌肉不能产生足够的腹内压，这种过度的压力作用于椎间盘上将增加腰背部受伤的风险。因此，部分运动员（尤其许多世界级的运动员）在进行背部力量练习时从不使用保护腰带。他们的腹部肌肉能够产生足够的腹内压，帮助他们实行安全的抗阻训练技术。

图5-6 佩戴保护腰带进行练习

2. 需佩戴保护腰带进行练习的原则

（1）运动员站在地上进行的练习，用最大负荷或接近最大负荷重量。

（2）练习负荷作用于腰背部（如前蹲、后蹲、站姿肩上推）。

（3）以上两个条件必须同时具备，不必使用保护带。例如，在举起较轻的重量时，即使重量作用于腰背部，也不必使用保护带。

六、动作速度及幅度

成功的抗阻训练项目需要合适的运动选择、指导以及训练技术。抗阻运动的速度及运动的范围能够帮助我们达到训练的效果，同时预防肌肉损伤。

一般情况下，抗阻训练中运动范围覆盖关节的活动范围，练习价值就越好，同时可以更好地保持和提高关节的柔韧性。最理想的练习应该包含运动所涉及的关节在无痛情况下能做最大活动范围的运动，但同时也要避免引起关节不舒服的位置。对于专业运动员，体能教练可能因为特殊原因，只进行部分关节活动幅度的训练，从而达到专项训练的目的。而对于刚开始健身的人群来说，在肌肉的向心或离心收缩阶段，慢速、有控制地重复练习，不但可以有助于加大运动的范围，使之达到关节的活动范围；还可以有效刺激肌肉，提升肌肉控制能力。同时在整个运动过程中，慢速运动需要肌肉提供更持续稳定的肌肉力量，对于肌肉的增长更有帮助，但是对于肌肉快肌纤维的发展，可能不一定有很好的作用。

对于专业运动员，动作的速度与训练目标有更直接的关系。因此，体能教练可能会采用以速度为主的抗阻训练方法，详细内容参考第七章。总的来说，快速的运动速度在运动的开始阶段需要更多的初始力量克服阻力，而在运动的过程中由于惯性的原因而不用过大的力量。但当练习爆发力和进行快速力量练习时，强调的是在保持控制的条件下尽量加速，使自由重量的移动达到最大速度。

七、体能教练保护原则

1. 四种练习需要保护

运动员在进行抗阻训练时，体能教练应该对运动员进行适当的保护，防止其受伤。但是，体能教练应该清楚，不是所有动作都需要进行保护。以下为进行抗阻训练时，需要遵循的保护原则：

（1）头上练习，如坐姿肩上推（见图5-7）。
（2）面部上方的练习，如卧推，仰卧屈臂伸（见图5-8）。
（3）当杠铃置于颈背部或肩上时，如后蹲。
（4）当杠铃置于肩部或锁骨上时，如前蹲。

通常练习为直立或坐姿势（如肩上推、头后屈臂伸）或仰卧姿势（如卧推、仰卧屈臂伸、仰卧飞鸟）。因为杠铃或哑铃位于头部或面部的上方，一旦受伤，相比较其他动作而言会更严重。所以有效的保护位置是，体能教练的身高至少要高于运动员，特别是做深蹲的保护动作时。如果运动员所处的位置较高，就必须调整他们的练习位置。

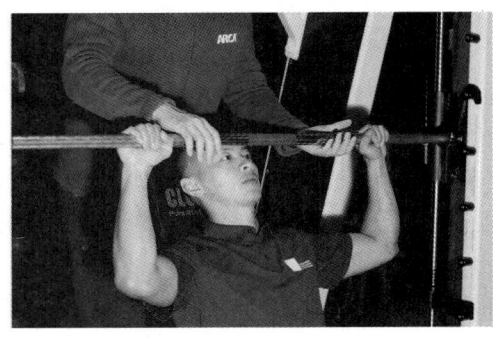
图5-7 坐姿肩上推

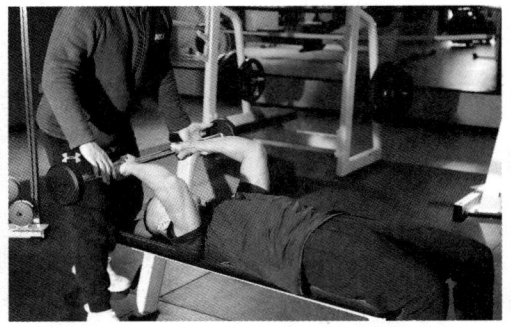
图5-8 卧推，仰卧屈臂伸

体能教练要用正反握的姿势持铃保护，这样可以更牢固地掌握杠铃。体能教练要尽量靠近运动员，以便能够在最短时间内施加保护；背部挺直，注意两脚的姿势要稳定，在有足够空间的前提下，要采用两脚前后站立姿势。体能教练必须具备能够掌控杠铃的力量，同时身高不能低于运动员，这样，才能起到更好的保护效果。为了提高运动的安全系数，运动员最好使用在有固定杠铃保护架的设置（器械）中进行练习，可以将杠铃保护架调整至略低于最低活动范围的位置上。

其次，指导与保护运动员的时机以及给予保护的程度，对于体能教练来说很重要。经验丰富的体能教练具有良好的观察能力。大多数运动员需要通过来自体能教练足够的帮助，才能通过一个障碍点而完成一次训练动作，而其他时候则需要体能教练提供整个负重的帮助。如果有现象表明运动员第一次训练动作都难以完成，体能教练需要立即提供其所需的帮助来完成这次训练。如果运动员感觉完全不能完成这次训练动作，应该立即告诉体能教练。无论运动员什么时候或因为什么原因需要帮助，体能教练应该立即响应。如果可能的话，体能教练应该迅速和流畅地进行保护，避免运动员身体姿态突然改变。在体能教练进行帮助的同时，运动员应该握住重物直到它被安全地置放在地上。这不仅仅为了防止运动员损伤，也是对体能教练的一种保护。

2. 爆发力练习保护

通常情况下，无需对具有爆发性的练习进行保护，但要求运动员要在举重台上或其他单位场所内进行练习。体能教练要使运动员掌握意外发生时的自我保护动作。如果杠铃落向身体后方，运动员要向前方躲闪，等等。

3. 哑铃练习保护

正确保护姿势为体能教练双手靠近运动员的腕部，接近哑铃的位置。当运动员用两手握住一个哑铃进行练习，或单手持哑铃进行练习时，体能教练还要在哑铃处于最低位置时加以保护。在头上或者面部上方进行哑铃练习时，体能教练要把手靠近运动员的腕部，接近哑铃的位置，而不是运动员的上臂或肘部（见图5-9）。

图 5-9 哑铃练习保护

八、良好沟通

在做负荷比较大或需要保护的动作时，运动员和体能教练应当及时交流，并告知自己的训练意图。如果运动员在练习中需要帮助，也要及时告知体能教练。如果缺乏交流和沟通，可能会干扰或危及运动员的训练安全。比如在一组训练开始之前，运动员应该告知体能教练在运动过程中需要协助完成的动作以及动作重复次数。如果体能教练没有了解运动员的训练信息，他们就不能合适地掌控训练重量，可能会出现太早或太晚进行保护，以及不断地中断训练的情况，最终影响训练效果或者让运动员受伤。

九、抗阻训练中预防受伤的建议

抗阻力量训练对于运动损伤恢复非常有效，然而在训练过程中，如果操作不当，仍然容易造成二次损伤。

1. 避免受伤

正确的运动方式是非常必要的。正如前文所述，在运动过程中保持身体良好的姿态能最大限度降低受伤的风险。首先，抗阻训练应从轻重量的抗阻力量开始，在逐步增加抗阻力量之前，注意调整姿势是非常重要的。其次，在增加抗阻力量时，应当以较小幅度的重量增加，同时在正确的姿态下进行重复练习。

2. 间隔休息

间歇休息在训练的安全性和有效性上扮演着一个关键的角色，相关训练指引可以参考第七章内容。过度训练可能造成肌肉无法自我修复，不能继续进行其他训练，最终可能引起身体急性或者慢性损伤。要谨记，肌肉是在修复过程中而不是在运动过程中变得更强壮的。

3. 热身

抗阻训练前，充分的热身运动能够帮助肌肉肌腱快速地适应训练强度；没有热身运动则会导致肌肉僵硬紧张。有效的热身运动能够增加机体的心率和呼吸频率。血流速度增加，能增加训练肌肉的氧和营养的运输。这将帮助肌肉肌腱以及关节更能用力地运动。

4. 肌肉的弹性

肌肉的弹性（柔韧性）对于抗阻训练损伤的预防是极其重要的。当肌肉和肌腱拥有良好的弹性时，能允许人体在轻松的情况下做大范围的运动。为了让运动员的肌肉和肌腱保持良好的弹性，定期进行拉伸及筋膜放松训练是非常有必要的。

第二节 上肢固定设备抗阻训练技巧

一、坐姿肩上推举（见图5-10）

1. 训练目标

锻炼三角肌的前部和中部、肱三头肌。

2. 准备动作

（1）坐姿且背部倾斜保持五点接触。

（2）把手与肩部顶端成一直线，并采用闭锁式正握把手。

3. 动作方法

（1）呼气，往上推把手直到手肘完全伸展但不锁定。

（2）保持五点接触，切勿弓起下背或用力锁肘。

（3）吸气，肘关节缓慢弯曲降低把手到起始姿势。

（a）

（b）

图5-10 坐姿肩上推举

二、钢线下压（见图 5-11）

1. 训练目标
锻炼肱三头肌。

2. 准备动作
（1）站姿且躯干正直，双脚与肩同宽，两膝微屈。
（2）双手握住器械拉力杆，掌心向下，两前臂平行。
（3）上臂接触到身体两侧，肘关节屈曲到最大，同时保证上臂垂直地面。

3. 训练方法
（1）呼气，下压拉力杆，直到肘关节伸直。
（2）保持躯干和上臂不动，且躯干核心稳定。
（3）吸气，缓慢屈肘回到开始姿势，保持躯干、上臂和膝关节不动。

(a) (b)

图 5-11 钢线下压

三、钢线夹胸（见图 5-12）

1. 训练目标
锻炼胸大肌。

2. 准备动作

（1）保持躯干核心稳定，抬头挺胸夹背收腹。

（2）站立于拉力器架中央，调节拉索长度。

（3）站姿或弓步站姿，双手全握拉力器握把，掌心相对，肘关节微屈。

3. 训练方法

（1）呼气，肘关节微屈用力将握把向胸前位置靠近。

（2）吸气，缓慢并有控制地向两侧张开双臂，打开上臂至170～180度，使两个握把与胸部同高在同一平面。

（a）　　　　　　　　　　　（b）

图 5-12　钢线夹胸

四、钢线高位下拉（见图 5-13）

1. 训练目标

锻炼背阔肌、大圆肌、菱形肌、三角肌后部。

2. 准备动作

（1）坐姿且双手握住高位下拉杆，掌心向下，握距略比肩宽。

（2）面对器械坐下，双脚着地，大腿与地面平行，保持躯干核心稳定。

（3）两臂伸直；调整身体位置，使配重片悬空。

3. 训练方法

（1）呼气，屈臂将把手拉至锁骨。

（2）吸气，伸臂将把手缓慢放回到开始姿势。

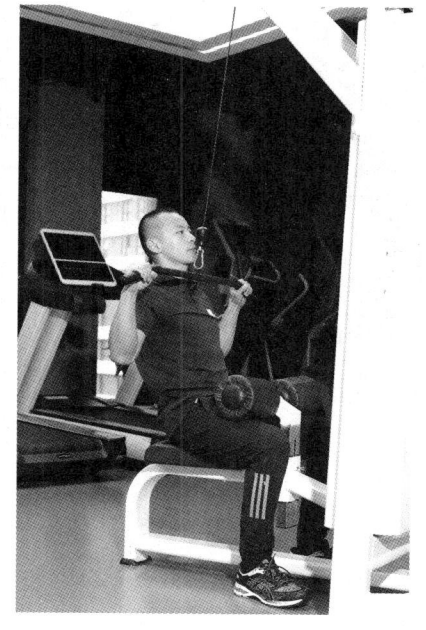

（a） （b）

图 5-13 钢线高位下拉

五、坐姿划船（见图 5-14）

1. **训练目标**

锻炼背阔肌、大圆肌、菱形肌、三角肌后部。

2. **准备动作**

（1）面对器械坐下，坐姿且双脚踩实，保持躯干稳定，屈膝屈髋，使大腿与地面平行。

（2）闭合握住马鞍拉力杆，将拉力杆后拉，躯干保持与地面垂直。

（3）双臂伸直，接近与地面平行；调整身体位置，使配重片悬空。

3. **训练方法**

（1）呼气，屈肘将把手拉至腹部，使马鞍拉力杆接触胸骨或腹部。

（2）吸气，伸肘将把手缓慢放回到开始姿势；保持躯干正直和核心稳定。

(a)

(b)

图 5-14　坐姿划船

六、坐姿夹胸（见图 5-15）

1. 训练目标

锻炼胸大肌。

2. 准备动作

（1）坐姿且调整好座椅，使大腿与地面平行，两脚放在地上。

（2）保持五点躯干接触，维持躯干稳定，肘关节微屈。

(a)

(b)

图 5-15　坐姿夹胸

(3) 当双手握住器械把手时要满足以下要求：双手掌心相对，前臂贴近垂直把手。

3. 训练方法

(1) 呼气，肘关节微屈将把手向胸口正前方位置靠近，注意用力时不要使肘关节屈曲。

(2) 吸气，缓慢并有控制地向两侧张开双臂，保持两臂与地面接近平行，使两个把手与胸部在同一平面。

七、坐姿推胸（见图 5-16）

1. 训练目标

锻炼胸大肌、三角肌前部、肱三头肌。

2. 准备动作

(1) 坐姿且调整器械座椅高度，使器械把手与胸部高度相同，并且与乳头在同一平面内。

(2) 保持五点躯干接触且躯干核心稳定。

(3) 握住器械把手，掌心向下。

3. 训练方法

(1) 呼气，保持五点接触姿势，向前推把手至两臂完全伸直但不锁死。

(2) 吸气，将把手向后放回原来位置，与胸部同高。

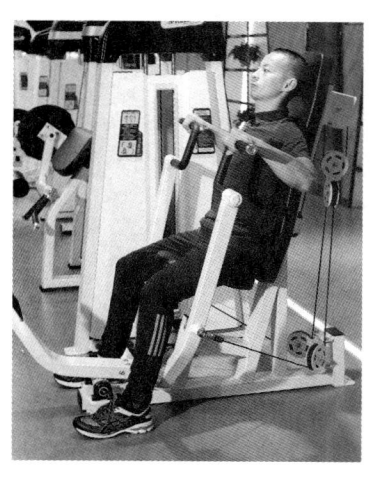　

(a)　　　　　　　　　　(b)

图 5-16　坐姿推胸

第三节　下肢固定设备抗阻训练技巧

一、坐姿腿伸展（见图5-17）

1. **训练目标**

锻炼股四头肌。

2. **准备动作**

（1）坐姿且膝关节与器械轴对齐，调整靠背角度，将其调至膝关节与器械运动轴对齐位置。

（2）使膝关节后侧位于座椅边缘处，握住器械把手或座椅两侧。

（3）膝关节屈曲，阻力杆位于足踝前侧。

3. **训练方法**

（1）呼气，双侧伸膝，使大腿和小腿互相平行，背部紧贴靠背，维持躯干核心稳定。

（2）吸气，缓慢屈膝回到开始姿势；背部紧贴靠背，勿出现躯干前屈侧屈的体位。

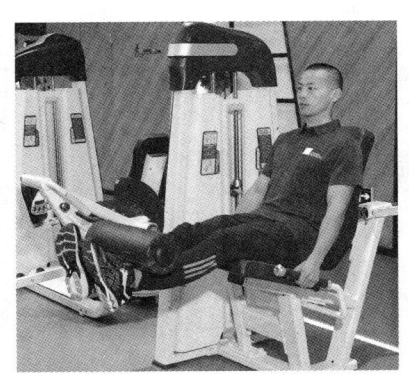

（a）　　　　　　　　　　　　（b）

图5-17　坐姿腿伸展

二、俯卧腿弯举（见图5-18）

1. **训练目标**

锻炼臀大肌、半膜肌、半腱肌、股二头肌。

2. 准备动作

（1）俯卧位，调整阻力杆角度，大腿前侧放于座椅上，使膝关节上部位于座椅边缘处。

（2）阻力杆置于足踝后侧，使大腿、小腿自然伸直。

3. 训练方法

（1）呼气，屈膝发力，向后、向上抬起小腿，使小腿与大腿角度小于90度，发力时大腿前侧、髋关节始终保持稳定，躯干核心收紧。

（2）吸气，缓慢放回到起始位置。

(a)　　　　　　　　　　　　　　(b)

图 5-18　俯卧腿弯举

三、站姿提踵（见图 5-19）

1. 训练目标

锻炼比目鱼肌、腓肠肌。

2. 准备动作

（1）将脚趾踩在木块的边缘上，脚趾朝前。

（2）站在杠铃的正中位置，躯干保持正直，将杠铃从器械架上抬起，踝关节背伸。

（3）膝关节伸直，但不要发力；脚后跟可以低于木块，使小腿三头肌处于牵伸状态，但要处于舒适位置。

3. 训练方法

（1）呼气，踝关节完全跖屈；保持上体正直，双腿平行，膝关节伸直，但不要锁死。

（2）吸气，缓慢将脚后跟放回开始位置。

(a) (b) (c)

图 5-19 站姿提踵

四、倒蹬（见图 5-20）

1. 训练目标
锻炼臀大肌、半膜肌、半腱肌、股二头肌、股外侧肌、股中间肌、股内侧肌、股直肌。

2. 准备动作
（1）下背部及臀部紧贴座椅，双脚与肩同髋或略宽于肩，脚尖自然分开，膝关节朝向脚尖方向，膝关节不要超过脚尖。

（2）抓住握把或座椅两旁，膝关节屈曲。

3. 训练方法
（1）呼气，伸髋和伸膝推动阻力板往上运动，上推至膝关节自然伸直，但不锁死，保持臀部与髋部在座椅上，背部抵住背垫。

（2）吸气，屈髋和屈膝缓慢下降阻力板，随着膝关节弯曲，要保证膝关节不要超过脚尖，随着髋关节屈曲，骨盆后倾，臀部与座位失去接触，髋关节屈曲到极限（130~140度）保持躯干核心稳定，膝关节稳定，避免出现小腿内外翻动作。

(a)

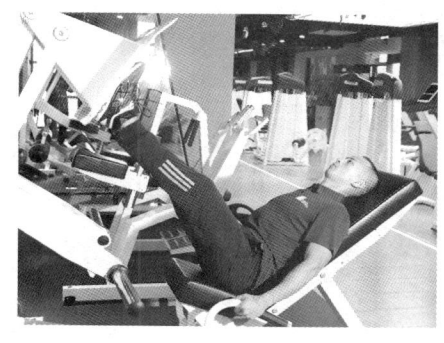
(b)

(c)

图 5-20　倒蹬

第四节　上肢自由重量训练技巧

一、俯身杠铃划船（见图 5-21）

1. **训练目标**

锻炼背阔肌、大圆肌、斜方肌中部、菱形肌、三角肌后部。

2. **准备动作**

（1）双脚开立与肩同宽，膝关节微屈；躯干前屈，与地面形成45度夹角。

（2）腰背挺直，双眼注视脚前，双臂伸直"吊"起杠铃（杠铃不能触地）。

3. **训练方法**

（1）呼气，向躯干上拉杠铃；保持躯干的刚性，背部平直，膝部微屈；躯干不要突然用力；杠铃触及下胸部或上腹部。

(2) 吸气，杠铃随着肘关节慢慢伸直回到起始位置；保持腰背挺直，以及躯干和膝的位置不变。

（a） （b）

图 5-21　俯身杠铃划船

二、肱二头肌杠铃弯举（见图 5-22）

1. 训练目标

锻炼肱肌、肱二头肌、肱桡肌。

2. 准备动作

站姿且双手闭锁式反握杠铃，握距与肩同宽。

3. 训练方法

（1）呼气，向躯干弯举；保持躯干的刚性，身体保持中立位，上臂不动，肘关节屈曲到最大角度（150度）。

（2）吸气，杠铃随着肘关节慢慢伸直回到起始位置；保持背部平直，维持躯干核心稳定。

（a）　　　　　　　　　　（b）

图 5-22　肱二头肌杠铃弯举

三、坐姿肩上杠铃推举（见图 5-23）

1. **训练目标**

锻炼三角肌前部和中部、肱三头肌。

2. **准备动作**

（1）坐在垂直卧推凳子上，背部倾斜保持躯干五点接触姿势。

（2）以闭锁式正握抓杠，握距略大于肩宽。

（3）推举杠铃过头直到手肘完全伸展。所有持续反复的动作皆由此开始。

3. **训练方法**

（1）呼气，肘关节缓慢弯曲，杠铃下降接触到锁骨及三角肌前部时，头部微微伸展使横杠通过面部，保持躯干五点接触姿势。

（2）吸气，上推杠铃直到肘关节完全伸展；上推时头部微微伸展使杠铃通过面部，切勿弓背或离开座椅。

(a) (b)

图 5-23 坐姿肩上杠铃推举

四、仰卧屈臂伸（见图 5-24）

1. 训练目标

锻炼肱三头肌。

2. 准备动作

（1）仰卧凳上且保持躯干五点接触姿势；以闭锁式正握从护杠员手上抓杠，握宽与肩同宽。

（2）手肘完全伸展，双臂平行举杠至胸部前方。

（3）肘关节鹰嘴朝向膝关节方向（不超出两侧）。所有持续反复的动作皆由此开始。

3. 训练方法

（1）呼气，保持上臂稳定，手肘缓慢弯曲，杠铃下降至面部，上臂与地面垂直，上臂保持平行。

（2）吸气，肘关节伸展回到初始位置；保持上臂相互平行且垂直于地面；保持五点身体姿势，切勿弓或起胸。

(a) (b)

图 5-24 仰卧屈臂伸

五、杠铃卧推（见图5-25）

1. 训练目标

锻炼胸大肌、胸小肌、肱三头肌、三角肌前部。

2. 准备动作

（1）仰卧位且保持躯干五点接触姿势。

（2）宽握并采用闭锁式正握杠铃杆。

（3）肩关节水平前屈，直至肘关节伸直。所有持续反复的动作皆由此开始。

3. 训练方法

（1）吸气，将杠铃慢慢下放置于胸的正上方直到手肘达到90度角，保持躯干五点姿势，切勿弓腰或耸肩。

（2）呼气，将杠铃往上推至手臂伸直，回到初始姿势，切勿用力锁肘。

（a）

（b）

图5-25 杠铃卧推

六、哑铃飞鸟（见图5-26）

1. 训练目标

锻炼胸大肌、胸小肌、三角肌前部。

2. 准备动作

（1）仰卧位且保持躯干五点接触姿势。

（2）肩关节水平前屈，直至哑铃置于胸口的正前方，肘关节微屈，采用闭锁式对握法。所有持续反复的动作皆由此开始。

3. 训练方法

（1）吸气，双手向两侧打开直到肱骨与地面平行，保持躯干五点接触姿势，切勿弓腰、耸肩及锁肘。

（2）呼气，双手向上向内合拢至开始姿势。

（a）

（b）

图 5-26 哑铃飞鸟

七、上斜板杠铃卧推（见图 5-27）

1. 训练目标

锻炼胸大肌上部、胸小肌、肱三头肌、三角肌前部。

2. 准备动作

（1）仰卧位且保持躯干五点接触姿势。

（2）调整座椅角度，下巴与杠铃同高。

（3）手臂伸直，宽握并采用闭锁式正握杠铃。所有持续反复的动作皆由此开始。

3. 训练方法

（1）吸气，杠铃下放至于肘关节达到 90 度角时，保持躯干五点接触姿势，切勿弓腰、耸肩。

（2）呼气，杠铃向上推至初始位置，切勿用力锁肘。

（a）

（b）

图 5-27 上斜板杠铃卧推

八、下斜板哑铃飞鸟（见图 5-28）

1. 训练目标
锻炼胸大肌中部、胸大肌下部、胸小肌、三角肌前部。

2. 准备动作
（1）调节卧推椅角度，仰卧于卧推椅上，且保持三点的躯体接触。
（2）肩关节水平前屈，肘关节微屈，采用闭锁式对握法。所有持续反复的动作皆由此开始。

3. 训练方法
（1）吸气，双手向两侧打开至肱骨与地面平行，保持躯干核心稳定，切勿弓腰、耸肩及锁肘。
（2）呼气，双手向上向内合拢至开始姿势。

（a） （b）

图 5-28 下斜板哑铃飞鸟

九、哑铃锤式弯举（见图 5-29）

1. 训练目标
锻炼肱二头肌、肱桡肌、肱肌。

2. 准备动作
（1）站姿且双脚分开与肩同宽，膝关节微屈，手臂伸直。
（2）手臂持哑铃于身体两侧，掌心向内，采用闭锁式对握。所有持续反复的动作皆由此开始。

3. 训练方法

(1) 呼气，前臂弯举至肘关节屈曲到最大角度（150度），保持躯干核心稳定，切勿挺髋或耸肩。

(2) 吸气，手臂慢慢下放至开始姿势。

(a) （b）

图 5-29 哑铃锤式弯举

十、俯身哑铃弯举（见图 5-30）

1. 训练目标

锻炼肱二头肌、肱肌、肱桡肌。

2. 准备动作

(1) 俯身位趴在椅子上，胸部、腹部紧贴椅子，保持躯干核心稳定。

(2) 双手持哑铃自然垂放，掌心向上，采用闭锁式反握哑铃。所有持续反复的动作皆由此开始。

3. 训练方法

(1) 呼气，前臂向上弯举至肘关节屈曲最大度角（150度），保持躯干核心稳定，切勿耸肩。

(2) 吸气，手臂缓慢放下至开始姿势。

(a) (b)

图 5-30 俯身哑铃弯举

十一、哑铃侧平举（见图 5-31）

1. **训练目标**

锻炼三角肌中部及前部。

2. **准备动作**

（1）站姿且双脚与肩同宽，膝关节微屈，保持躯干核心稳定。

（2）手臂微屈持哑铃垂于身体两侧，掌心向内，采用闭锁式对握哑铃。所有持续反复的动作皆由此开始。

3. **训练方法**

（1）呼气，手臂向两侧打开至与地面平行，保持躯干核心稳定，切勿挺髋及甩动。

（2）吸气，手臂缓慢下放至开始姿势。

(a) (b)

图 5-31 哑铃侧平举

十二、哑铃俯身反向飞鸟（见图5-32）

1. **训练目标**

锻炼三角肌后部、斜方肌中部、菱形肌。

2. **准备动作**

（1）俯身且双脚与肩同宽，膝关节微屈。

（2）双手微屈持哑铃自然垂放，掌心向内，采用闭锁式对握。所有持续反复的动作皆由此开始。

3. **训练方法**

（1）呼气，双手向两侧打开至肘关节与肩关节成直线，保持躯干核心稳定，切勿耸肩及前后晃动。

（2）吸气，双手缓慢放下至开始姿势。

（a） （b）

图5-32 哑铃俯身反向飞鸟

十三、杠铃腕屈曲（见图5-33）

1. **训练目标**

锻炼桡侧腕屈肌、肱桡肌、尺侧腕屈肌。

2. **准备动作**

（1）坐姿且双脚与肩同宽。

（2）手臂微屈持杠铃，掌心向上，采用闭锁式反握杠铃。所有持续反复的动作皆由此开始。

3. **训练方法**

（1）呼气，手腕掌屈直至最大幅度角（80度），保持躯干核心稳定，切勿前后晃动。

（2）吸气，手掌心缓慢放下至开始姿势。

（a） （b）

图 5-33 杠铃腕屈曲

十四、杠铃腕伸展（见图 5-34）

1. **训练目标**

锻炼桡侧腕伸肌、尺侧腕伸肌。

2. **准备动作**

（1）坐姿且双脚与肩同宽。

（2）手臂微屈持杠铃，掌心向下，采用闭锁式正握杠铃，所有持续反复的动作皆由此开始。

3. **训练方法**

（1）呼气，手腕背伸直至最大幅度角（70度），保持躯干核心稳定，切勿前后晃动。

（2）吸气，腕关节恢复至开始姿势。

(a)   (b)

图 5-34 杠铃腕伸展

十五、哑铃单臂俯身划船（见图 5-35）

1. 训练目标

锻炼背阔肌、肱二头肌、斜方肌中部及下部、菱形肌。

2. 准备动作

（1）俯身且躯干与地面平行，单侧下肢屈膝屈髋支撑于卧推椅，另一侧伸髋，膝关节微屈支撑于地面。

（2）单侧手臂伸直持哑铃，掌心向内，采用闭锁式对握，另一侧手臂支撑于卧推椅。所有持续反复的动作皆由此开始。

3. 训练方法

（1）呼气，持哑铃侧手臂向上拉至下腹部，保持躯干俯身稳定，切勿弓腰驼背。

（2）吸气，手臂缓慢向下放至手肘完全伸直，回到初始位置。

（a） （b）

图 5-35 哑铃单臂俯身划船

第五节 下肢自由重量训练技巧

一、杠铃前蹲（见图 5-36）

1. 训练目标

锻炼股四头肌、臀大肌、股二头肌、半腱肌、半膜肌。

2. 准备动作

（1）站姿且双脚与肩同宽，脚尖自然分开，膝关节朝向脚尖方向，挺胸收腹，维持躯干核心稳定。

（2）双手持杠铃放置于锁骨与三角肌前束连线，肘关节屈曲，肩关节前屈直至上臂与地面平行。

（3）掌心向上，采用开握式正握杠铃。所有持续反复的动作皆由此开始。

3. 训练方法

（1）吸气，屈髋屈膝臀部向后向下蹲至大腿与地面平行，保持躯干核心稳定，切勿弯腰驼背。

（2）呼气，同时伸髋伸膝向上回至开始姿势。

图 5-36 杠铃前蹲

二、杠铃后蹲（见图 5-37）

1. 训练目标

锻炼股四头肌、臀大肌、股二头肌、半腱肌、半膜肌。

2. 准备动作

（1）站姿且双脚与肩同宽，脚尖自然分开，膝关节朝向脚尖方向，挺胸收腹，维持躯干核心稳定。

（2）双手持杠铃放置于斜方肌上部，肘关节屈曲，鹰嘴向下。

（3）掌心向前，采用闭锁式正握杠铃。所有持续反复的动作皆由此开始。

3. 训练方法

（1）吸气，屈髋屈膝臀部向后向下蹲至大腿与地面平行，保持躯干核心稳定，切勿弯腰驼背。

（2）呼气，同时伸髋伸膝向上回至开始姿势。

(a)   (b)

图 5-37　杠铃后蹲

三、杠铃弓步蹲（见图 5-38）

1. 训练目标

锻炼股四头肌、臀大肌。

2. 准备动作

（1）站姿且双脚与肩同宽，脚尖自然分开，膝关节朝向脚尖方向，挺胸收腹，维持躯干核心稳定。

（2）双手持杠铃放置于斜方肌上部，肘关节屈曲，鹰嘴向下。

（3）掌心向前，采用闭锁式正握杠铃。

3. 训练方法

（1）吸气，向前迈出单侧腿弓步向下，屈髋、屈膝关节呈90度，另一侧腿伸髋屈膝呈90度，维持躯体稳定，切勿身体前屈、侧屈，切勿髋关节内收、外展。

（2）呼气，另一侧腿向前迈出重复，左右脚交替进行练习。

（a）

（b）

（c）

图5-38 杠铃弓步蹲

四、杠铃上台阶（见图5-39）

1. 训练目标

锻炼股四头肌、臀大肌。

2. 准备动作

（1）站姿且双脚与肩同宽，脚尖自然分开，膝关节朝向脚尖方向，挺胸收腹，维持躯干核心稳定。

（2）双手持杠铃放置于斜方肌上部，肘关节屈曲，鹰嘴向下。

（3）掌心向前，采用闭锁式正握杠铃。

3. 训练方法

（1）吸气，屈膝屈髋迈步上台阶，保持躯体直立，切勿弯腰驼背。

（2）呼气，伸直膝关节至开始姿势，左右脚交替进行练习，重复台阶动作。

(a) (b) (c)

图 5-39 杠铃上台阶

五、杠铃侧步蹲（见图 5-40）

1. 训练目标
锻炼股四头肌、臀中肌、臀小肌。

2. 准备动作
（1）站姿且双脚与肩同宽，脚尖自然分开，膝关节朝向脚尖方向，挺胸收腹，维持躯干核心稳定。

（2）双手持杠铃放置于斜方肌上部，肘关节屈曲，鹰嘴向下。

（3）掌心向前，采用闭锁式正握杠铃。所有持续反复的动作皆由此开始。

(a) (b)

图 5-40 杠铃侧步蹲

3. 训练方法

（1）吸气，向外侧迈步，此侧腿屈髋屈膝，臀部向下向后蹲至与地面平行，脚尖微微外展，膝关节朝向脚尖方向，另一侧腿髋关节外展，膝关节伸直，维持躯干核心稳定，切勿弯腰驼背。

（2）呼气，伸膝伸髋向上收回至开始姿势，左右脚交替进行练习。

六、杠铃屈膝硬拉（见图5-41）

1. 训练目标

锻炼臀大肌、股二头肌、半腱肌、半膜肌、股四头肌。

2. 准备动作

（1）站姿且双脚分开与肩同宽，自然站立，挺胸收腹。

（2）手臂伸直持杠铃放置于大腿前侧。

（3）掌心向内，采用闭锁式正握杠铃。

3. 训练方法

（1）吸气，身体前倾，屈膝屈髋双手持杠铃沿腿前侧向缓慢下放至膝关节下侧，保持躯干核心稳定，切勿弯腰驼背。

（2）呼气，伸膝伸髋双手沿腿前侧向上拉至开始姿势。

（a）

（b）

图5-41 杠铃屈膝硬拉

七、杠铃直腿硬拉（见图5-42）

1. 训练目标
锻炼臀大肌、股二头肌、半腱肌、半膜肌。

2. 准备动作
（1）双脚分开与肩同宽，自然站立，挺胸收腹。
（2）手臂伸直持杠铃放置于大腿前侧。
（3）掌心向内，采用闭锁式正握杠铃。

3. 训练方法
（1）吸气，保持膝关节伸直，屈髋，身体前倾，双手持杠铃沿大腿前侧缓慢放至最大限度，保持膝关节伸直，切勿用力锁住膝关节，切勿弯腰驼背。
（2）呼气，双手沿大腿前侧向上拉至开始姿势。

（a）　　　　　　　　　（b）

图5-42　杠铃直腿硬拉

第六章　非传统力量训练

在体能训练领域，越来越多的体能教练不仅应用传统的哑铃、杠铃及奥林匹克举为运动员进行体能训练，更会融入壶铃、平衡半球、沙袋（能量包）、药球（实心球）、战绳等功能训练工具进行多样化的功能训练（functional training）课程。目前为止，并没有一个功能训练的定义是被广泛认可及使用的。因此，本章主要以前面描述过的力量训练及奥林匹克举以外的训练动作，归纳为非传统力量训练。通过介绍这些训练所使用的工具的优点、常见训练方法及注意事项，让体能教练能把握各种训练技巧，帮助运动员选择合适的方法，协助运动员储备体能，获取更好成绩。

第一节　非传统力量训练理论

一、功能训练的理念

功能训练这个词汇最早源自康复治疗。康复治疗师使用功能训练为有运动障碍（movement disorder）的患者重新建立运动功能。康复治疗师根据患者及环境需求，设计有针对性的训练，最终提高整体运动能力，让患者能尽可能独立自理。例如康复治疗师设计训练动作，模拟患者在工作场地或家居生活的运动需求，从而协助患者尽快返回原来受伤或手术前的工作及生活环境。因此，如果患者受伤或手术前工作需要搬运重物，康复治疗师会将训练目标定为帮助患者恢复搬运重物能力。如果患者是一名马拉松选手，训练目标为重建肌肉及关节功能，使其能承受后续专项运动耐力训练的能力。在制定训练目标时，康复治疗师会考虑患者的状态及需求，尽可能制定一个可实现的目标。功能训练的目标是通过训练，让患者机体建立及适应运动，从而允许个体进行更安全、更容易、更有效的日常生活，并预防再次受伤。

现在，有些体能教练认为，功能训练是在训练中利用不同的功能训练工具，进行多平面、多角度、多方向的训练，甚至在不稳定平面进行训练。其实，早在2002年，

Mel Siff 博士便在 NSCA 期刊上对功能训练进行过回顾及讨论。其中提出：判断训练的功能性，除考量训练动作以外，还需要考虑运动的执行模式、运动员特点、生理及心理状态、重复次数及组数、训练周期、整体的训练计划等其他几项变量。

另外，在进行训练时，其目标是通过训练的效益转化提高运动成绩的结果。因此，部分体能教练会使用平衡盘、平衡半球及健身球（瑞士球）等工具进行训练，其目标是激活核心肌群，提高机体稳定性。但是，有研究指出，在不稳定平面进行训练，其整体原动肌输出力量潜力及功率输出，与在稳定平面进行训练对比，功率有可能下降 70%；运动的速率效应同样有明显下降。如果一个训练方法最终使力量输出、功率、速率这些重要指标都有所下降，体能教练是否需要考虑如何合理使用这些训练方法呢？

由于现时对"功能训练"需要有更多的研究证明其功效及应用，因此本章只是提出进行常见的功能训练动作时，需要注意的几个关键因素：①核心及躯干稳定情况；②姿态及关节排列情况；③参与的运动链。至于这些动作何时应用、适合哪一个运动项目、在哪一阶段应用。这些都应该由体能教练根据运动员的水平并结合各方面因素做综合考虑。

二、核心及躯干稳定

在进行运动时，核心及躯干是作为人体的上肢及下肢的结合。将力量由上至下或者由下至上贯穿整个身体，让身体产生多种复杂的运动。核心区域位于人体躯干中间部位（包括 29 对肌肉），用于支撑人体腰脊—骨盆—髋复合体（Lumbo‑pelvic‑hip complex，LPHC）。核心肌肉群包括位置前侧及两侧的腹横肌、位于底部的盆底肌、位于上部的膈肌及后侧的多裂肌（见图 6-1）。当进行运动时，结合神经肌肉控制，对腰脊、骨盆及运动链进行稳定、加速及缓冲的作用。

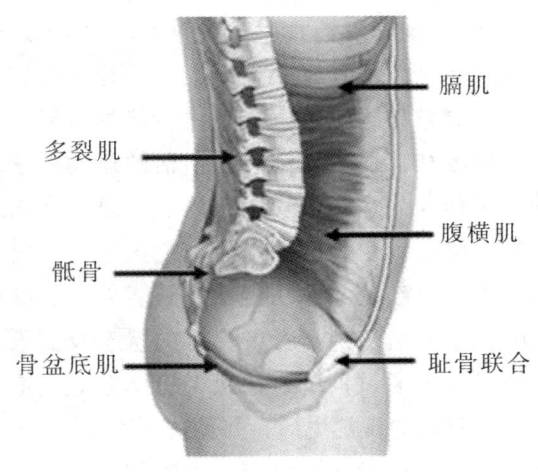

图 6-1 腰脊—骨盆—髋复合体核心肌肉群

核心肌肉群又可以分为内部单元（inner unit）及外部单元（Outer Unit）。内部单元为深层肌肉，直接连接至脊柱；外部单元为表层肌肉，没有直接连接脊柱（见图6-2）。内部单元的肌肉一般是单关节肌肉，提供稳定功能为主；外部单元的肌肉一般是多关节肌肉，提供肢体及躯干活动。将两者结合，核心肌肉群便能既提供稳定的平台，又提供灵活的运动。

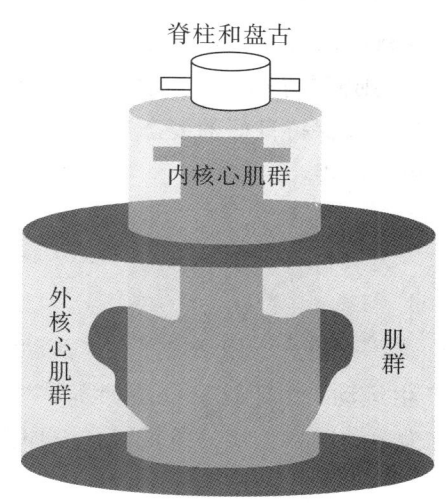

图6-2 核心肌肉群模拟结构

核心可视为一个单位，作为调节机制用于适应、平衡及功能稳定。腰脊—骨盆—髋复合体作为重要节结点参与以下活动：①将头、躯干及上肢的重量传送至下肢；②吸收及分散地面给予身体的反作用力；③传送由地面往上的力量；④抵消上肢及下肢活动时产生的力量；⑤由外力的干预导致重新调整身体姿态平衡。

盂肱关节及髋臼关节是人体的球窝关节，其特点是灵活及活动范围大。由于核心作为连接2个球窝关节的枢纽，当这2个关节产生运动时，会产生力矩至核心区域，核心肌肉群要动态收缩稳定躯干。这样才可以提供一个稳定的平台，让上肢及下肢肌肉产生强而有力的运动。若神经肌肉控制不充分，将导致脊柱产生位移，关节稳定性下降，最终影响力量的输出及导致受伤风险增加。因此，在进行功能训练时，需要注意核心区域的稳定。体能教练可以以提升核心控制能力为训练基础，逐步结合运动专项的动作模式，并由简单过渡至复杂的运动。

三、身体姿态

身体姿态不仅是指在开始训练时站立或者坐姿的身体体态，而且在整个运动过程中保持良好的身体姿态也十分重要。这是由于良好身体姿态能提供最佳的神经肌肉效率，从而产生高效的肌肉收缩运动。良好的姿态能确保肌肉排列在最佳的长度—张力关系中。当肌肉保持在适当的长度时，能让肌肉合理地共同运作，这样对力偶的功能性最有效。同时，当身体保持在良好的姿态时能让关节正常运作，避免由于不正常的位置产生压力不均匀、长期运动而导致受伤等问题。

体能教练在安排功能训练时，要时刻观察运动员是否保持良好的身体姿态。如出现不良的姿态情况（如平衡半球下蹲时膝关节往内移动、壶铃实力推时腰部过度后伸、沙袋俯身划船时腰部反弓等），则需要马上停止训练动作并调整重量或者指导正确姿势。需要注意，在整个训练过程中保持良好的姿态进行训练是首要的原则。这比有代偿的情况下举起更重的负荷更为重要。

四、运动链

运动链（kinetic chain）是一个概念，用于描述人体活动时需要由神经系统、骨骼系统及肌肉系统共同结合产生运动。由于这三个系统需要共同联系并一起进行工作，像链一样产生运动，因此称为运动链。正如一条铁链，一环扣一环，它们会受到相互的影响。

运动链的正常工作需要满足三个因素：肌肉长度—张力的正常关系；力耦合的正常关系；正常的关节运动学。这三个因素改变关系是相互影响的，只要以上三个因素中任何一个因素不能正常工作，那么三个因素都将受到影响。这三个因素的功能正常，才能有最佳的感觉整合功能、神经肌肉效率以及组织恢复能力。

功能训练与传统训练不同，没有过多的外部支撑协助稳定关节。因此，在进行训练时需要部分关节和肌肉提供稳定作用，部分关节和肌肉提供力量输出或者减速作用。体能教练应注意在运动过程中，整个运动链中每一个关节链是否正常运作。一条铁链能承受的最大负荷取决于最薄弱的一环，而不是最坚固的一环；同样，人体能发挥最大的运动能力不是取决于某一最强壮的肌肉群，而是取决于最薄弱的肌肉能发挥多大的能力。体能教练在安排训练动作时，需要考虑运动员整个运动链的表现，而不是单纯考虑某单一肌肉力量。

五、功能训练的动作模式

在进行功能训练时，除了考虑运动项目的能量系统、活动平面、动作幅度、开放/闭合链、动作速度、肌肉收缩种类等因素外，体能教练可以根据 ARCA 功能运动模式训练元素（见图6-3）的基础元素，结合训练工具的特性及运动项目的需求，创新多种训练动作。体能教练根据上肢及下肢的工作、躯干的运动、身体的体位及运动过程中身体的位移，安排合适的训练动作。如壶铃实力推动作，便是上肢进行推、躯干进行抗伸展、身体以站姿体位进行（见图6-4）；又如平衡半球燕式动作，便是下肢拉、躯干抗前屈、抗旋转单腿模式体位进行（见图6-5）。

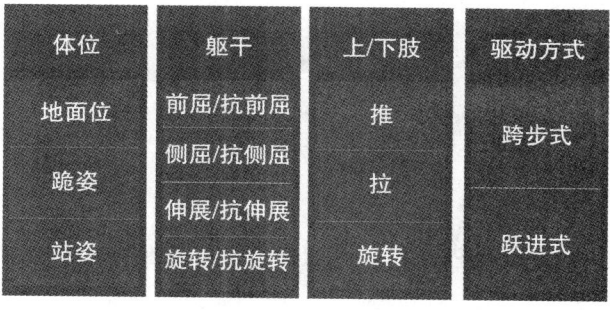

体位	躯干	上/下肢	驱动方式
地面位	前屈/抗前屈	推	跨步式
跪姿	侧屈/抗侧屈	拉	
站姿	伸展/抗伸展		跃进式
	旋转/抗旋转	旋转	

图6-3　ARCA功能运动模式训练元素

图6-4　壶铃实力推　　　　图6-5　平衡半球燕式

第二节 壶铃训练方法

一、壶铃硬拉（见图 6-6）

1. 训练目标

（1）锻炼臀大肌、腘绳肌。

（2）建立良好的髋屈伸动作模式，单腿硬拉训练躯干抗旋转稳定。

2. 准备动作

（1）双脚跨立壶铃两侧，脚尖向前，分开与髋同宽或接近肩宽，膝关节对准脚尖。

（2）双臂自然伸直于身体前方，保持下背部及骨盆中立，保持膝关节微屈，屈髋向下直至双手处。

（3）钩握壶铃（根据髋关节灵活度差异，屈膝角度根据个人情况进行调整）。

3. 动作执行

（1）呼气，伸髋伸膝将壶铃垂直抬升，直至身体站直，保持躯干核心收紧，脊柱（尤其下背部）及骨盆中立，肩胛微收，完成体前悬挂位。

（2）吸气，俯身向下，膝关节微屈并锁定角度，屈髋将壶铃垂直下放。

（3）当壶铃下降到骨盆即将失去中立位置或壶铃回到地面时为动作最低点（具体位置取决于运动员自身灵活度）。

(a)

(b)

(c)

图 6-6 壶铃硬拉

4. 训练提示

（1）保持肩胛骨稳定，在下降阶段尤为注意。

（2）训练全过程中保持脊柱及骨盆中立。

（3）该动作以髋关节为主导，避免膝屈过多做成类似下蹲动作。

（4）可采用单腿硬拉模式，进一步增加髋关节的稳定性，注意在动作执行中避免出现骨盆旋转、侧移等不良位置，可用支撑脚同侧手持壶铃，也可用对侧手持壶铃。

二、壶铃深蹲（见图6-7）

1. 训练目标

（1）锻炼臀大肌、腘绳肌、股四头肌。

（2）建立深蹲动作模式及核心稳定。

2. 准备动作

双脚与肩同宽，脚尖略微向外打开，膝关节对准脚尖方向，双手抓握壶铃，壶底朝上，脊柱及骨盆中立。

3. 动作执行

（1）吸气，同时屈髋屈膝使身体下蹲。

（2）下蹲至髋关节略低于膝，或骨盆即将出现后倾姿态时停止动作。

（3）呼气，伸膝伸髋，直至身体完全站直。

(a)

(b)

图6-7 壶铃深蹲

（4）由于负重在身体前方可平衡重心，下蹲过程中尽量使躯干垂直于地面。

4．训练提示

（1）下蹲过程中勿出现弓背、圆肩、骨盆后倾等不良体态。

（2）躯干前倾角度请勿过大。

（3）可采用不同的壶铃持握方式完成动作，如体前悬挂深蹲、单手前架位负重深蹲等。

三、壶铃实力推（见图6-8）

1．训练目标

（1）锻炼三角肌、肱三头肌、前锯肌。

（2）提高肩关节动态稳定性、躯干核心稳定性、手腕稳定性。

2．准备动作

（1）将壶铃置于前架位置，并使身体站直。

（2）前架位要领：壶铃握把从虎口斜跨到手腕尺侧，手腕中立位，拇指在锁骨附近，肘接近肋骨，壶铃铃体在肱二头肌外侧。

3．动作执行

（1）呼气，维持腹内压稳定，保持脊柱中立，垂直上推壶铃到达过头承重位置。

（2）过头承重位要领：壶铃握把从虎口斜跨到手腕尺侧，手腕中立位，肩关节旋外（此时壶铃应该在身体侧后方），手臂靠近耳朵。

（3）在过头承重位置时调整一次呼吸。

（4）呼气，维持腹内压稳定，保持脊柱中立，将壶铃有控制地还原至前架承重位置。

（5）在前架位置时调整一次呼吸，之后重复执行上述动作。

4．训练提示

（1）整个动作执行中，动作轨迹应为从前架位（A点）至过头负重位置（B点）的最短距离，避免将壶铃从身体外侧推举（类似坐姿推肩的轨迹）。

（2）保持核心张力，避免上推时产生脊柱伸展动作，在单边不均衡负重的情况下，更容易出现脊柱或骨盆的侧倾、旋转等动作。

（3）该动作应避免下肢助力的参与，应维持核心及下肢稳定，独立使用上肢力量。

（4）该动作可采用多种模式，如单边壶铃实力推、双边壶铃同步实力推、双边壶铃交替实力推。

(a)   (b)

图 6-8　壶铃实力推

四、壶铃弓步蹲（见图 6-9）

1. 训练目标

（1）锻炼臀大肌、臀中肌、股四头肌、腘绳肌。

（2）核心稳定及髋关节动态稳定，可用于提高运动员跑姿中的髋关节稳定。

2. 准备动作

将壶铃置于前架位置（详见壶铃实力推中前架位要领介绍），双脚与髋同宽，脚尖指向正前方，并使身体站直。

3. 动作执行

（1）吸气，向前迈出一步，屈髋屈膝下蹲。

（2）下蹲至前导腿大腿接近与地面平行的位置。

（3）动作底端标准：躯干与前导腿小腿趋于平行，脊柱和骨盆保持中立位置，前导腿膝关节位于脚面正上方。

（4）呼气，伸膝伸髋，此时前导腿应为主要发力腿，后置腿为协助，并步向前，还原至准备动作的姿势。

（5）整个弓箭步执行过程中应保持躯干与小腿保持平行，并保持双侧骨盆在同一高度，且没有旋转。

4. 训练提示

（1）保持核心张力及髋关节稳定，在单边不均衡负重的情况下，更易出现脊柱或骨盆的侧倾、旋转等动作。

（2）避免下蹲和起身时躯干过多前倾，造成重心的改变。

（3）注意后脚脚跟应指向天花板，双脚脚尖始终朝前，常见现象是前脚脚尖内扣，后脚则是脚尖向外侧打开。

（4）若不熟练弓箭步动作，可先从地面位置开始，即双腿膝关节均为90度，前面小腿垂直地面，后面大腿垂直地面，在此基础上，重心略微前移，使躯干及后置腿大腿向前倾斜约5~10度，并开始执行后续动作。

（5）该动作采用多种负重位置，可对核心产生不同的训练收益。

图6-9 壶铃弓步蹲

五、壶铃摆举（见图6-10）

1. 训练目标

（1）锻炼臀大肌、腘绳肌。

（2）增加髋伸力量、下肢爆发力及爆发耐力，提高躯干核心稳定，提高本体感觉，重心控制。

2. **准备动作**

将壶铃置于双脚前方半步，钩握壶铃，身体准备姿势近似于壶铃硬拉。

3. **动作执行**

（1）吸气，重心后移，借助身体惯性拉回壶铃从双腿间达到接近臀部。

（2）呼气，髋关节充分伸展（需要注意，髋伸而非腰椎伸展，时刻保持腰椎及骨盆中立），手臂自然伸直，保持肩胛骨稳定，髋伸力度控制在壶铃可达到胸前高度即可。

（3）保持手臂张力，让壶铃以手臂为半径，自由落体下落（无须做手臂下压壶铃动作），当手臂恰好接触大腿内侧时，大腿和手臂形成整体，同步向后做髋屈运动。

（4）呼气，再次髋伸重复前面动作。

（5）全程保持肩胛骨稳定，脊柱及骨盆中立，每次屈髋时吸气，伸髋时呼气。

4. **训练提示**

（1）手臂无需额外发力上拉或下压壶铃，可观察壶铃底部与手臂的位置关系，侧面观察时壶底与手臂应垂直。

（2）避免腰椎伸展代偿了髋关节的伸展。

（3）动作的执行应以髋关节的运动为主，膝关节屈伸幅度较小，类似硬拉动作，而非深蹲动作。

（4）熟练掌握双手壶铃摆举训练后，可进行单手模式摆举训练，因为单手摆举是不对称阻力，涉及核心对抗旋转的能力，所以放在熟练双手训练之后。

（5）以上动作教学为俄式摆举，而美式摆举的区别在于，动作幅度更大，需要让结束位置在头顶正上方，但对肩关节灵活受限的人可能会有不适，所以这里更主张俄式摆举。

（a） （b） （c）

图 6-10 壶铃摆举

六、壶铃爆发高拉（见图6-11）

1. 训练目标
（1）锻炼臀大肌、腘绳肌、股四头肌、腓肠肌、比目鱼肌、斜方肌、三角肌。
（2）提升下肢整体爆发力，是一项很好的提高运动员跳跃能力的训练。

2. 准备动作
双手钩握壶铃，将壶铃置于体前悬挂位置。

3. 动作执行
（1）吸气，执行预蹲动作，小幅屈髋屈膝。
（2）呼气，短促有力，爆发式地启动髋伸膝伸踝屈，并使三关节完成充分的伸展，利用下肢的爆发力产生壶铃向上的惯性，顺势耸肩并抬高双肘，将壶铃沿身体上拉至胸部附近。
（3）吸气并使壶铃下落，之后呼气重复执行高拉动作。
（4）最后一次动作后有控制地将壶铃还原至地面。

(a) (b) (c)

图6-11 壶铃爆发高拉

4. 训练提示

（1）动作为快速执行，避免慢速导致爆发力体现不充分，动作脱节，拆分成了下蹲之后依赖肩部肌肉的发力完成上拉的情况。

（2）上拉时壶铃距离靠近躯干，可以想象壶铃的运动轨迹是我们上衣的拉链。

（3）下降时要做好缓冲，也要增加一些上肢肌肉的离心控制，避免壶铃将手掌磨出水泡或擦伤。

（4）熟练掌握双手爆发高拉训练后，可采用单手模式，因为单手模式是不对称阻力，保持躯干核心侧向稳定，防止脊柱产生侧屈。

七、壶铃助力推（见图6-12）

1. 训练目标

（1）锻炼臀大肌、腘绳肌、股四头肌、腓肠肌、比目鱼肌、斜方肌、三角肌、肱三头肌。

（2）建立下肢助力上肢发力的能力，增加整体输出功率。

2. 准备动作

单手持壶铃置于身体前架位，并使身体站直。

3. 动作执行

（1）吸气，小幅屈髋屈膝，做预蹲姿势。

（2）呼气，迅速伸膝伸髋，并借助下肢的爆发力使壶铃产生向上运动的惯性，手臂顺势上推。

（3）伸膝伸髋结束时，肘关节应该同时呈自然伸直（非超伸）姿势。

（4）动作结束时，壶铃处在过头承重位置（详见实力推过头位置），侧面观察手腕、肘关节、肩关节呈一直线并垂直地面。

4. 训练提示

（1）预蹲后停留时间不可过长，避免伸膝伸髋动作过慢，导致爆发力不充分，进而采用更多上肢力量（类似于肩上推举）。

（2）过头承重位置脊柱中立，避免骨盆前倾、颈前伸、肘关节超伸、手腕过伸等关节不在中立位的错误姿势。

（3）助力推为过头动作，应先进行单手训练，在动作出现失误时另外一只手可辅助保护，避免受伤。

（4）当熟练掌握单边助力推训练后，可采用双手双壶铃训练、双手壶铃助力推训练。

　　　　(a)　　　　　　　　　(b)　　　　　　　　　(c)

图 6-12　壶铃助力推

八、壶铃风车（见图 6-13）

1. 训练目标

（1）锻炼臀大肌、臀中肌、腘绳肌、大腿内收肌群、腹内斜肌、腹外斜肌。

（2）增加髋关节稳定性及灵活度、躯干核心稳定性、胸椎活动度、肩关节稳定性。

2. 准备动作

（1）单手将壶铃置于过头负重位置。

（2）双脚分开与肩同宽（根据个人灵活度可采用比肩略宽的站距），负重手臂对侧脚尖向外转 90 度，同侧的脚尖内转大约 45 度，并使双膝分别对准各自脚尖。

3. 动作执行

（1）吸气，保持双膝微屈并锁定角度，使负重侧髋关节朝身体侧后方屈曲。

（2）随着身体向下的过程，胸椎及肩关节的角度做配合的变化，使手臂始终垂直地面，并且视线不要离开壶铃。

（3）屈髋过程中，始终保持腰椎骨盆的稳定及中立位置，当骨盆和腰椎相对位置出现角度变化时即可停止动作。

（4）呼气，还原至站立位置。

4. 训练提示

（1）保持肩关节不稳定，视线不离开壶铃，手臂始终垂直地面。

（2）慢速有控制地执行动作，不要用快速动作"隐藏"身体的不稳定，大约 5 秒完成一次动作为宜。

（3）活动度到极限时要停止动作，避免继续向下导致脊柱侧屈而增加腰椎压力，动作中可以产生胸椎段的旋转，但不应该发生腰椎段的侧屈和旋转。

（4）手腕保持中立位，肘避免超伸，时刻保持肩胛骨稳定。

（5）该训练为稳定性训练，建议采用较轻的负荷。

（6）可采用其他手持壶铃的方式作为稳定性进阶训练，如采用单手托举壶铃，或手持把手时壶铃底部向上的持握方式等。

（7）不同壶铃训练机构的风车动作有少许差异。

(a)　　　　　　　　(b)

图 6-13　壶铃风车

九、壶铃光环（见图 6-14）

1. 训练目标

提升肩关节稳定性及灵活度、躯干核心稳定性，该动作也经常运用于肩关节热身。

2. 准备动作

（1）采用双手握、壶铃底部向上的持握方式，将壶铃放在胸部正前方。

（2）双脚分开与肩同宽，保持脊柱及骨盆中立位，身体站直，目视前方。

3. 动作执行

（1）将壶铃慢速移动至单侧肩膀正上方，随后让壶铃绕至头部后方，最后绕至对侧肩膀上方，最后还原至胸前，即起始姿势。

（2）整个动作过程中，尽可能让壶铃及手臂靠近头部（可以想象周围的空间很狭小，头部四周均有墙壁，动作执行中不可碰触任意的墙壁），该动作应该只有肩、肩胛骨、肘产生动作，全程应保持腕关节中立，壶铃绕动应产生于肩关节，而非手腕。

（3）动作执行过程中保持均匀有节奏的呼吸。

4. 训练提示

（1）动作执行过程中时刻保持手腕中立。

（2）动作执行过程中，避免身体产生晃动。

（3）该训练为稳定性及灵活性训练，建议采用较轻的负荷。

（4）动作约3秒环绕头部一圈，可单边连续执行后换边，也可每一圈均换边增加训练者的协调性和训练的专注力。

（a）　　　　　　　　　　　（b）

图 6-14　壶铃光环

十、壶铃丝带（见图 6-15）

1. 训练目标

提高肩关节稳定性及灵活度、躯干核心稳定性以及躯干对抗旋转能力。

2. 准备动作

（1）采用双手握、壶铃底部向上的持握方式，将壶铃放一侧髂嵴附近。

（2）双脚分开与肩同宽，保持躯干核心稳定，脊柱及骨盆中立位，身体站直，目视前方。

3. 动作执行

（1）将壶铃慢速移动至起始位置的对侧肩膀正上方，然后将壶铃绕至头后，然后将壶铃绕至对侧肩膀上方，该部分与壶铃光环基本一致。

图 6-15 壶铃丝带

(2) 将壶铃在身体前方呈对角线从肩上移至另外一侧髂嵴位置。
(3) 整个动作过程中保持均匀有节奏的呼吸，尽可能让壶铃靠近头部，同壶铃光环。

4. 训练提示
(1) 动作执行过程中时刻保持手腕中立。
(2) 动作执行过程中，避免身体产生晃动，胸椎的小幅度旋转是允许的。
(3) 该训练为稳定性及灵活性训练，建议采用较轻的负荷。
(4) 动作约4秒完成一次动作，顺时针与逆时针方向交替执行。

十一、壶铃侧平板推举（见图6-16）

1. 训练目标
(1) 锻炼三角肌、肱三头肌。
(2) 提高肩关节稳定性、躯干核心稳定性以及肩部肌群力量。

2. 准备动作
身体为手撑侧平板姿势，支撑手位于肩关节正下方［见图6-16（a）］，也可采用退阶，即肘及前臂支撑，此时肘在肩关节正下方。

3. 动作执行
(1) 呼气，缓慢使壶铃上举，直至肘关节自然伸直，并使手臂垂直地面。
(2) 吸气，原路线还原壶铃至动作准备姿势。
(3) 整个推举与下落过程中，上臂与躯干在一个平面（即肩关节只做外展内收动作），负重手臂的前臂始终垂直地面。
(4) 该训练为稳定性训练，因此应尽量放慢动作执行速度。

4. 训练提示
(1) 执行动作前，应完成有质量的侧平板支撑，如果质量不够，可考虑降阶，用较为简单的方式进行侧平板支撑。
(2) 动作执行过程中保持手腕中立。
(3) 推举过程中，保持掌心朝向面前（保持肩关节旋外）。

(a)

(b)

图6-16 壶铃侧平板推举

十二、壶铃死虫式（见图6-17）

1. 训练目标
（1）锻炼腹直肌、髂腰肌、背阔肌、股直肌。
（2）提高核心肌群的向心、离心收缩能力，提高躯干核心的动态稳定性。

2. 准备动作
仰卧位屈膝屈髋均为90度角，骨盆呈中立位略微后倾位置，使脊柱腰椎段尽可能贴合地面，双手持握壶铃，壶铃底部向上，位于头部上方，肘关节微屈，如果手腕不适可调整持握方式。

3. 动作执行
（1）呼气，保持腹部张力，肘关节角度维持不变，使壶铃有控制地下落至头顶上方，同时伸膝伸髋使双腿下落。
（2）脚跟及壶铃尽可能接近地面（但不接触）。
（3）吸气，上下肢同时还原至准备姿势。

4. 训练提示
（1）该动作的呼吸和大多抗阻力训练不同，向下阶段呼气，要注意维持负压，且避免肋骨外翻。
（2）动作执行过程中保持腰椎贴地。
（3）动作执行时尽可能放慢速度，也可在某些位置做静态维持动作。
（4）若完成动作有难度，可采用单一上肢运动，或单一下肢运动，当能力提升后，进阶到上下肢同时运动。
（5）该动作不推荐腰部有不适的训练者练习。

（a） （b）

图6-17 壶铃死虫式

第三节 平衡半球训练动作

一、平衡半球深蹲（见图6-18）

1. **训练目标**

提高下肢对称蹲时的平衡及控制能力。

2. **准备动作**

（1）双腿开立脚尖外旋站于平衡半球上，膝盖与脚尖方向一致。

（2）双臂位于体侧或向前伸出维持平衡，沉肩挺胸，下颚微收，躯干核心稳定。

3. **训练方法**

（1）吸气，下蹲至大腿平行地面。

（2）呼气，伸膝伸髋至身体站直。

4. **训练提示**

下蹲过程中不要出现弓腰弓背、骨盆后倾、仰头过度等现象。

(a)　　　　　　　　　　　(b)

图6-18　平衡半球深蹲

二、平衡半球单腿跑（见图6-19）

1. 训练目标
提高走动或跑动时单腿支撑的平衡稳定能力。

2. 准备动作
单腿支撑，对侧腿屈膝屈髋呈90度，勾脚尖，肘屈呈90度，做跑步姿势，躯干垂直地面，腹部收紧，目视前方。

3. 训练方法
（1）吸气，抬腿的一侧做伸膝伸髋，并俯身。
（2）呼气并快速回到初始姿势，停顿2秒，保持躯干核心稳定，重复执行动作。

4. 训练提示
（1）起始位时躯干与地面垂直。
（2）训练者稳定性不足时可以慢速执行动作，再逐渐加快到爆发式发动动作。

(a)　　　　　　　　(b)

图6-19　平衡半球单腿跑

三、平衡半球燕式平衡（见图6-20）

1. 训练目标
提高单腿支撑在髋屈髋伸时的稳定性。

2. 准备动作

双腿直立站于平衡半球上。

3. 训练方法

（1）吸气，抬起一侧腿并俯身向下，支撑腿膝关节微屈，直至躯干平行于地面，过程中抬腿一次，肩、髋、踝在一条直线上，双手打开保持平衡。

（2）呼气回到站直姿势。

4. 训练提示

踝、臀、肩时刻呈一条直线；避免身体出现过度扭转。

（a）　　　　　　　　　　　（b）

图 6-20　平衡半球燕式平衡

四、平衡半球箭步蹲（见图 6-21）

1. 训练目标

提高下肢在纵向移动运动中的稳定性。

2. 准备动作

以分腿站立姿势左腿支撑于平衡半球中心，右腿前脚掌触地，脚跟抬离地面，躯干趋于垂直地面（整体前倾 5~10 度），腹部收紧，目视前方。

3. 训练方法

（1）吸气，弓步下蹲至膝关节接近地面。

（2）呼气，左腿蹬伸回到初始位置，保持躯干核心稳定，重复执行动作。

4. 训练提示

（1）向下阶段膝关节位于脚面正上方。

（2）避免俯身过低。

（a）　　　　　　　　　　（b）

图6-21　平衡半球箭步蹲

五、平衡半球单腿肩桥（见图6-22）

1. 训练目标

提高下肢在不稳定平面的髋伸能力。

2. 准备动作

仰卧位，单腿屈膝曲髋，脚位于平衡半球中心位置，下背部臀部接触地面，双手于身体两侧手掌向下，保持平衡。

3. 训练方法

（1）呼气，臀部向上抬离地面，使支撑侧肩、髋、膝呈一条直线，保持1~2秒，抬起的腿保持垂直地面。

（2）吸气向下，重复执行动作。

4. 训练提示

动作结束位置应保证充分伸髋，且两侧骨盆同高。

(a)　　　　　　　　　　　　　　(b)

图 6-22　平衡半球单腿肩桥

六、平衡半球超人式（见图 6-23）

1. 训练目标

提升躯干旋转稳定性，提高身体控制能力。

2. 准备动作

对侧单腿与单手支撑于平衡半球面，另一组对侧的手脚伸展与地面平行，腹部收紧保持稳定，下颚微收使脊柱呈一条直线。

3. 训练方法

（1）呼气，使伸展侧的肘关节与膝关节在平衡半球上方相触。

（2）吸气伸展还原，重复执行动作。

4. 训练提示

（1）避免身体过度扭转。

（2）躯干应与地面平行（特殊身体结构视情况而定，比如手臂较长）。

(a)　　　　　　　　　　　　　　(b)

图 6-23　平衡半球超人式

七、平衡半球"V"字坐（见图6-24）

1. **训练目标**

提高屈髋、腹部力量和平衡控制能力。

2. **准备动作**

以"V"字坐姿坐于平衡半球上保持稳定，挺胸，脊柱中立，双手在身体两侧打开保持平衡，膝关节微屈。

3. **训练方法**

（1）呼气保持稳定，双臂外展（或举过头顶，体能教练可自行设计以挑战训练者平衡性）。

（2）吸气还原，重复执行动作。

4. **训练提示**

（1）保持脊柱中立，避免训练者出现脊柱屈曲的姿势。

（2）体能教练可采用一些干扰动作提高训练者的平衡能力，如抛接网球等。

（a）

（b）

图6-24 平衡半球"V"字坐

八、平衡半球死虫式（见图6-25）

1. **训练目标**

（1）提高核心动态稳定控制及四肢协调。

（2）帮助训练者提高移动中躯干的核心稳定性。

2. **准备动作**

仰卧于平衡半球上方，屈髋屈膝均为90度，双手竖直向上与地面垂直，收紧核心保持稳定。

3. 训练方法

（1）呼气，收紧腹部，一侧手臂做肩屈，同时对侧腿做髋膝伸展。

（2）吸气，还原至准备姿势，重复进行异侧的训练。

4. 训练提示

（1）躯干保持与地面平行。

（2）保持脊柱中立，伸展时容易伴随脊柱伸展。

（a）　　　　　　　　　　　　（b）

图6-25　平衡半球死虫式

九、平衡半球俯身对侧伸展（见图6-26）

1. 训练目标

（1）提高身体螺旋线稳定与力量。

（2）帮助旋转类项目（如网球、高尔夫）的运动员提升运动表现。

2. 准备动作

（1）俯身，腹部与平衡半球面接触，双手双脚接触地面。

（2）由于个体差异，主要是上下肢体重差异，腹部和球面接触的具体位置会有差异。

3. 训练方法

（1）呼气，向上抬起异侧的上下肢。

（2）吸气，还原至初始姿势。

（3）呼气，切换对侧执行动作。

4. 训练提示

（1）避免身体出现过度扭转发力。

（2）执行伸展动作时，应避免脊柱伸展。

(a) (b)

图6-26 平衡半球俯身对侧伸展

十、平衡半球直臂支撑超人式（见图6-27）

1. **训练目标**
（1）提高不对称支撑的核心稳定性。
（2）帮助旋转类项目（如网球、高尔夫）的运动员提升运动表现。

2. **准备动作**
俯身直臂支撑于平衡半球上，双手距离与髋同宽，双脚距离与髋同宽。

3. **训练方法**
（1）呼气，抬起对侧的上下肢。
（2）吸气，还原并切换交替执行动作。

4. **训练提示**
（1）保证良好的平板支撑质量，避免屈髋，脊柱屈伸动作。
（2）抬起手脚时，避免身体过度扭转。

(a) (b)

图6-27 平衡半球直臂支撑超人式

十一、平衡半球侧身肘撑顶桥（见图6-28）

1. 训练目标
提高身体侧链的支撑稳定性。

2. 准备动作
肘屈，侧支撑使肘在肩关节正下方，使头、髋、踝呈一条直线，双脚并拢，腹部、臀部收紧并保持躯干核心稳定。

3. 训练方法
（1）吸气向下，使臀部外侧朝下方的地面运动。
（2）呼气还原向上顶起至身体呈一条直线。
（3）动作执行过程中保持身体在冠状面进行运动，身体直立保持平衡。

4. 训练提示
动作发生在髋部，而非脊柱侧屈动作。

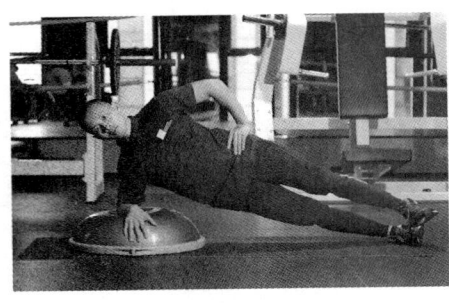
（a）

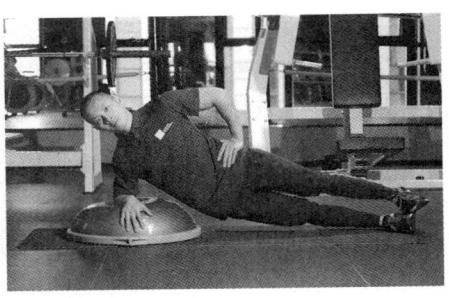
（b）

图6-28 平衡半球侧身肘撑顶桥

第四节 沙袋（能量包）训练动作

一、沙袋硬拉+提拉（见图6-29）

1. 训练目标
锻炼臀大肌、腘绳肌、背阔肌、斜方肌、肱二头肌。

2. 准备动作
（1）双脚与髋关节同宽，脚尖指向前方，膝关节对准脚尖，沙袋靠近小腿。

（2）最大幅度屈髋并配合小幅膝屈，双手钩握沙袋的拉带。

3. 训练方法

（1）呼气、髋伸、伸膝使身体站直。

（2）随后屈肘、肩伸，将沙袋向上提拉至手大约与肚脐同一高度。

（3）吸气，保持膝关节微屈且角度锁定，屈髋将沙袋还原至动作准备姿势。

4. 训练提示

（1）下肢动作以屈髋为主导，下肢动作结束后进行上肢动作。

（2）上肢提拉动作，双肘沿身体两侧后移。

（3）脊柱及骨盆保持中立位。

(a)　　　　　　　　　　(b)

图 6-29　沙袋硬拉+提拉

二、沙袋俯身划船（见图 6-30）

1. 训练目标

锻炼背阔肌、菱形肌、斜方肌、三角肌后束、肱二头肌。

2. 准备动作

（1）双手钩握沙袋于身体前方，双臂自然伸直。

（2）双脚与髋同宽，躯干与地面呈大概 45 度角，膝关节微屈。

3. 训练动作

（1）呼气，上拉沙袋至双手达到躯干两侧（保证上拉幅度）。

（2）吸气，有控制地使沙袋下落至动作准备姿势。

（3）动作过程中保持下肢及躯干姿态稳定，动作只产生于上肢。

4．训练提示

（1）保持脊柱中立位，避免下肢摇晃或主动助力。

（2）避免提拉沙袋时过分耸肩。

（3）可采用单腿模式，或单手在身体侧面提拉沙袋等方式破坏平衡进行进阶训练，增加身体控制。

（a）

（b）

图6-30 沙袋俯身划船

三、沙袋实力推（见图6-31）

1．训练目标

（1）锻炼三角肌、肱三头肌。

（2）提高核心动态稳定及肩关节活动度。

2．准备动作

（1）将沙袋置于单侧肩上，并使沙袋中段在斜方肌上，双手拖握沙袋。

（2）双脚与髋同宽，脚尖指向前方，保持脊柱及骨盆中立，身体站直。

3．训练方法

（1）呼气，并保持腹内压稳定，推沙袋至头顶正上方，手臂伸直。

（2）吸气，有控制地使沙袋下落至对侧肩膀。

（3）动作执行过程中保持躯干及头部不动。
4. 训练提示
（1）沙袋移动起落时，头容易"躲"沙袋，这会使肩关节运动幅度减小。
（2）推起沙袋时，避免脊柱侧屈。

（a） （b） （c）

图 6-31　沙袋实力推

四、沙袋单边负重蹲（见图 6-32）

1. 训练目标
（1）锻炼股四头肌、臀大肌、腘绳肌、大腿内收肌群。
（2）提高单侧负重下髋关节及躯干核心稳定，增加侧向外力身体对抗能力。
2. 准备动作
（1）将沙袋中段置于单侧肩上，双手托握沙袋。
（2）双脚分开脚跟与肩同宽，脚尖向外打开 15~25 度角，并使膝关节对准脚尖。
（3）身体站直并保持脊柱中立。
3. 训练方法
（1）吸气，屈髋屈膝下蹲。
（2）下蹲至髋略低于膝，或骨盆即将出现后倾姿态时停止动作。
（3）动作底端标准：躯干与小腿趋于平行，脊柱和骨盆保持中立位置。
（4）呼气，伸膝伸髋，还原动作准备姿势。
4. 训练提示
（1）避免下蹲过程中出现弓背、骨盆后倾、侧屈、旋转等不良姿势。

（2）避免出现躯干前倾角度过大，膝没有对准脚尖方向等常见于深蹲的技术错误。

（3）由于是单侧负重，需格外注意避免出现身体重心偏移等不良姿势。

(a) (b)

图 6-32 沙袋单边负重蹲

五、沙袋熊抱式深蹲（见图 6-33）

1. 训练目标

（1）锻炼臀大肌、股四头肌等下肢肌群，提高躯干核心稳定性。

（2）改善训练者执行深蹲时背部肌肉募集较差的状况。

2. 准备动作

（1）双脚与肩同宽，脚尖向外打开 15~25 度角，并使膝关节对准脚尖，身体站直。

（2）将沙袋垂直地面双手环抱在胸前，双手互抱对侧前臂将沙袋抱紧至胸前，收紧肩胛，用手臂"勒"紧沙袋。

3. 训练方法

（1）吸气，屈髋屈膝下蹲至髋略低于膝，或骨盆即将出现后倾姿态时停止动作，躯干尽可能垂直地面，脊柱和骨盆保持中立位置。

（2）呼气，伸膝伸髋，还原至动作准备姿势。

4. 训练提示

（1）动作执行过程中保持脊柱中立，由于沙袋位于身体前方，容易出现弓背圆肩姿势。

（2）避免出现躯干前倾角度过大，膝没有对准脚尖方向等常见于深蹲的技术错误。

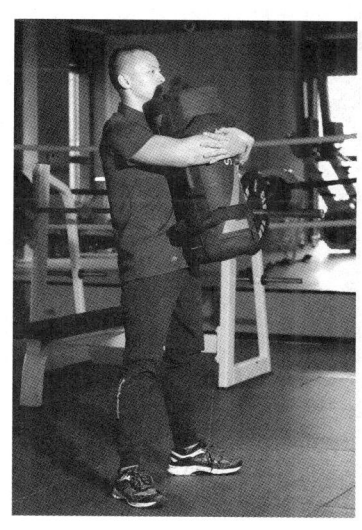 

(a) (b)

图 6-33 沙袋熊抱式深蹲

六、沙袋负重弓步蹲（见图 6-34）

1. **训练目标**
（1）锻炼股四头肌、臀大肌。
（2）提高髋关节动态稳定性、躯干核心稳定性。

2. **准备动作**
（1）将沙袋置于斜方肌上，双手用力拉紧拉带，使沙袋紧紧靠在斜方肌上。
（2）双脚与髋同宽，身体站直并保持脊柱中立。

3. **训练方法**
（1）吸气，向前迈出一步，屈髋屈膝下蹲。
（2）下蹲至后膝接近地面（约离地 5 厘米），此时，躯干与小腿几乎平行，后置腿的大腿与躯干呈一直线，脚跟指向天花板，脊柱和骨盆保持中立位置，身体可保持 5~10 度前倾。
（3）呼气，伸膝伸髋，并步，还原至站直姿势。

4. **训练提示**
（1）下蹲过程中保持脊柱及骨盆中立，双侧骨盆同高。
（2）躯干保持平行于前导腿小腿，后置腿保持髋伸状态，力量更多来自前腿的髋膝伸展。
（3）可采用不同负重位置，如沙袋置于胸前（类似前蹲）或置于单侧肩上（推荐这个位置，能有效训练躯干核心稳定及重心控制，提高纵向移动时身体在侧向外力下的对抗能力）。

（a） （b）

图 6-34　沙袋负重弓步蹲

七、沙袋助力推（见图 6-35）

1. 训练目标

锻炼下肢爆发力及下肢离心减速能力，提高躯干核心稳定性。

2. 准备动作

（1）双脚与髋同宽，保持脊柱及骨盆中立，站直身体。

（2）将沙袋放置于身体前架位。

3. 训练动作

（1）吸气，收紧核心，保持脊柱中立，微微屈膝屈髋进行小幅度预蹲。

（2）呼气，爆发式的伸膝伸髋，双手借沙袋向上的惯性，顺势上推至头顶，使身体完全站直，手腕中立并使手臂垂直地面。

（3）吸气，将沙袋还原至胸前位置并在沙袋接触身体的瞬间进行屈髋、膝缓冲。

4. 训练提示

（1）在沙袋下落过程中，常见问题是过早（沙袋没有接触身体前）进行缓冲。

（2）上推沙袋时伴随脊柱伸展。

（3）预蹲幅度过大、下肢发力不足等问题，会导致训练者更多地使用上肢力量。

（a） （b）

图 6-35　沙袋助力推

八、沙袋火箭推（见图 6-36）

1． 训练目标

锻炼下肢爆发力，提高躯干核心动态稳定性，增加全身整体输出功率。

2． 准备动作

（1）双脚与肩同宽，脚尖向外打开 15～25 度角，并使膝关节对准脚尖方向。

（2）将沙袋置于前架位置。

3． 训练方法

（1）吸气，屈髋屈膝下蹲，技术与前蹲相同，下蹲至髋略低于膝。

（2）呼气，爆发式地快速伸膝伸髋，并借助沙袋向上的惯性顺势上推沙袋至头顶。

（3）沙袋位于顶端的动作标准，身体完全站直，膝关节肘关节自然伸直，手腕中立并使沙袋在脚跟正上方。

（4）吸气，快速下蹲并反复执行动作。

4． 训练提示

（1）动作执行过程中要保证深蹲的动作质量。

（2）充分施展下肢爆发力，避免仅用上肢孤立的力量完成上推。

（3）注意上下肢动作连贯，避免拆分成深蹲加推举两个动作。

（a） （b）

图 6-36 沙袋火箭推

九、沙袋弓箭步旋转（见图 6-37）

1. 训练目标
（1）锻炼股四头肌、臀大肌、腹内外斜肌。
（2）提高躯干核心动态稳定性、髋关节稳定性以及胸椎灵活度。
2. 准备动作
双手钩握沙袋，身体站直，双臂自然下垂将沙袋横置在大腿前方。
3. 训练方法
（1）吸气，前跨一步，执行弓箭步下蹲，同时朝前腿方向旋转躯干，将沙袋移至身体侧面。
（2）呼气，并步还原至动作准备姿势。
（3）吸气，换另外一边执行同样动作。
4. 训练提示
（1）动作以慢速执行。
（2）执行动作时避免脊柱屈曲导致限制胸椎旋转而产生不良姿势或代偿。
（3）执行动作时避免出现弓箭步训练中的常见错误。
（4）执行动作时若无法有效控制身体稳定，可考虑减小弓箭步幅度进行退阶，也可把动作拆分成两步，即第一步为弓箭步下蹲，同时将沙袋拉到肚脐高度（为旋转让出空间），第二步旋转胸椎，并慢速使沙袋下沉至身体侧方。

（a） （b）

图 6-37　沙袋弓箭步旋转

本章小结

非传统的力量训练在早期训练课程中能有效提高运动员整体的运动能力，对提高身体基础能力、预防运动受伤有一定的作用。但是体能教练需要注意的是由于负荷的原因，高水平运动员应采用传统力量训练与常见功能训练动作相结合的训练策略，这样能更有效地提高力量、运动表现和运动成绩。另外，体能教练需要注意在指导运动员进行功能训练时，应确保运用正确的训练技能与技巧，把动作质量放在首位，其次才是负荷等强度因素。

第七章　增强式训练

增强式训练（plyometric training）的目标是使肌肉在最短时间内发挥最大力量。plyometric 是希腊文的合成词，字面上的意思是增加量度（plyo 表示更多，metric 表示测量）。增强式训练能有效提高向心爆发力量（concentric explosive strength）、离心力量（eccentric strength）及反应力量（reactive strength）。体能教练通常使用增强式训练提高灵敏的加速及减速能力、球类项目的弹跳能力及球类项目的投掷能力。

第一节　增强式训练机制及生理作用

增强式训练主要用于提高爆发力，其理念与快速进行抗阻力的训练方式有所不同，它是通过力学及神经生理学机制，提高肌肉爆发力的输出。

一、力学机制

在增强式训练中，肌肉与肌腱产生的弹性势能会暂时储存，然后在紧接的向心收缩阶段中释放，使总体能量增加。作进一步的解释，可以理解为骨骼肌中对产生弹性势能发挥重要作用的组织为串联弹性成分（Series Elastic Component，SEC），包括肌腱与肌筋膜（SEC 的主要成分）及肌肉（即结缔组织）。当离心收缩时，肌肉与肌筋膜会被伸展（其中的胶原蛋白纤维具有弹性，并能储存外力），SEC 如同弹力带一样，当被拉长时会储存弹性势能，用于将弹力带缩回到原始长度。SEC 与弹力带的最大区分是，弹力带无论是被快速拉长还是缓慢拉长，其缩回能力是相同的。但是，如果 SEC 缓慢伸展，这并不会产生弹性势能。如果离心收缩之后，没有紧接着向心收缩或者离心收缩持续时间太长或关节动作太大，储存的能量会以热能的形式散失。而弹力带无论维持 5 秒还是 5 分钟，弹力带的收缩能力不会消失。因此，要运用力学机制提高力量输出，需要快速进行离心收缩及紧接进行向心收缩。

当 SEC 被拉伸，储存的能量会增加输出能量。收缩成分（contract component，CC，即肌动蛋白、肌凝蛋白和横桥）是产生向心收缩时肌力的主要部分。并联弹性成分（parallel elastic component，PEC，即肌外膜、肌束膜、肌内膜与肌纤维膜）做未被刺激的伸展，产生被动力量。见图7-1。

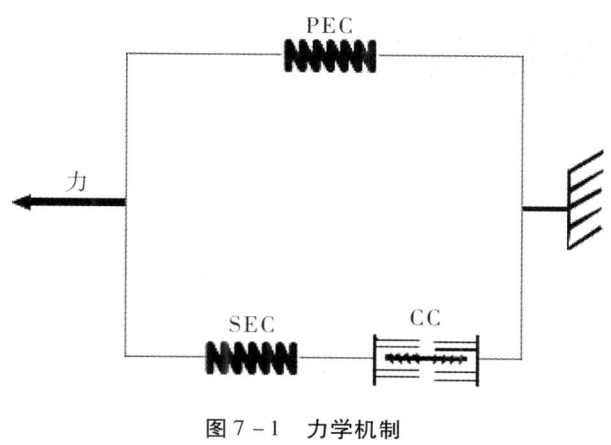

图7-1 力学机制

二、神经生理学机制

人体中，皮肤、韧带、肌肉等不同组织各自有不同功能的感受器，并产生不同作用。肌梭（muscle spindle）是本体感觉器，对于肌肉伸展的速率与长度产生感觉，一旦侦测出快速伸展，肌肉会反射性进行收缩。牵张反射（stretch reflex）是指机体受外来拉伸肌肉刺激时的非自主反应，如图7-2所示。增强式训练的力量输出增加，主要是由肌梭引起的牵张反射完成。进行增强式训练动作时，肌梭会被快速地拉伸，激发形成反射性肌肉收缩，这种反射性的反应，可以强化或增加主动肌活动，从而增加力量输出。

这种神经生理学机制与力学机制一样，如果伸展之后没有紧接着进行向心收缩（如伸展与向心收缩之间相隔太久，或者动作范围太大），这种牵张反射的强化作用就低效。

当肌梭被刺激引发牵张反射，讯号经由La神经纤维向内传至脊椎，经与α神经元接合后，刺激传至束外肌纤维，引起反射性的肌肉动作，如图7-2所示。

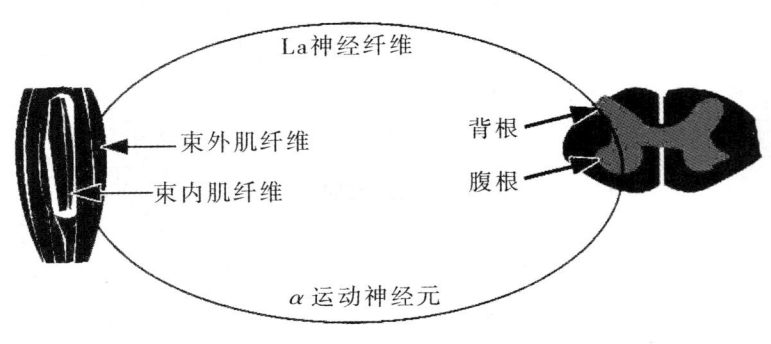

图 7-2　神经生理学机制

三、伸长—缩短循环（stretch-shortening cycle，SSC）

伸长—缩短循环利用串联弹性成分结存能量的能力，以及引发牵张反射促进肌肉募集能力，在最短的时间内促进最大力量的产生。要有效运用串联弹性成分及牵张反射的特点，需要进行以下3个阶段。

1. 第一阶段——离心收缩阶段（eccentric phase）

此阶段包含主动肌的预负荷，串联弹性成分储存弹性势能，肌梭受到刺激。

2. 第二阶段——缓冲或转换（amortization phase）

此阶段是离心收缩阶段到向心收缩阶段之间的停顿，时间从离心收缩结束到向心收缩动作起始。这是整个伸长缩短周期中产生更大力量输出的重要阶段，时间必须尽可能短。如果这一阶段持续太久，离心收缩阶段储存的能量将以热能的方式散失，牵张反射无法增加向心收缩阶段的肌肉活动。

3. 第三阶段——向心收缩（concentric phase）

此阶段是身体对离心收缩阶段与缓冲阶段的反应，在此阶段离心收缩储存于串联弹性成分中的弹性势能会被利用，为增加后续动作的力量输出，或以热能形式散失。这些储存的弹性势能能增加后续向心收缩阶段的力量，使之超过单一做向心收缩时所产生的力量。另外，牵张反射提供的额外的向心收缩力量，其效益的根本是正确执行增强式训练动作。

为了更形象化地了解内容，可以对跳高动做进行分析。当我们助跑至起跳前最后一步，起跳脚触地的时候，会从跖屈过度至足背屈动作，腓肠肌进行离心收缩，这时肌肉的串联弹性成分被拉长并储存弹性势能，同时快速的拉伸会使腓肠肌内的肌梭受到刺激。接着是一个短暂的缓冲阶段，然后便是脚踝快速进行一个跖屈的动作。腓肠肌进行快速向心收缩，加上串联弹性成分储存弹性势能释放及牵张反射，这两个模式结合，最终增加腓肠肌力量输出。在这里，要强调的是肌肉与肌腱的伸展速率是增强式训练动作的关键。因此，拉伸的速度越快，运动员能接受的离心负荷越大，最终产生的力量输出也会越大。

我们可以以垂直跳测验加以说明。当伸展的速率增加，运动员的跳跃高度应随之增加。屈膝半蹲跳是事先做好下蹲姿势（即髋关节和膝关节屈曲成90度角），然后跳起。这种跳法的跳跃高度为最低的主要原因是，动作未达到快速离心收缩阶段，没有利用储存的弹性势能，而且动作太慢，无法引起牵张反射来增加高度。屈膝反弹跳利用快速的离心收缩（即下蹲），紧接着做快速的向心收缩（即跳起）。快速的离心收缩阶段储存弹性势能并且引发牵张反射，因而加强肌肉收缩活动。助跑跳利用同样快速但比屈膝反弹跳更大负荷的离心收缩，以及更快的伸展速率，因而能够增加垂直跳的高度。

第二节　增强式训练安全指引

体能教练在进行增强式训练前，应预先评估运动员运动水平，根据运动员运动能力安排训练计划。体能教练还需要确认场地及设备符合标准，才可以进行增强式训练。

一、预先评估运动员

为降低受伤的危险，并利于增强式训练的进行，体能教练在安排运动员进行训练前，必须让运动员了解正确的动作技术，并确认运动员具备足够的力量、速度与平衡基础，再进行增强式训练。

1. 动作技术

运动员具有正确的执行技术能力，才能发挥训练计划的最大效能，并将受伤的危险度降到最低。下肢增强式训练中，正确的落地技术尤为重要。落地时肩部应该在膝部上方，膝朝第二脚趾方向，不要向内或向外移动（增加膝关节韧带拉伤风险）。落地时足背屈、屈膝、屈髋，身体重心放在前脚掌，准备快速移动。整个身体重心应该在两脚形成的支撑的底面积上方，以保持身体平衡，如图7-3所示。

图7-3　正确的增强式训练落地姿势

2. 力量

增强式训练作为提升爆发力的训练方案，以往的建议是运动员在训练前必须具备基础力量水平。进行高强度下肢增强式训练前，部分研究建议运动员应具备后蹲 1 RM 的重量至少是其体重的 1.5 倍。但是，现在体能领域的最新建议是应该着重训练技巧。青少年运动员在掌握良好的训练技术后，可适当在确保安全的情况下进行增强式训练。通过重复进行增强式训练，让运动员掌握正确的关节排列及移动技巧，能有效降低运动员在训练或比赛中受伤的风险。

3. 平衡

在众多的球类运动中，需要下肢进行急停、变向及再加速动作，这样对下肢的平衡性要求是显而易见的。如果平衡能力不足，运动中受伤的概率就会增加。体能教练要切记，训练的安全性是排在最重要的位置。在进行下肢增强式训练前，运动员应该进行平衡性的测试。如果运动员为首次开始进行增强式训练，应要求其能够单脚站立 30 秒而不跌倒；如果运动员进阶到中等的增强式训练前，应要求其能够维持单脚站立 1/4 蹲 30 秒而不跌倒；如果运动员进行高强度的增强式训练，应要求其能够单脚半蹲 30 秒。平衡测试的地面必须与实施增强式训练时的地面相同。

4. 身体重量

体重超过 100 千克的运动员进行增强式训练时受伤危险性会加大。较重的体重会增加对于关节的压迫，容易导致受伤。因此，如果运动员体重超过 100 千克，应该避免进行大量、高强度的增强式动作，不建议做高于 48 厘米的跳深。至于其他形式的训练动作，关节的结构与旧患，应在开始增强式训练计划之前进行检查。如果存在旧患或者脊柱、下肢、上肢的异常，都有可能增加增强式训练时受伤的风险，特别是有肌肉拉伤、病理性关节松弛或脊柱失能（含椎间盘失能或压迫）等病例的运动员，在增强式训练计划时，都应特别小心。

二、增强式训练注意事项

除了运动员的体能与健康，增强式训练的场地与设备也影响运动员的安全性。

1. 地面

为了预防受伤，下肢增强式训练的地面必须具有足够的吸震特性。草地、枕木地板或橡胶垫都是较佳的地面选择。如混凝土、瓷砖与硬木地板等缺乏吸震特性的地面都不推荐使用。由于专业运动员需要每天重复多次进行训练，所以有些体能教练建议使用比较厚的体操垫（厚度 15 厘米以上），认为能减低冲击力，预防慢性劳损。但是，由于在厚垫上进行，会增加缓冲时间，这样肌肉无法充分利用牵张反射，最终不能提高力量输出。

2. 设备

箱跳与跳深训练所用的跳箱必须稳固。市场上购买的跳箱一般以坚硬的木头或厚铁板制成，需要注意箱子表面必须防滑，预防跌倒。

3. 跳箱高度要求

在高度越高的跳箱进行训练，对肌肉的负荷便越大。安全指引一般建议选择不超过 1.2 米的跳箱高度。因为，这高度对大部分的运动员而言，既要维持良好动作技术正确，又要克服负荷在非常短的时间内完成缓冲，是十分困难的。一般市场上能购买的跳箱高度为 16~24 英寸（40~61 厘米），如果运动员体重超过 100 千克，建议不应该使用超过 18 英寸（约 46 厘米）高度的跳箱。

第三节　增强式训练方案设计

增强式训练与抗阻训练相似，在执行训练时需要考虑模式、强度、次数、组数、进阶等。但是目前关于这方面的研究数据比较缺乏。

一、训练模式

增强式训练模式包括下肢增强式训练、上肢增强式训练及躯干增强式训练。以下是关于这三种模式的介绍。

1. 下肢增强式训练

下肢增强式训练能提升运动员在短时间内产生更大的力量（向心爆发力量），对于篮球、田径、排球等需要良好的跳跃能力的项目有重要的帮助。增强式训练同时能提升离心力量及反应力量，因此对需要灵敏及变向能力的项目（如足球、篮球、手球等）十分重要。下肢增强式训练能使肌肉产生更大力量，但对需要更少能量的项目（如长跑及自行车等耐力项目）的运动员也有积极作用。下肢增强式训练包括多种的跳跃训练，可以参考表 7-1 了解更多信息。

表 7-1　下肢增强式训练模式

训练模式	方　　法
原地跳	在同一地点跳起落地，强调垂直的成分。重复进行跳跃，动作间工作休息
立定跳	尽最大努力进行跳跃，强调垂直或者水平移动成分。动作间提供休息
重复跳	原地跳及立定跳的结合，重复进行跳跃，动作间没有休息
跨跳	强调更快的水平移动速度

续上表

训练模式	方法
跳箱	利用跳箱增加训练强度，向上或向下跳
跳深	利用重力加速度以及运动员体重，增加训练强度。如运动员在跳箱上，跨出跳箱、落地并快速进行再跳跃或冲刺

2. 上肢增强式训练

上肢增强式训练的动作类型及方法比下肢增强式训练要少。一般是要借助实心球，或执行俯卧撑等训练为主。上肢增强式训练不仅可用于增加上肢爆发力，还可以有效预防肩及肘关节的受伤。

3. 躯干增强式训练

严格意义来说，可能不存在躯干增强式训练。如果腹部及背部肌肉从被拉长至进行主动收缩时间有延迟，牵张反射就不够充分，不足以增加肌肉力量的输出。所以，要有效进行躯干增强式训练，可能需要减少动作幅度，从而加快动作完成速度并引起牵张反射。

二、训练强度

增强式训练的强度可取决于对肌肉、结缔组织、关节的压力以及训练模式。单脚落地训练对比双脚落地，单脚落地更大压力作用在肌肉及关节上，训练强度更大。训练动作速度增加、跳箱离地高度增加、穿着负重背心进行训练，同样能增加训练强度。与抗阻训练相似，当训练强度越大，训练量应随之减少。需要注意的是无论以哪种方式增加训练强度，如果会导致运动员在动作技术质量下降或缓冲时间过长，就表明运动强度过大。

三、训练频率

增强式训练的频率应该结合运动周期、运动员水平及训练经验等多方面进行综合考虑，一般为每周 1~3 次。有部分专家建议可以以机体恢复时间作考虑，一般为每进行 2 次训练课应休息 48~72 小时。

四、休息时间

一般建议跳深等动作间休息 5~10 秒，组与组间休息 2~3 分钟。另外，也有建议以训练和休息的比率1∶5至1∶10来安排休息时间。当然,这里还要考虑因素包括动作特点及结合运动专项等其他因素。

五、训练次数

对于下肢的增强式训练,一般以脚触地次数为计算标准,或者以距离作为体能教练记录运动员的训练内容。上肢如果用实心球进行训练,一般对抛球次数进行记录。

第四节 上肢及核心增强式训练

一、俯卧撑(见图7-4)

1. **训练目标**
(1)增加上肢爆发力、肩胛稳定性。
(2)提高自由体操、推铅球的专项能力。
2. **准备动作**
双手撑球,手肘伸直成平板支撑姿势。
3. **动作执行**
(1)向下阶段,双手迅速左右分开离开实心球,双手略比肩宽,手肘微曲下落着地缓冲,胸部可轻触实心球。
(2)向上动作,立即伸直手肘做爆发性推撑。当上身达到最高点时,双手必须比实心球还高,手掌按回健身实心球上方,反复练习。
(3)徒手训练能降低难度;可增大实心球球号以加大难度,但球号不可过大,会影响动作幅度。

(a)

(b)

图7-4 俯卧撑

二、爆发力推球（见图7-5）

1. **训练目标**

（1）增加上肢爆发力。

（2）投掷项目初期的孤立上肢训练。

2. **准备动作**

仰卧于地面，手肘伸直并垂直于地面，体能教练站在跳箱上，双手持实心球，位于运动员手臂的正上方。

3. **动作执行**

（1）体能教练双手分开，让球自由下落，运动员用手将球接住并缓冲，随后立即推掷还给体能教练。

（2）体能教练可以通过增加实心球的重量及跳箱高度增加难度。

（3）训练时，运动员需要集中注意力避免实心球砸到身体。

(a)　　　　　　　　　　(b)

图7-5　爆发力推球

三、炮筒式坐姿单臂强推（见图7-6）

1. **训练目标**

锻炼三角肌前束、肱三头肌、胸大肌。

2. **准备动作**

坐姿，后背挺直，左手握杠铃杆。

3. **动作执行**

左手快速将杠杆向上推掷，当杠杆落下时用右手接住，并立刻进行反复练习。

4. 训练应用

增加上肢爆发与躯干核心稳定。

5. 训练提示

保持后背挺直不要弓背。

(a)

(b)

图 7-6 炮筒式坐姿单臂强推

四、炮筒式站姿单臂强推（见图 7-7）

1. 训练目的

锻炼三角肌前束、肱三头肌、胸大肌。

2. 准备动作

双脚于肩同宽站立，微屈膝和屈髋，躯干挺直核心收紧，手持杠杆。

3. 动作执行

下肢发力使身体站直，同时手臂顺势向前把杠杆推出，同伴以起始位接住杠铃。

4. 训练应用

（1）提高上肢爆发力。

（2）提高身体协作能力。

5. 训练提示

（1）增加移动提高难度。

（2）身体前链保持收紧，躯干稳定。

（a） （b）

图 7-7 炮筒式站姿单臂强推

五、双手侧抛（见图 7-8）

1. **训练目标**

锻炼肱三头肌、背阔肌、三角肌。

2. **准备动作**

（1）保持舒适的站立姿势，两脚与肩同宽。

（2）面对反弹网或同伴，相距约 3 米；双手持球举在一侧肩上。

3. **动作执行**

（1）做一个反向动作（增强式推掷的反向动作，需要翘起手臂，在真正推掷之前身体稍微向后移动）。

（2）利用双手，将球掷向反弹网或同伴，保持手肘伸直；当球从反弹网或同伴回传时，在另一侧肩上将球接住，并且立刻进行反复练习。

4. **训练应用**

（1）提高核心稳定及控制能力。

（2）增加肩带肌群力量。

（3）提高上肢爆发力。

（4）提高篮球、橄榄球等项目的投掷能力。

5. **训练提示**

（1）加大健身实心球，可以提高强度。

（2）刚开始时，采用 0.9 千克的球，单手过顶掷球增加难度。

（a） （b）

图 7-8 双手侧抛

六、实心球上推（见图 7-9）

1. **训练目标**

锻炼臀大肌、半膜肌、半腱肌。

2. **准备动作**

双脚与肩同宽，脚尖稍微指向外侧，双手持球放在胸前，保持挺胸，头部微微向上倾斜。

3. **动作执行**

（1）向下阶段，保持背部平直，挺胸，屈髋屈膝直到大腿平行于地面，保持脚跟在地面上，膝部位于脚正前方。

（2）向上阶段，伸展髋部与膝部回到起始姿势，并顺势将球推向上方。

4. **训练应用**

（1）增强下肢及上肢的协同工作能力。

（2）提高篮球、跳高等项目的起跳能力。

（3）增加下肢力量。

5. **训练提示**

（1）增大实心球的重量。

（2）向上阶段，可通过抛接实心球训练增加难度。

（a） （b）

图 7－9　实心球上推

七、45 度角仰卧起坐推球（见图 7－10）

1．训练目标

锻炼腹直肌、腹内斜肌、腹外斜肌。

2．准备动作

坐在地面上膝关节弯曲 90 度角，双脚放于地面上，保持躯干挺直向后倾斜 45 度角左右。

3．动作执行

（1）同伴将球抛向运动员伸出的手的位置；运动员准备接球时，手肘保持伸直。

（2）手接球的瞬间，躯干微微伸展，快速将球回传。

图 7－10　45 度角仰卧起坐推球

4．训练应用

提高躯干屈曲爆发力。

5．训练提示

（1）增大实心球的重量可提高难度。

（2）训练时，运动员需要集中注意力避免实心球砸到身体。

八、坐式45度角侧向抛接（见图7-11）

1. **训练目标**

锻炼腹外斜肌、腹内斜肌。

2. **准备动作**

坐在地面上，膝关节弯曲90度角，双脚放于地面，保持躯干挺直向后倾斜45度角左右。

3. **动作执行**

（1）身体侧对体能教练，与体能教练大概成45度角。

（2）将体能教练从侧面抛来的药球，靠腹部旋转力量短而快地传回体能教练手中。

4. **训练应用**

（1）提高躯干旋转爆发力。

（2）提高网球、羽毛球等球类项目的核心旋转能力。

5. **训练提示**

（1）增大实心球的重量可提高难度。

（2）训练时，运动员需要集中注意力，避免实心球砸到身体。

图7-11　坐式45度角侧向抛接

九、弓步跪姿侧向抛接（见图7-12）

1. **参与肌肉**

锻炼腹内斜肌、腹外斜肌。

2. **准备动作**

弓箭步姿势单膝跪于地面，保持躯干挺直。

3. **动作执行**

（1）身体侧对教练员，与体能教练大概成45度角。

（2）将体能教练侧向抛来的实心球，靠腹部旋转力量短而快地传回体能教练手中。

4. **训练应用**

（1）提高躯干旋转爆发力。

（2）提高网球、羽毛球等球类项目的核心旋转能力。

5. **训练提示**

（1）增大实心球的重量可提高难度。

（2）训练时，运动员需要集中注意力，避免实心球砸到身体。

图7-12 弓步跪姿侧向抛接

十、站姿侧向抛接（见图7-13）

1. **训练目标**

锻炼腹外斜肌。

2. **准备动作**

1/4静蹲姿态，保持躯干挺直。

3. 动作执行

(1) 身体侧对体能教练，与体能教练大概成 45 度角。

(2) 将体能教练侧向抛来的实心球，靠腹部旋转力量短而快地传回体能教练手中。

4. 训练应用

(1) 提高躯干旋转爆发力。

(2) 提高网球、羽毛球等球类项目的核心旋转能力。

5. 训练提示

(1) 增大实心球的重量可提高难度。

(2) 训练时，运动员需要集中注意力，避免实心球砸到身体。

图 7-13 站姿侧向抛接

第五节　下肢增强式训练

一、牵张跳（见图 7-14）

1. 训练目标

锻炼股四头肌、臀大肌、腘绳肌、比目鱼肌、腓肠肌。

2. 准备动作

(1) 保持舒适的站立姿势，双脚分开与肩同宽。

(2) 上臂动作：无摆臂或者双臂摆臂。

3. 动作执行

(1) 开始时，先向下做一个预蹲的动作。

（2）向上动作：快速向上跳起。

（3）向下动作：落在原跳处，然后迅速反复跳起。

4．训练应用

（1）提高下肢肌肉力量及爆发能力。

（2）增强篮球、橄榄球等项目的起跳能力。

5．训练提示

训练动作时，尽量落回原地，减少位置移动。

(a)   (b)

图 7-14　牵张跳

二、蹲跳（见图 7-15）

1．训练目标

锻炼股四头肌、臀大肌、臀中肌、腘绳肌、比目鱼肌、腓肠肌。

2．准备动作

（1）保持屈髋屈膝的姿势（大腿略高于与地面平行的位置）。

（2）两脚分开与肩同宽，双手手指交叉抱在头后。

3．动作执行

（1）向上动作：爆发性向上跳起，至最大高度。

（2）向下动作：落地微蹲缓冲，然后迅速跳起，反复执行动作。

4．训练应用

提高下肢肌肉力量及爆发能力。

5. 训练提示

（1）落地时，保证膝关节与第二趾骨在同一水平线上。

（2）可加入一些旋转训练，提高训练难度。

（a）　　　　　　　　　（b）

图7-15　蹲跳

三、单脚转体跳（见图7-16）

1. 训练目标

锻炼股四头肌、臀大肌、臀中肌、腘绳肌、比目鱼肌、腓肠肌。

2. 准备动作

保持单脚站立屈髋屈膝姿势，双臂微屈于髋关节两侧。

3. 动作执行

（1）快速伸膝伸髋，双臂前摆，脚蹬离地面，身体转向旋转90度角跳跃。

（2）落地时，另一侧脚着地，在屈髋屈膝落地缓冲的同时，双臂下摆至髋部两侧。

4. 训练应用

（1）提高下肢稳定性。

（2）增强下肢肌肉力量及爆发能力。

（3）增强本体感受。

5．训练指示

（1）选择场地时，要选用防滑地面。

（2）可穿着负重背心，增加难度。

(a) (b) (c)

图 7-16　单脚转体跳

四、纵跳摸高（见图 7-17）

1．训练目标

锻炼股四头肌、腘绳肌、臀大肌、臀中肌、比目鱼肌、腓肠肌。

2．准备动作

保持舒适的站立姿势，双脚分开站立与肩同宽。

3．动作执行

（1）开始阶段，向下微蹲。

（2）爆发性向上跳起，触摸物体或目标。

（3）落在起跳处后，立刻进行反复跳起。

4．训练应用

（1）提高下肢最大爆发能力。

（2）增强篮球、跳高等项目的原地起能力。

5．训练提示

（1）两次动作之间的停顿时间尽可能缩短。

（2）训练动作实施时，应尽量避免身体水平（向前或向后）或侧向移动。

（a） （b）

图 7-17　纵跳摸高

五、双腿屈膝跳（见图 7-18）

1. 训练目标

锻炼股四头肌、腘绳肌、臀大肌、臀中肌、比目鱼肌、腓肠肌。

2. 准备动作

（1）保持舒适的直立姿势，两脚分开，与肩同宽。

（2）两臂自然向前做准备动作，以反向运动开始。

3. 动作执行

（1）向上爆发式跳跃。将膝盖抬到胸部，双手快速抓住膝盖，并且在落地之前松开双手。

（2）落地成起跳姿势，然后立刻进行反复跳跃。

4. 训练应用

（1）增强上肢与下肢协同工作的能力。

（2）提高运动员的空中控制能力。

5. 训练提示

（1）增加双腿屈膝跳强度的另一种方法就是用单腿完成动作，这种变化将使训练从中等强度变为高强度。

（2）着地期（即接触地板的时间）不宜太长。

(a) (b)

图 7-18 双腿屈膝跳

六、分腿弓步跳（见图 7-19）

1. 训练目标

锻炼股四头肌、腘绳肌、臀大肌、臀中肌、比目鱼肌、腓肠肌。

2. 准备动作

做出弓箭步的姿势，一腿在前（髋关节和膝关节几乎成 90 度角），另一腿在后。

3. 动作执行

（1）以反向动作开始向上运动，爆发式跳跃，需要的时候可以利用双臂起辅助作用。跳到最大高度。

（2）跳起落地的时候，维持跳跃的姿势（同一条腿在前面），立刻进行反复跳跃。

（3）完成一组运动后，进行休息，然后变换前后腿。

4. 训练应用

提高下肢最大爆发能力。

5. 训练指示

（1）在落地的过程中，可以交换前后腿的位置（也可以不交换，具体方式可根据训练者的需求）落地后维持跳跃的姿势，然后立刻重复跳跃。

（2）跳跃后前脚与后脚距离不要太近。

（a）　　　　　　　　（b）

图 7-19　分腿弓步跳

七、单腿屈膝跳（见图 7-20）

1. **训练目标**

锻炼股四头肌、腘绳肌、臀大肌、比目鱼肌、腓肠肌。

2. **准备动作**

（1）保持舒适的单脚站立姿势。

（2）练习时，悬空腿保持一个膝部弯曲的静止姿势。

3. **动作执行**

（1）训练开始阶段，向下做一个微蹲的动作。

（2）爆发性向上跳起，支撑腿屈髋使膝关节移至胸部，双手抱住膝关节，落地时松开。

（3）跳起后落在起跳位置，立即用相同脚反复跳起。作短暂休息后，用另一只脚重复练习。

4. **训练应用**

（1）提高单腿稳定性及平衡能力。

（2）提高人体在空中的控制能力。

5. **训练提示**

（1）可穿着负重背心，增加难度。

（2）训练时，应注意落地的安全性。

(a)　　　　　　　　　　　　(b)

图 7-20　单腿屈膝跳

八、屈体跳（见图 7-21）

1．训练目标

锻炼股四头肌、腘绳肌、臀大肌、比目鱼肌、腓肠肌、腹直肌。

2．准备动作

保持舒适的站立姿势，双脚分开与肩同宽。

3．动作执行

（1）训练开始阶段，先做一个微蹲的动作。

（2）爆发向上跳起，双腿保持伸直、并拢，尽力向前抬起，尝试用双手触碰脚尖。

（3）起跳后落在起跳位置，然后迅速反复跳起。

4．训练应用

（1）提高人体在空中的控制能力。

（2）增强跳水、跳远等项目的前屈能力。

5．训练提示

可穿着负重背心，增加难度。

（a） （b）

图 7-21 屈体跳

九、单腿纵跳（见图 7-22）

1. 训练目标

锻炼股四头肌、腘绳肌、臀大肌、比目鱼肌、腓肠肌、腹直肌。

2. 准备动作

保持舒适的站立姿势，双脚分开与肩同宽。

3. 动作执行

（1）训练开始阶段，向下做微蹲的动作。

（2）爆发性跳起，利用双手协助，触碰某目标。

（3）跳起后落在起跳位置，立即进行反复跳起。

（4）两跳之间可以休息。作短暂休息之后，用另一条腿进行练习。

4. 训练应用

（1）提高下肢最大爆发能力。

（2）提高运动员纵跳的能力。

（3）提高运动员单腿落地稳定性。

5. 训练指示

可穿着负重背心，增加难度。

(a) (b)

图 7-22　单腿纵跳

十、跳跃障碍（见图 7-23）

1．训练目标

锻炼股四头肌、腘绳肌、臀大肌、比目鱼肌、腓肠肌、腹直肌。

2．准备动作

保持舒适的站立姿势，双脚分开与肩同宽。

3．动作执行

（1）训练开始阶段，向下做微蹲的动作。

（2）下肢完全伸展起跳，随后屈髋屈膝，双脚跳过障碍物。

（3）双脚与双膝保持并拢，不得左右分开。

（4）向下动作落地成起跳姿势。两次跳跃之间可以休息。

4．训练应用

（1）提高人体向前跳跃的能力。

（2）增强跳远运动员的专项能力。

5．训练提示

（1）障碍物的高度应逐渐增加。

（2）训练时可增加圆锥或者栏架之类的障碍物，增加训练难度。

(a)　　　　　　　　　　(b)　　　　　　　　　　(c)

图 7-23　跳跃障碍

十一、立定跳远（见图 7-24）

1. 训练目标

锻炼股四头肌、腘绳肌、臀大肌、比目鱼肌、腓肠肌。

2. 准备动作

保持舒适的站立姿势，两脚分开与肩同宽。

3. 动作执行

（1）训练开始阶段向下做微蹲的动作。

（2）尽可能向前方远处跳出。

（3）跳起落地成起跳姿势，并立刻进行反复跳出。

4. 训练应用

（1）提高下肢爆发能力。

（2）提高跳远运动员的专项能力。

5. 训练提示

（1）可穿着负重背心，增加难度。

（2）在草地、减震地板上进行，切勿在水泥地上练习。

（a） （b）

图 7-24　立定跳远

十二、单腿连续纵跳（见图 7-25）

1. 训练目标

锻炼股四头肌、腘绳肌、臀大肌、比目鱼肌、腓肠肌。

2. 准备动作

保持舒适的单腿站立姿势，练习中，非跳脚保持屈膝，置于固定位置。

3. 动作执行

（1）训练开始阶段，向下做微蹲动作。

（2）跳起落地成起始姿势，立刻用同脚反复蹦跳。经过短暂休息后换另一只脚练习。

4. 训练应用

（1）提高人体在单脚站立时下肢的稳定能力。

（2）增强下肢肌肉爆发能力。

5. 训练提示

（1）可穿着负重背心，增加难度。

（2）在草地、减震地板上进行，切勿在水泥地上练习。

（a） （b）

图 7-25　单腿连续纵跳

十三、双脚"Z"形蹦跳（见图 7-26）

1. **训练目标**

锻炼股四头肌、腘绳肌、臀大肌、比目鱼肌、腓肠肌。

2. **准备动作**

（1）在第一个障碍栏（或锥桶）的外侧，保持舒适的站立姿势，两脚与肩同宽。

（2）手肘屈成 90 度角，置于体侧。

3. **动作执行**

（1）训练开始阶段向下做微蹲动作。

（2）从第一个障碍跳向第二个障碍，每次跳跃确保肩膀通过障碍（确保跳跃幅度达到标准）。

（3）落在第二个障碍栏外侧后，立即改变方向，跳过对角的下一个障碍栏。如此连续进行，跳过所有障碍栏。

4. **训练应用**

（1）提高人体侧向爆发的能力。

（2）增强足球、篮球等项目运动员的侧向移动及跳跃的能力。

5. **训练提示**

（1）将障碍栏排成一直线可降低训练的激烈程度，训练时逐一跳过。

（2）"Z"形蹦跳的强度，可用单脚跳的方式提高。

6. 训练设备

约摆 10 个障碍栏，相距 45～60 厘米，成 "Z" 字形。

(a) (b) (c)

图 7-26 双脚 "Z" 形蹦跳

十四、侧向跳跃障碍（见图 7-27）

1. 训练目标

锻炼股四头肌、腘绳肌、臀大肌、比目鱼肌、腓肠肌。

2. 准备动作

站在障碍物侧方，保持舒适的站立姿势，两脚分开与肩同宽。

3. 动作执行

（1）训练开始阶段，向下做一微蹲的动作。

（2）快速伸髋伸膝跳起，随后立即屈髋屈膝跳过障碍物，双腿尽量靠近，不要分开。

（3）起跳后落在障碍物的另一侧，立即跳回开始的另一侧，反复进行动作。

4. 训练应用

（1）增强下肢肌肉的最大爆发能力。

（2）增强人体在空中控制身体的能力。

5. 训练提示

（1）可以逐渐升高障碍物高度（例如将圆锥体换成栏架）。

（2）可将单脚跳的强度由中级升为高级。

6. 训练设备

圆锥体、栏架。

(a) (b)

图 7-27 侧向跳跃障碍

十五、单手换脚跨跳（见图 7-28）

1. 训练目标

锻炼股四头肌、腘绳肌、臀大肌、比目鱼肌、腓肠肌。

2. 准备动作

保持舒适的站立姿势，两脚分开与肩同宽。

3. 动作执行

（1）以轻松的配速助跑，从左脚在前开始练习。

（2）左脚掌落地后向上推蹬，并将右脚带动向前；右脚大腿与地面平行，膝部屈 90 度角，腾空过程中左手向前伸出。

（3）右脚落地，右脚跳出，持续反复练习。

4. 训练应用

（1）提高下肢的稳定性。

（2）增强跳高运动员的助跑能力。

5. 训练提示

采用弹跳式跑步的跨跳形式，目标是使每一步都能跨出最大距离。

图 7-28　单手换脚跨跳

十六、换脚台阶跳（见图 7-29）

1. 训练目标

锻炼股四头肌、腘绳肌、臀大肌、比目鱼肌、腓肠肌。

2. 准备动作

（1）面对跳箱站立，一脚在地面，另一脚在箱上。

（2）箱上的脚的脚后跟靠近跳箱边缘，重心在偏前脚位置。

3. 动作执行

（1）箱上的脚推蹬向上跳起。

（2）空中换脚，站在地面的脚落在箱上，站在箱子的脚落在地面上。

（3）双脚反复推蹬跳起，反复交替进行动作。

4. 训练应用

（1）提高下肢的爆发能力。

（2）增加下肢肌肉的力量。

5. 训练提示

提高跳箱高度，可以增加强度，刚开始训练时，跳箱高度可采用 15 厘米。

6. 训练设备

跳箱（高度为 15~46 厘米）。

（a） （b）

图 7-29 换脚台阶跳

十七、侧向跨越台阶跳（见图 7-30）

1. 训练目标

锻炼股四头肌、腘绳肌、臀大肌、比目鱼肌、腓肠肌。

2. 准备动作

站在跳箱的侧边，一脚站在地面上，另一脚放在箱上，并靠近跳箱边缘。

3. 动作执行

（1）箱上的脚推蹬跳过跳箱。

（2）站在地面的脚落在箱上。

（3）双脚反复推蹬跳起，跳到箱的另一侧。

4. 训练应用

（1）提高下肢的爆发能力。

（2）增强人体侧向移动的能力。

5. 训练提示

（1）提高跳箱高度，可以增加强度，刚开始训练时，跳箱高度可采用 15 厘米。

（2）开始训练时尽量避免选择过宽的跳箱，运动水平提升后可逐步进阶。

6. 训练设备

跳箱（高度为 15～46 厘米）。

（a） （b） （c）

图 7-30　侧向跨越台阶跳

十八、跳上箱跳（见图 7-31）

1．训练目标

锻炼股四头肌、腘绳肌、臀大肌、比目鱼肌、腓肠肌。

2．准备动作

面对跳箱，保持舒适的站立姿势，两脚分开与肩同宽。

3．动作执行

（1）训练开始时，先向下做一预蹲动作。

（2）双脚同时跳到箱上。

（3）起跳后落在箱上成半蹲姿势，然后下箱（可以走回到地面），反复练习。

4．训练应用

提高下肢的爆发能力。

5．训练提示

提高跳箱高度，可以增加强度，刚开始训练时，跳箱高度可采用15厘米。

6．训练设备

跳箱（高度为15～107厘米）。

（a） （b）

图 7-31　跳上箱跳

十九、转体跳上箱跳（见图 7-32）

1. **训练目标**

锻炼股四头肌、腘绳肌、臀大肌、比目鱼肌、腓肠肌。

2. **准备动作**

侧对跳箱，保持舒适的站立姿势，两脚分开与肩同宽。

3. **动作执行**

（1）训练开始阶段向下做一微蹲动作。

（2）双臂快速向上摆臂的同时，带动身体快速伸膝，双脚蹬离地面，身体逆时针旋转 90 度角，跳上跳箱。

（3）起跳后落在箱上成半蹲姿势，然后下箱（回到地面），反复进行练习。

4. **训练应用**

（1）提高下肢爆发能力。

（2）增强人体在空中旋转身体的能力。

5. **训练提示**

提高跳箱高度，可以增加强度，刚开始训练时，跳箱高度可采用 15 厘米。

6. **训练设备**

跳箱（高度为 15~107 厘米）。

（a） （b） （c）

图 7-32 转体跳上箱跳

二十、跳上箱跳（无手臂摆动）（见图 7-33）

1. 训练目标

锻炼股四头肌、腘绳肌、臀大肌、比目鱼肌、腓肠肌。

2. 准备动作

面对跳箱，双手抱头后部，保持舒适的站立姿势，两脚分开与肩同宽。

3. 动作执行

（1）开始阶段向下做微蹲动作。

（2）双脚同时跳到箱上。

（3）落在箱上成半蹲姿势，然后下箱（回到地面），反复练习。

4. 训练应用

由于去掉了摆臂部分，只能依赖下肢发力，提高下肢的肌肉力量，增强下肢的爆发能力。

5. 训练提示

提高跳箱高度，可以增加强度，刚开始训练时，跳箱高度可采用 15 厘米。

6. 训练设备

跳箱（高度为 15～107 厘米）。

(a) (b)

图 7-33 跳上箱跳（无手臂摆动）

二十一、侧向跳上箱跳（见图 7-34）

1. **训练目标**

锻炼股四头肌、腘绳肌、臀大肌、比目鱼肌、腓肠肌。

2. **准备动作**

站在跳箱侧边，保持舒适的站立姿势，两脚分开与肩同宽。

3. **动作执行**

(1) 训练开始阶段向下做一预蹲动作。

(2) 双脚同时跳到箱上。

(3) 起跳后落在箱上成半蹲姿势，然后下箱到另外一侧，反复跳向对侧。

4. **训练应用**

(1) 提高下肢的肌肉力量。

(2) 增强下肢的爆发能力。

5. **训练提示**

提高跳箱高度，可以增加强度，刚开始训练时，跳箱高度可采用 15 厘米。

6. **训练设备**

跳箱（高度为 15~107 厘米）。

(a) (b)

图 7-34 侧向跳上箱跳

二十二、下跳箱缓冲落地（见图 7-35）

1. 训练目标

锻炼股四头肌、腘绳肌、臀大肌。

2. 准备动作

站在跳箱上面的前沿，保持舒适的站立姿势，两脚分开与肩同宽。

3. 动作执行

（1）单脚跨出箱面。

（2）双脚落在地面，快速吸收落地的冲击。

（3）短暂休息调整，走上跳箱，反复练习。

4. 训练应用

提高下肢的爆发能力。

5. 训练提示

提高跳箱高度，可以增加强度。刚开始训练时，跳箱高度可采用 15 厘米。

6. 训练设备

跳箱（高度为 15~107 厘米）。

（a） （b）

图 7-35　下跳箱缓冲落地

二十三、下跳箱原地纵跳（见图 7-36）

1. **训练目标**

锻炼股四头肌、腘绳肌、臀大肌、比目鱼肌、腓肠肌。

2. **准备动作**

站在跳箱上面的前沿，保持舒适的站立姿势，两脚分开与肩同宽。

3. **动作执行**

（1）单脚跨出箱面。

（2）双脚落地。

（3）落地之后，立即纵跳，尽可能发力跳得更高。

4. **训练应用**

提高下肢的爆发能力。

5. **训练提示**

（1）当跨出箱面时，不能向下走或者向上跳，否则会改变练习的高度。

（2）尽量缩短接触地面时间，提高跳箱高度，这样可以增加运动强度。刚开始训练时。跳箱高度可采用 30 厘米。

（3）以最小的水平位移向上跳起。

6. **训练设备**

跳箱（高度为 30~107 厘米）。

(a) (b) (c)

图 7 - 36　下跳箱原地纵跳

二十四、跳深（见图 7 - 37）

1．**训练目标**

锻炼股四头肌、腘绳肌、臀大肌、比目鱼肌、腓肠肌。

2．**准备动作**

（1）站在箱上，保持舒适的站立姿势，两脚分开与肩同宽。

（2）面对另一跳箱，脚尖靠近跳箱前沿。

3．**动作执行**

（1）单脚跨出箱面。

（2）双脚落地。

（3）起跳落地之后，立刻跳上另一跳箱。

4．**训练应用**

（1）提高下肢的爆发能力。

（2）提高人体的跳跃连续性。

5．**训练提示**

（1）当跨出箱面时，不能向下走或者向上跳，否则会改变练习的高度。

（2）尽量减少接触地面的时间，提高箱跳高度，可以增加强度。刚开始训练时，跳箱高度可采用 15 厘米。

（3）箱间距离依据经验与能力而定，距离越远，强度越高。刚开始训练时，箱与箱之间相距 61 厘米。

6. **训练设备**

跳箱 2 个，高度为 30~107 厘米。

图 7-37 跳深

二十五、下跳箱直角变向冲刺（见图 7-38）

1. **训练目标**

锻炼股四头肌、腘绳肌、臀大肌、比目鱼肌、腓肠肌。

2. **准备动作**

站在箱上，保持舒适的站立姿势，两脚与肩同宽，脚尖靠近跳箱前沿。

3. **动作执行**

（1）单脚跨出箱面。

（2）双脚落地，落地前同伴指出向左或者向右的手势（可采用随机手势训练运动员的反应速度）。

（3）跳起着地后，立刻冲向同伴所指的方向。

4. **训练应用**

（1）提高下肢的爆发能力。

（2）增强反应速度以及变向能力。

5．训练指示

（1）当跨出箱面时，不是向下走或向上跳，否则会改变练习的高度。

（2）尽量缩短接触地面的时间。

（3）提高跳箱高度可以增加强度。刚开始训练时，跳箱高度可采用 30 厘米。

6．训练设备

跳箱（高度为 30～107 厘米）。

（a）

（b）

（c）

图 7-38　下跳箱直角变向冲刺

二十六、下跳箱单腿纵跳（见图 7-39）

1．训练目标

锻炼股四头肌、腘绳肌、臀大肌、比目鱼肌、腓肠肌。

2．准备动作

站在箱上，保持舒适的站立姿势，两脚分开与肩同宽，脚尖靠近跳箱前沿。

3．动作执行

（1）跨出箱面。

（2）单脚着地。

（3）着地后，立刻用落地的脚尽力跳到最高。

4. 训练应用

（1）提高下肢的最大爆发能力。

（2）增强单侧下肢的稳定性。

5. 训练提示

（1）当跨出箱面时，不能向下走或者向上跳，否则会改变练习的高度。

（2）尽量缩短接触地面的时间。

（3）提高跳箱的高度可以增加强度，刚开始训练时，跳箱高度可采用30厘米。

（4）下跳箱单腿纵跳是高级的跳深动作，只有具备前述各项跳深经验与能力者才能进行练习。

6. 训练设备

跳箱（高度为30～107厘米）。

（a）

（b）

（c）

图7-39 下跳箱单腿纵跳

二十七、下跳箱后180度转体（见图7-40）

1. 训练目标

锻炼股四头肌、腘绳肌、臀大肌、比目鱼肌、腓肠肌。

2. 准备动作

站在箱上，保持舒适的站立姿势，两脚分开与肩同宽，脚尖靠近跳箱前沿。

3. 动作执行

（1）单脚跨出箱面。

（2）双脚着地。

（3）着地后，立刻起跳做 180 度的旋转，面向跳箱。

4. 训练应用

（1）提高下肢的爆发力。

（2）增强身体旋转的能力。

5. 训练提示

（1）当跨出箱面时，不能向下走或者向上跳，否则会改变练习的高度。

（2）尽量缩短接触地面的时间。

（3）提高跳箱的高度可以增加强度，刚开始训练时，跳箱高度可采用 30 厘米。

（4）下跳箱后 180 度转体是高级的跳深动作，只有具备前述各项跳深经验与能力者才能进行练习。

6. 训练设备

跳箱（高度为 30~107 厘米）。

(a) (b) (c)

图 7-40　下跳箱后 180 度转体

本章小结

增强式训练对绝大多数运动项目的运动员都有不错的训练效果。体能教练要针对运动项目，编排增强式训练的计划，选择与运动员匹配的动作，并根据运动员自身的运动水平设计合理的训练强度以及训练量，同时也需要根据运动员的其他训练内容，与增强式训练的计划进行搭配。

第八章　速度训练与灵敏训练

运动中的速度广义上有很多的表现形式，例如球速、拳速、跑步速度等。本章介绍的速度主要是指运动员获得高速度移动的能力，指人体在站姿状态下重心移动的能力，从表现形式上可以分为启动速度、加速度、最高速度、冲刺速度等。合理的移动技术是影响速度的关键因素，上肢、核心、下肢在运动过程中需协同配合才能达到最佳的运动表现，因此本章的重点是以讲解、示范速度的训练技术动作为主。在复杂多变的竞技运动中除了要求速度快，还需要快速的灵敏反应完成加速、减速、制动、变向等，因为在实际的运动中对人体的需求并非一直是直线运动模式。而要完成身体的快速准确控制，就需要良好的神经反应和技术动作来支撑。本章会从单一的脚步步伐、固定动作模式开始讲解如何提高动作速度，然后结合不同的运动需求，介绍多种信号反应的灵敏训练动作、方法和手段。

第一节　速度训练概述

一、速度的相关概念

速度训练是指通过训练，运动员能够获得高速移动的能力和技术。体能训练中速度其实是指运动员在执行不同特定运动任务时力量的合理利用，以启动速度、加速度、最高速度、冲刺速度等形式表现出来。

通过物理学的分析我们知道，物体加速度越大，单位距离移动达到的最大速度就越大，所需时间就越短。但对于人体的移动来说，通过生物力学分析时就复杂了很多，在移动中任何一个变量的改变都可能影响到速度的运动表现。快速运动中的运动员脚触地的时间在 0.1~0.2 秒，但是获得最大力量需要的时间是 0.6~0.8 秒。因此，要获得更大的移动速度，要看运动员在 0.1~0.2 秒内能够发出多少力。最大力量并非越大越好，要同时考虑力的大小、方向、接触点还有发力率的问题。例如，短跑运动员在跑动中，脚落地时单脚承受的力量要超过体重的 4 倍，因此，这需要运动员经过专门的速度训练，才能避免这种巨大的反作用力限制技术发挥或造成运动损伤。除了力的大小影响外，方向和接触点也很重要。

运动员的有效步幅是指身体重心水平移动的距离而不是脚触地点之间的距离，因此脚的落地支撑点和发力时机就显得特别重要。如果为了增加步幅，就会导致支撑点过度超过身体重心或提前发力而产生制动减速。合理地控制好所有的因素，并产生最佳运动表现，可以说是科学与艺术的一种完美结合。速度与技术是相互关联的，所以在体能训练中要提高运动员的速度表现，就要学会分析速度的诸多影响因素。

二、速度的影响因素分析

对于速度的分析是一个复杂的系统工程，大体上来说需要考虑神经肌肉控制机制、多关节运动形式、供能系统等。例如，通过训练后神经系统能够发送的神经冲动频率高，激活的神经纤维数量多，同步性、协调性更好，因此能够产生更大的力量。

人体的关节控制方面，更多地体现在速度技术方面。通过合理的技术训练更好地完成力从地面到人体动力链的传递，提高力量传递的有效性和合理性，从而提高运动表现，避免运动损伤。例如，核心部位需要尽可能稳定以完成上下肢之间的力量传递，上下肢需要更多的灵活性共同提高步幅和步频。在供能方面，速度训练更依赖磷酸肌酸（ATP－CP）系统的短时供能能力。因此，体能教练安排训练时，要求持续时间短、训练组数少、间歇时间长。

肌肉的纤维类型和收缩特性、肌肉纤维酶的活性等都会对速度有所影响。神经纤维大体可以分为快肌纤维（Ⅱ类）和慢肌纤维（Ⅰ类）两类。一般来说，快肌纤维的比例越高，启动速度、加速度、最大速度表现就越好。肌肉纤维中 ATP 酶的活性越高，纤维收缩速率越快。

速度在运动表现方面体现为反应时间、启动速度、步频、步幅、最大速度等。对于优秀的运动员来说，反应时间越短，启动速度越快。有统计分析，优秀运动员的步幅在 45 米左右达到最大，而初级运动员一般在 25 米左右就达到最大。优秀运动员的步频在 25 米左右达到最大，初级运动员在 10～15 米就达到最大。优秀运动员在起跑后 45～55 米达到最大速度，初级运动员在起跑后 20～30 米就达到最大速度。对于最大速度的表现，步频比步幅的作用更大。

身体力量训练方面，要根据速度训练的特性，注重肌肉伸长—收缩周期的合理训练，其中包括肌肉肌腱的离心拉长弹性储存和神经系统控制下的快速牵张反射。在实际运动表现中，随着速度的提高，脚触地的时间会由开始时的 0.2 秒左右下降到 0.1 秒或以下。此时，力量的产生更多要依赖脚触地的瞬间能够产生的反作用力，因此所有的力量训练要围绕最后能在短时间利用伸长—收缩周期瞬间产生最大冲量进行训练。

第二节 速度训练的方法手段

速度训练大体与抗阻训练相似,都需要有一个训练程序,从而提高训练的可执行性。其训练程序一般包括筋膜整理、动态伸展、弹性伸展、肌肉激活、神经兴奋、快速伸缩复合训练、速度技术训练、力量练习、供能练习、恢复再生这些环节。体能教练可以根据不同运动员的个体差异进行调整训练程序。同时,由于这些内容在其他章节已经介绍过,普适性的训练方法手段在这一章就不再介绍说明。本章针对速度训练的特性,按照循序渐进的原则,介绍部分针对速度的体能训练方法手段。

一、速度训练的肌肉激活

在速度训练中需要肩胛骨和核心部位的稳定控制,髋部屈髋肌群、伸髋肌群的激活。

(一)仰卧登山练习(见图8-1)

图8-1 仰卧登山练习

1. **训练目标**

提高核心区域的稳定控制,激活屈髋肌群。

2. **准备动作**

仰卧在训练垫上,两脚并拢,弹力环套在脚上。

3. **动作执行**

(1)左侧为例,发力方向为左腿屈髋、屈膝、足背屈向头部方向拉弹力带。

(2)动作幅度是左膝尽量向胸前靠拢,然后还原至起始位置,过程中骨盆保持稳定。

(3) 左腿贴近地面、腰腹收紧躯干稳定。

(4) 动作速率为向心收缩 1~2 秒、离心收缩 2~4 秒。

(二) 站姿 (见图 8-2)

1. 训练目标

提高核心区域的稳定控制，激活屈髋肌群。

2. 准备动作

站姿，一只脚立在地面上，另一只脚放于跳箱上。

3. 动作执行

(1) 以左侧腿为例，腿发力向上，屈髋屈膝左脚抬离跳箱，动作幅度向上时左膝尽量向胸前靠拢（见图 8-3）。

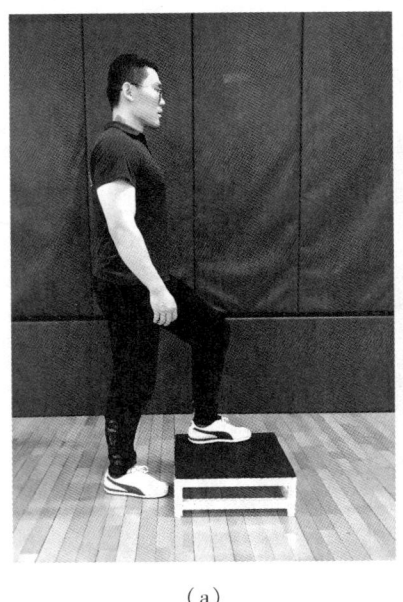 

(a) (b)

图 8-2 站姿

(2) 向下脚靠近跳箱但不能踩踏跳箱。腰腹收紧躯干稳定，骨盆保持稳定避免后倾。

(3) 向心收缩 1~2 秒，离心收缩 2~4 秒。

(三) 抱膝臀桥 (见图 8-3)

1. 训练目标

提高躯干核心区域的稳定控制力，激活伸髋肌群。

2. 准备动作

仰卧、单腿一侧屈膝,双手抱膝尽量靠近胸部、支撑腿屈膝90度角,足背屈地面支撑。

3. 动作执行

(1) 右侧腿为例,发力伸髋使臀部向上抬离地面,动作幅度向上时臀部尽量抬高。

(2) 向下臀部靠近地面但不接触地面。腰腹收紧躯干稳定,骨盆保持稳定、单膝抱紧。

(3) 向心收缩1~2秒,离心收缩2~4秒。

(a)　　　　　　　　　　　　　　(b)

图8-3　抱膝臀桥

二、最大速度的技巧训练

(一) 坐姿摆臂(见图8-4)

1. 训练目标

通过避免与地面接触,训练当手臂经过摆动的最低点时正确的手臂姿势。

2. 准备动作

坐在地上,双腿伸直于前方,手臂在两侧成90度角。

3. 动作执行

(1) 摆动双臂,一只手在身体的前面向上摆至大约与肩同高,另一只手在身体后方超过臀部,双手放松。

(2) 手臂应该作为一个整体移动,肘部弯曲约为90度角。手臂在向前和向后的动作过程中不应越过身体的中线。同时,不要因为摆臂而使身体弹离地面。

(a) (b)

图 8-4 坐姿摆臂

(二) 站姿摆臂（见图 8-5）

1. 训练目的

通过提供关于在静止位置的上肢动作的教学提示，提高跑步技巧和速度。

2. 准备动作

站立姿双脚与肩同宽，双臂在身体两侧，成 90 度角。

3. 动作执行

（1）像冲刺动作那样摆动双臂，一只手在身体的前面向上摆到大约与肩同高，另一只手在身体后面经过臀部。双手放松。

（2）手臂应该作为一个整体移动，肘部屈曲约为 90 度角。

（3）手臂在向前和向后的动作过程中不应越过身体的中线。

(a) (b)

图 8-5 站姿摆臂

（三）原地及向前军步走（见图 8-6）

1. **训练目标**

（1）强化正确的加速技巧和脚步速度。

（2）为继续执行更高级的训练打好基础。

2. **动作执行**

（1）军步走时使用正确的姿势和手臂动作。

（2）抬高一侧腿的膝关节，并保持完全弯曲，同时保持脚踝背屈接近臀部。

（3）当抬起一侧腿的膝关节在最高点时，对侧的支撑脚应强调跖屈。

图 8-6　原地及向前军步走

（四）原地垫步及垫步走（见图 8-7）

1. **训练目标**

强化摆臂和抬腿的高度及位置，提高跑步节奏。

2. **动作执行**

（1）进行垫步时使用正确的姿态和手臂动作，高抬起一侧腿的膝盖，并保持完全屈曲，同时脚踝保持背屈并接近臀部。

（2）腿抬起的动作强调在军步走中所使用的高位姿势。上身始终保持直立、稳定的姿势。

（3）脚落地时应该轻力，但要有爆发力，强调踝关节肌肉的收缩。注意脚不要猛撞到地上。

图 8-7　原地垫步及垫步走

（五）侧扶墙训练（见图 8-8）

1. 训练目标

模拟高速冲跑下的摆臂、摆腿动作，更好地理解高速冲跑的动作模式。

2. 准备动作

（1）身体姿态与军步训练完全一致，需要用一侧手外展抬起扶墙。

（2）将对侧手和腿抬起至军步训练同样高度，保持足背屈。

3. 动作执行

（1）进行训练时模拟真实跑步动作进行摆臂和摆腿，避免脊柱出现其他不必要的动作，保持脊柱核心稳定。

（2）抬起腿的前脚掌拉动到支撑腿的脚后跟位置时，迅速收腿并足背屈，回到起始姿态。

图 8-8　侧扶墙训练

（六）踩水训练（见图 8-9）

1. **训练目标**

充分掌握高速奔跑时髋膝踝的联动及"车轮跑"的概念。

2. **动作执行**

（1）分三个不同高度训练，模拟双脚置于一片水流中，分别在踝关节高度、小腿中段高度、膝关节高度进行运动。

（2）需要髋、膝、踝进行良好的屈伸配合。在此训练中应注意踝关节的背屈与跖屈运动。

图 8-9　踩水训练

（七）蹬伸步（见图 8-10）

1. **训练目标**

若运动员无法良好地掌握"车轮跑"的概念，可用此训练进行改善。

2. **动作执行**

（1）类似格斗技术中的"正蹬"动作，但在进行时避免脊柱出现不必要的多余动作，保持脊柱核心稳定。

（2）髋、膝、踝在初始位置尽可能做屈曲，随后向前向下做髋、膝、踝的伸展，并以前脚掌接触地面，随后换腿进行。

(a)   (b)

图 8-10　蹬伸步

(八) 踢臀跑（见图 8-11）

1. 训练目标

提高脚步速度，改善收腿不及时的问题。

2. 动作执行

（1）从慢跑开始，将小腿的脚后跟向上拉，从臀肌反弹回来。

（2）在屈腿踢臀时，膝关节应该向前向上踏蹬，做车轮运动。

(a)   (b)   (c)

图 8-11　踢臀跑

三、加速的技巧训练

（一）正面扶墙训练（静态稳定及军步）（见图8-12）

1. **训练目标**

强化在加速过程中正确的身体姿态。

2. **动作执行**

（1）双脚以前脚掌支撑站立，以45~60度角靠墙，用双臂支撑身体。

（2）保持身体直立和收紧，屈髋屈膝，抬高一侧大腿，与身体形成90度夹角，踝关节背屈。

（3）先进行等长对抗的训练，由体能教练进行不同部位和角度的推动，运动员收紧全身进行对抗。

（4）保持姿态进行缓慢的交替换腿军步，体能教练应注意运动员抬起的腿部不应过高。

图8-12 正面扶墙训练

（二）扶墙进阶训练（爆发力蹬伸）（见图8-13）

1. **训练目标**

强化加速阶段的蹬伸模式。

2. **动作执行**

（1）与扶墙训练的身体及动作姿态一致，但需要运动员进行全力的蹬抬腿。

（2）在该训练中由体能教练给出指令，例如"1，2，1，2"；也可由1次指令蹬踏

1次变换到1次指令蹬踏数次。

（3）应注意抬腿不要过高，并且脊柱保持中立位。

图8-13 扶墙进阶训练（爆发力蹬伸）

（三）前倒加速训练（见图8-14）

1. **训练目标**

强化加速阶段的动作模式，身体呈前倾姿态。

2. **动作执行**

（1）双腿与髋同宽，保持良好姿态，正常站立位。

（2）重心缓慢向前移动，做出前倒姿态。

（3）当前倒至自身控制能力最大幅度时，迅速摆臂收腿，并向前加速冲出。

(a) (b)

图8-14 前倒加速训练

（四）俯卧加速训练（见图 8-15）

1. 训练目标
强化加速阶段的动作模式，身体呈俯卧姿态。

2. 动作执行
（1）俯卧姿态准备。
（2）快速起身，重心向前倾倒。
（3）迅速摆臂收腿，并向前加速冲出。

(a)　　　　　　　　(b)

图 8-15　俯卧加速训练

（五）雪橇车训练（见图 8-16）

1. 训练目标
强化加速阶段的动作模式，身体呈前倾姿态，同时可以加强冲跑力量，提升步幅。

2. 动作执行
（1）身体前倾与地面形成 45～60 度夹角，保持脊柱中立状态，双手握住竖杆屈肘。
（2）与扶墙训练动作一致，进行缓慢的蹬地向前动作。
（3）其间注意髋、膝、踝的动作，以及抬腿高度不宜过高。
（4）可逐渐加快动作，前提是动作幅度到位，不变形。

图 8-16　雪橇车训练

四、步幅提升技巧训练

(一) 滑车负重冲刺训练 (见图 8-17)

1. 训练目标

提高冲跑力量,增大步幅。

2. 动作执行

(1) 绑上负重滑车或轮胎,拖动 5~15 米。

(2) 强调正确的冲刺技巧,负重不宜过重(不应超过体重的 10%~13%)。

(二) 阻力带冲刺训练 (见图 8-18)

1. 训练目标

提高冲跑力量,增大步幅。

2. 动作执行

(1) 需要有搭档辅助进行训练,强调正确的冲刺技巧。

(2) 搭档给予的阻力不应过大。

图 8-17 滑车负重冲刺训练

图 8-18 阻力带冲刺训练

五、步频提升技巧训练

(一) 下坡跑 (见图 8-19)

1. 训练目标

提高最大速度和步频。

2. 动作执行

(1) 寻找坡度为 3~7 度的下坡或可以调节下坡的跑步机。

(2) 坡度不宜过大，否则会导致步幅过大产生减速。

(3) 强调最佳的最大速度技巧，但需要防止跌倒受伤。

图 8-19　下坡跑

(二) 助力跑（见图 8-20）

1. 训练目标

提高最大速度和步频。

2. 动作执行

(1) 体能教练在运动员前方足够远的距离手持具有弹力的助力带（长度为 10~20 米）。

(2) 在发出起跑指令后，体能教练同运动员一同起跑，提供长时间的辅助。

图 8-20　助力跑

（三）释放跑（见图 8-21）

1. **训练目标**

提高加速力量和步频。

2. **动作执行**

当运动员尝试加速的时候，体能教练给予一定的阻力，随后快速释放腰带。

图 8-21　释放跑

六、多方向速度技巧训练

（一）侧向原地军步及军步走训练（见图 8-22）

1. **训练目标**

（1）强化正确的侧向加速技巧和脚步速。

（2）掌握侧向军步走训练，为继续执行更高级的训练打好基础。

2. 动作执行

（1）侧向军步走时使用正确的姿势和手臂动作。

（2）抬高一侧腿的膝关节，并保持它完全弯曲，同时保持脚踝背屈；当抬起一侧腿的膝关节在最高点时，对侧的支撑脚应强调跖屈。

（3）向任意方向移动时，对侧腿部进行髋膝踝充分蹬伸（例如，**身体往左侧移动时，靠右侧腿部发力**）。

（4）进阶训练为垫步走（与向前垫步走技术一致）；该训练可以在腰部进行弹力带负重，前提是无负重时无技术问题。

图 8-22 侧向原地军步及军步走训练

（二）侧向交叉军步及垫步训练（见图 8-23）

1. 训练目标

建立基础的侧向交叉步移动动作模式，有助于为进行后期灵敏训练打好基础。

2. 动作执行

（1）与侧向军步走及垫步走动作要领几乎一致。

（2）在侧向行进时，对侧腿抬起朝同侧方向腿前方落下。

（3）该训练可以在腰部增加弹力带负重，前提是无负重时无技术问题。

（a）　　　　　　　　　　　　（b）

图 8-23　侧向交叉军步及垫步训练

（三）侧向扶墙训练（见图 8-24）

1. 训练目标

侧向移动的动作模式及发力练习，强化侧向发力（冠状面发力）。

（a）　　　　　　　　　　　　（b）

图 8-24　侧向扶墙训练

2. 动作执行

（1）可选择内侧腿或外侧腿作为训练重点，与墙面形成 60 度角站立，用一侧手扶住墙面。

（2）训练中始终保持脊柱中立，注意当进行内侧腿支撑时不要同手同脚。

（3）在进行动作时，支撑腿随着对侧腿的伸展进行髋膝踝的屈曲，随后向前发力蹬伸完成动作。

（4）该训练可以在腰部增加弹力带负重，前提是无负重时无技术问题。

第三节 灵敏训练概述

一、灵敏的相关概念

灵敏被认为是人体的一种综合协调能力。运动员的灵敏能力主要体现在能够根据外部的刺激信号处理信息及快速地做出适当的反应。动作灵敏包括身体的快速移动、变向、变速，或是快速地执行相应的运动任务以达成运动目标，这就需要运动员除了具备一定的身体素质之外，还需要有较高的运动认知能力。

灵敏训练受运动员协调能力的影响较大，而影响一个人协调性的因素，与执行动作任务时的各种能力及运动认知能力有关。这包括：运动员通过观察和预判情况组织反应动作顺序的能力；平衡性在稳定状态下执行运动指令；能够在时间和空间上合理定位；对不同的刺激能够做出合理快速的反应；能够对动作进行合理、经济、有节奏的控制。以上提到的诸多能力都与神经系统密切相关，并且协调能力的发展有一定的发展敏感期，一般认为在青春期的协调能力的可训练程度最大。

灵敏性有多种分类形式，从普遍性与特殊性方面分类，可以分为一般灵敏性和专项灵敏性。例如，在一般手眼灵敏测试表现中表现优异的运动员，一般灵敏性能够更好地转化为多种专项灵敏性；而在特定专项中灵敏性表现优异，未必说明其一般灵敏性就好，可能是长期的特定动作、环境训练形成的动作定型和条件反射造成的。从运动环境方面划分，可以分为闭合性技能环境与开放性技能环境两种。闭合性技能环境说明动作是固定的、环境是稳定的、可预知的；开放性技能环境就与之相反。例如，体操、花样滑冰等艺术表现类展现的灵敏性就属于闭合性技能；橄榄球、篮球、搏击等对抗类就属于开放性技能。一般来说，开放性技能对于一般性灵敏性的要求更高。

二、灵敏性的影响因素分析

1. 速度

我们一般认为灵敏性是越快越好，那么灵敏性是不是就是速度的另外一种表达呢？事实上大多数的研究表明，速度和灵敏性之间的关联度并不高，也就是说直线速度快未必代表灵敏性好。因此，速度训练和灵敏训练往往是分开进行的。由于灵敏性任务在执行中涉及的因素除了启动、加速、减速与最大速度之外，还要求有变向、速度变化、重新定位的能力。

2. 力量

力量对于人体的运动能力是至关重要的，但是对于不同的能力素质需要的力量形式却有较大的差异。对于爆发力表现来说，绝对力量就显得很重要。因此，铅球运动员的最大力量越大，获取优异的成绩越有优势。对于灵敏性来说，相对力量比绝对力量更重要；离心收缩的力量相对于减速和变向能力与速度而言更加重要。

3. 运动形式

灵敏训练更加关注多关节运动、单腿支撑的能力。因此，在训练中要侧重全身性多关节训练，特别是身体斜对角的力量传递。训练中注重单脚支撑和有稳定性挑战的平衡性训练。灵敏动作很多都是在动态状态下完成的，因此，对于肌肉的快速伸长收缩能力的要求更高。

4. 信息处理能力

运动员在运动过程中需要先通过自己的感官系统完成信息的快速输入，例如视觉（反应时间 180~200 毫秒）、听觉（反应时间 140~160 毫秒）、本体感觉（反应时间 120~140 毫秒）等。然后根据输入的信息快速进行处理制定出对应的身体运动策略，并能够快速准确地执行相应的运动指令。运动经验的积累会提高运动员的预判能力，这对于灵敏性的提高也是非常重要的。

运动员的信息处理模式如图 8-25 所示。刺激输入的关注点会影响准确的反应，例如有经验的运动员会关注对手步伐，而不会被他们躯干的假动作蒙蔽。根据西克法则（Hick's law），信息输入的数量与反应速度成反比。同样，信息输入根据已存储的信息模式进行处理，那么反应的准确性和速度都会有明显提升。因此，同样的灵敏性内容通过反复训练后，能够提高灵敏性表现。这便是专业运动员会比非专业运动员灵敏性表现更好的原因。

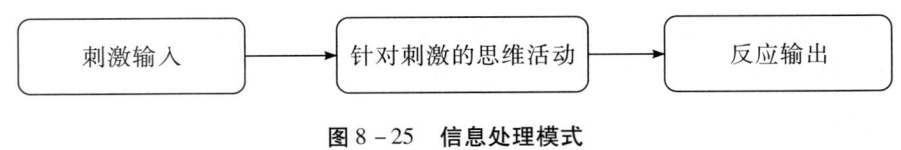

图 8-25 信息处理模式

5. 唤醒水平

唤醒水平是指运动员神经系统整体的兴奋水平，这对于信息的准确处理和任务的完成至关重要。根据倒 U 形理论，唤醒的水平过高或过低都不会出现较好的反应表现。如果唤醒水平过低，会造成注意力不集中，容易被无关因素影响；如果唤醒水平过高，会造成注意力窄化，忽略很多关键信息。因此，灵敏的表现并不是非常稳定的，会随着表现者的唤醒水平有很大的变化。

第四节 灵敏的训练方法手段

在了解了灵敏的基本概念和影响因素后,体能教练可以根据不同运动员的专项需求,安排针对性的灵敏训练。根据灵敏的信息处理原理,体能教练安排训练时可以按照这样一个顺序进行。

初级阶段安排特定的技术和身体位置姿态训练,并对专项需要的动作模式和特定运动形式进行训练。目标是提高动作控制的准确性、提高动作储备,从而能够在专项中提高灵敏表现。

中级阶段结合更加复杂的动作模式进行训练。把初级的动作模式进行串接(这其中会涉及一些动作的过渡技巧训练),提高身体的结构姿态、力量、爆发力,提高每种动作模式的表现。

高级阶段进行信息输入反馈模式进行训练。可以采用多种信号输入,引发特定动作反应(刺激的输入可以是固定的也可以是开放随机的),最后模拟特定的专项或比赛环境进行灵敏训练。

一、固定动作模式训练

(一)竞技姿态(见图 8-26)

1. **训练目标**

运动员在身体产生移动之前具备合理的身体姿态控制能力,提高反应速度和减少运动损伤。

2. **动作执行**

(1)双脚打开,比肩略宽,脚尖向前,屈髋屈膝为 90 度角,膝关节与脚尖同向,背部平直,双眼正视前方,肘关节屈肘 90 度角置于体侧。

(2)在静态维持的基础上,由体能教练从各个方向干扰运动员的身体姿态,让运动员能够更好地感受身体的稳定性。

(3)根据口令做重复性的前后左右和斜 45 度角的一步跨步移动训练,然后还原到起始姿态。

(4)开始动作前提前让腰腹部肌肉收缩,维持姿态稳定。

(a)　　　　　　　　　　　　(b)

图 8 - 26　竞技姿态

(二) 前后移动与制动

前后移动与制动包括离心制动测试和向前、向后移动与制动两项训练。

1. **训练目标**

提高矢状面的移动能力和制动能力。

2. **动作要求**

制动练习时离心力量的要求比较高，在做制动训练之前可以先做离心制动能力测试，看是否具备一定的离心制动能力。

3. **动作执行**

离心制动测试（见图 8 - 27）

(1) 站立于跳箱（膝高度）上，向前自然迈一步下落，观察落地时的身体姿态控制，正确的姿势应与竞技准备姿势相同。

(2) 保持腰背挺直，头、肩、髋呈一条直线，膝关节屈膝与脚尖同一方向，髋、膝、踝在一个平面内。

(a)　　　　　　　　　(b)　　　　　　　　　(c)

图 8-27　离心制动测试

向前移动与制动（见图 8-28）

（1）向前移动的技术要求与速度训练相同，向前制动时，保持腰背挺直，重心下降。

（2）向前迈步超过身体的重心垂直点，屈髋屈膝离心制动，加大步频，缩小步幅。

（3）脚跟先落地过渡到前脚掌，最后静止控制采用前后弓步姿态停止，重心落在两腿中间。

（4）向前移动时 1/2 全速在三步内制动完成，3/4 全速在五步内制动，全速移动在七步内制动。

(a)　　　　　　　　　　(b)

图 8-28　向前移动与制动

向后移动与制动（见图 8-29）

（1）后退时两眼平视前方，躯干保持腰背挺直，上肢摆臂与前进移动相同。

（2）退时的重心比前进时更低，躯干与地面约成 45 度角，向后移动时主要利用伸膝来完成。

（3）移动中保持重心稳定在同一高度，前脚掌先触地滚动到脚跟，保持髋、膝、踝在一个平面内。

（4）移动的特点为步频快、步幅小。

（5）向后移动减速制动，保持重心高度不变，躯干稳定，降低步频，加大步幅，快速减速制动，静止动作为前后弓步姿态，重心置于两脚中间。

（6）在整个训练中，收缩腰腹肌肉，避免弯腰弓背。

(a)　　　　　　　　　　　　(b)

图 8-29　向后移动与制动

（三）180 度转向（见图 8-30）

1. **训练目的**

让运动员在学会制动技术的基础上掌握变向技术。

2. **动作执行**

（1）动作开始向前加速移动，减速时与前进制动动作相同，在最后一步完成制动时，脚掌转 90 度角，外侧先触地。

（2）保持髋、膝、踝呈一条直线，此时保持两眼平视原前进方向，然后降低重心，跟进腿全脚掌触地，增加支撑面积。

（3）姿势为侧弓步完成完全制动，重心落在内侧脚上，然后转头面向要移动的方向，交叉步加速转向相反方向。

（4）头要在合适的时机转向正确的方向。

（a） （b） （c）

图 8-30　180 度转向

二、动作模式的连接技术

（一）重心变换

重心变换包括前后移动、左右移动、转体 180 度、复合训练。
1. **训练目标**
控制身体重心的快速移动变化。
2. **动作执行**
前后移动（见图 8-31）

两脚前后跳跃跨过直线，双脚熟练后变换为单脚，然后晋级到前后跨越加侧向移动。

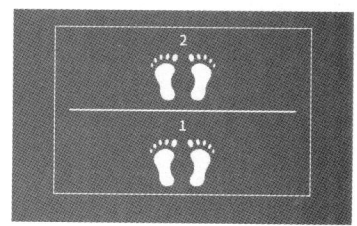 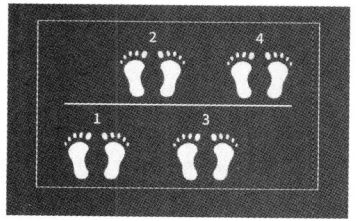

图 8-31　前后移动

左右移动（见图 8-32）

双脚左右跳跃跨过直线，双脚熟练后改用单脚练习，然后晋级到左右跨越前后移动。

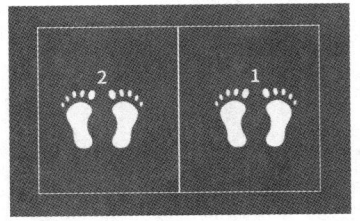
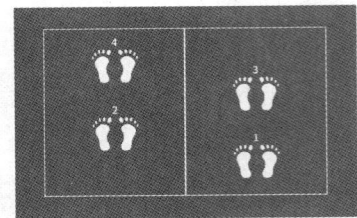

图 8-32　左右移动

转体 180 度（见图 8-33）

踩在直线上空中跳转 180 度落地，熟练后晋级到跳转 180 度左右移动。

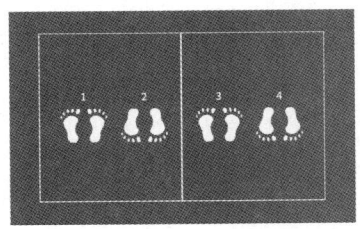

图 8-33　转体 180 度

复合训练（见图 8-34）

（1）在重心合理控制后可以改变跳跃的图形，采用五点训练法等，增加重心变换的难度和趣味性。

（2）动作过程中保持核心的稳定控制，头部保持中立位。

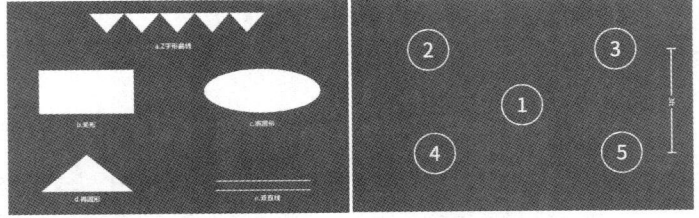

图 8-34　复合训练

（二）快速移动步伐

快速移动步伐包括失状面移动步伐、冠状面移动步伐、变向移动训练。

1. 训练目标

发展脚步的快速移动，提高身体控制能力。

2. 动作执行

失状面移动步伐（见图 8-35）

（1）失状面移动步伐，单脚逐格迈步。

（2）双脚逐格迈步。

（3）跳格子。

（4）"之"字跳。

（5）前进后退跑，1 号标志筒出发向前移动到 2 号标志筒，然后快速后退到 1 号标志筒，重复往返训练。

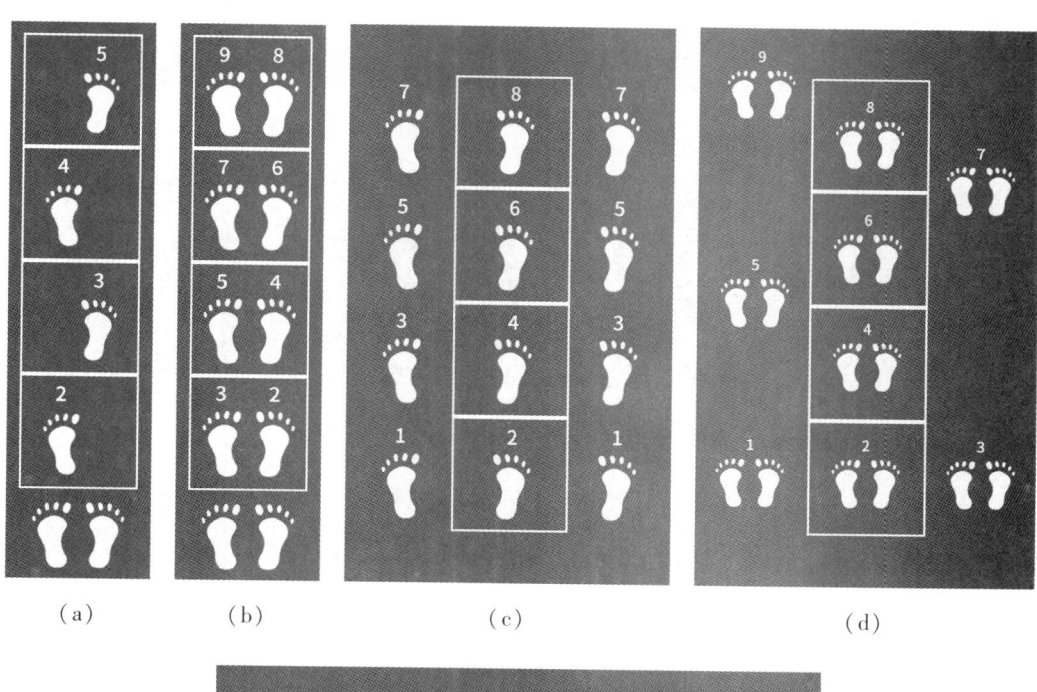

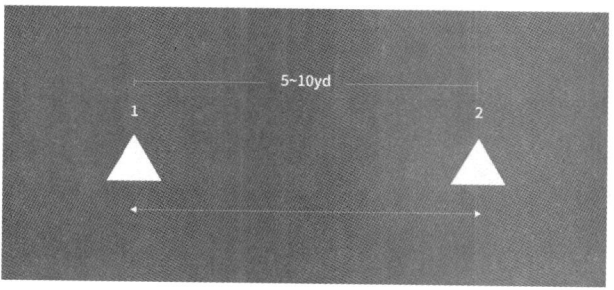

图 8-35 失状面移动步伐

冠状面移动步伐（见图8-36）

（1）侧向逐格移动。

（2）转髋侧向移动。

（3）双脚侧向迈进迈出。

（4）交替步侧向移动。

（5）侧向并步移动，1号标志筒出发向右移动到2号标志筒，然后快速向左移动到1号标志筒，重复往返训练。

（6）交叉步侧向移动，移动路线同侧向并步移动。

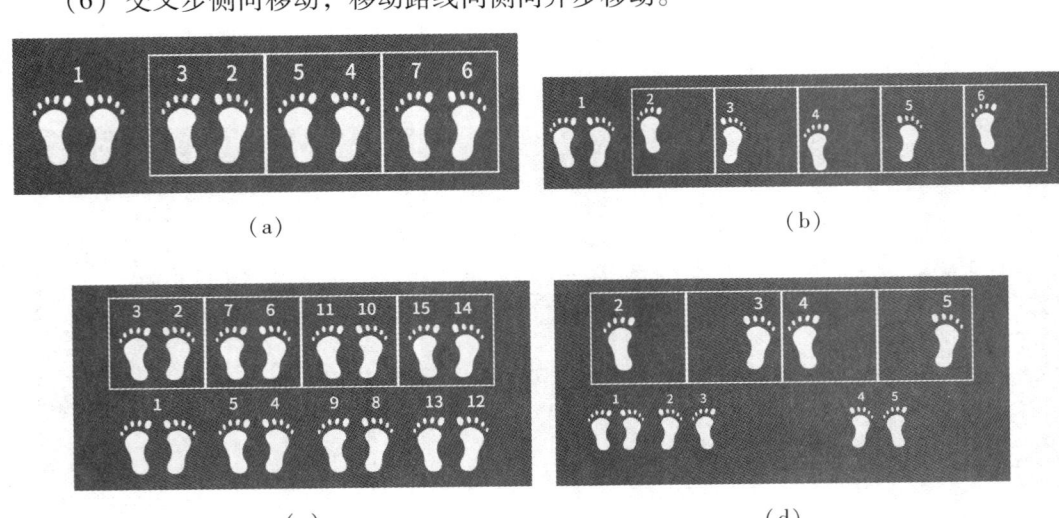

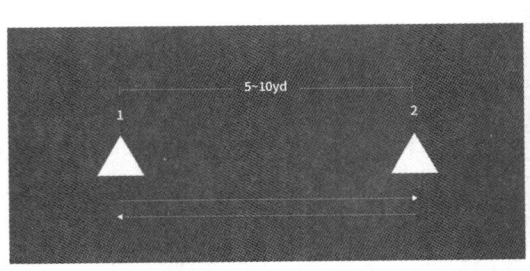

图8-36 冠状面移动步伐

变向移动训练（见图8-37）

（1）180度转体训练：面向2号标志筒竞技准备姿态站立，开始直接跑向1号，在

1号处转体180度跑向3号，然后在3号处转体180度冲刺通过2号结束。

（2）90度急转变向：站在1号标志筒处面向2号起跑，在2号处快速转体90度转向3号，冲刺过3号结束。

（3）T形训练：站在1号标志筒面向3号，从1面跑向3号，然后侧向并步移动到2号，到达2号并步折返到4号，到达4号后并步折返到3号，然后从3号后退跑到1号结束。

（4）正方形环转训练：站在1号标志筒面向2号出发，到达2号后顺时针环绕2号一周，然后依次环绕经过3号和4号，返回1号。

（5）星形移动训练：运动中保持一直面向中心5号标志筒，从1号开始，前进到5号后退回1号，侧向移动到2号，相同的模式依次通过2、3、4号筒后移动返回1号。

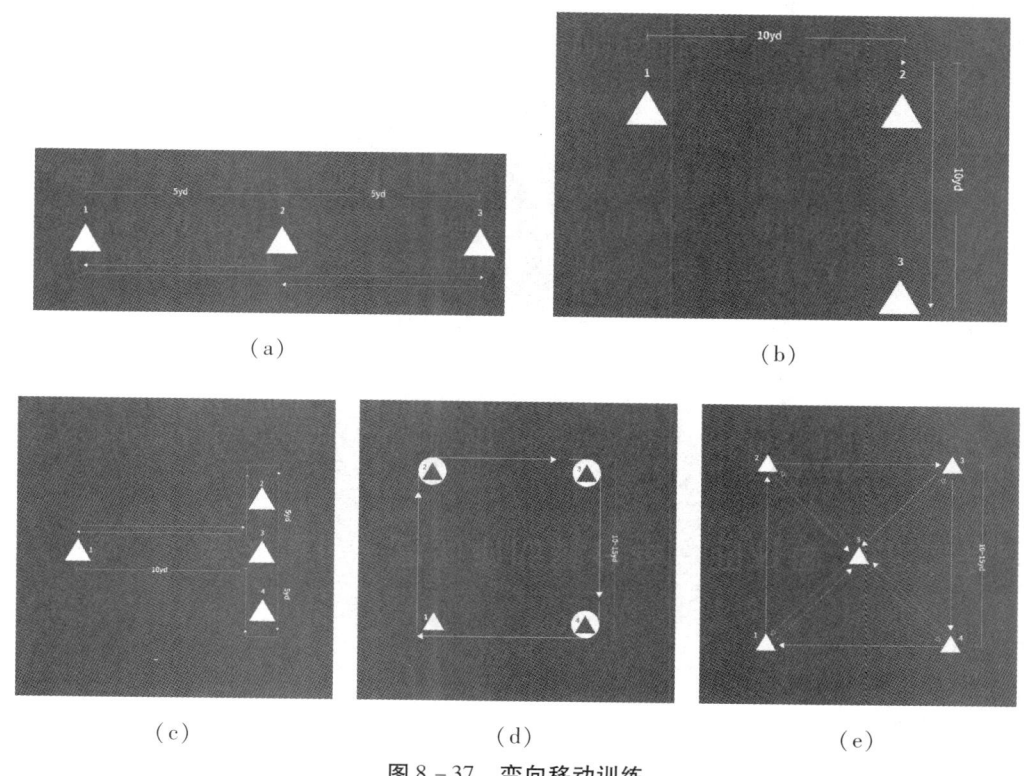

图8-37 变向移动训练

三、信号输入反馈模式

（一）听觉输入反应训练

听觉输入反应训练包括听口令四角移动、听口令变速移动。

1． **训练目的**

提高对声音指令快速反应的能力。

2． **动作执行**

听口令四角移动（见图8-38）

（1）把4个标志筒摆在边长5米的正方形的4个角，运动员以竞技准备姿态站在正方形的正中心，给四个标志筒编号1、2、3、4。

（2）体能教练随机说出1、2、3、4四个号码中的一个，听到口令后运动员快速移动到目标标志筒触摸并返回中心位置。

（3）在运动员返回瞬间，体能教练喊出下一个号码。每组训练10秒，完成2~3组训练。

图8-38　听口令四角移动

听口令变速移动（见图8-39）

（1）地面上间隔20米放两个标志筒1号和2号，运动员以竞技准备姿态从1号出发，然后在1号和2号之间往返跑动。

（2）跑动的速度按照体能教练的指令进行，指令1是指100%全速跑，指令2是指75%全速跑，指令3是指50%全速跑。

（3）体能教练员在运动员跑动中随机变换指令。每组训练10秒，完成2~3组训练。

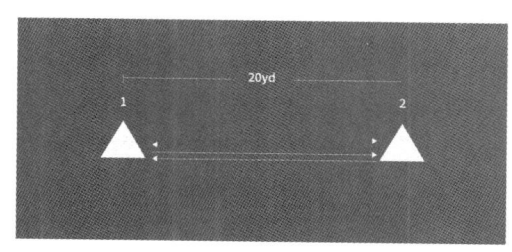

图 8-39 听口令变速移动

（二）视觉输入反应训练

视觉输入反应训练包括快速运动接球、影子游戏、六角球反应训练、拦截游戏、抛硬币游戏。

1. **快速启动接球**（见图 8-40）

（1）训练目的。

通过观察快速做出移动反应。

（2）动作执行。

①体能教练和运动员之间间隔 5 米，体能教练单手持一个网球侧平举与肩同高，运动员面向体能教练以竞技准备姿势站立。

②运动员准备就绪，体能训练随机松手放球，运动员在看到球从体能教练手中下落瞬间，运动员快速起跑，在球第一次落地反弹后把球接住。

③根据运动员的反应能力提高的情况，可加大间隔距离，或者采用体能教练双手持球等形式增加训练难度，必要时，可以改变运动员的起跑姿态。

图 8-40 快速运动接球

2. **影子游戏**（见图 8-41）

（1）训练目的。

提高运动员观察对手移动快速跟进的能力。

(2) 动作执行。

①地面上间隔 10 米放两个标志筒，两个运动员面对面在标志筒中间站立。

②指定 1 个运动员随机在两个标志筒之间左右移动，以此训练另外 1 个运动员的感应跟进能力。

图 8-41 影子游戏

3. 六角球反应训练（见图 8-42）

(1) 训练目的。

训练运动员物体视觉追踪能力，感觉视觉输入快速反应。

(2) 动作执行。

①两人面对面站立，其中 1 个运动员开始单手前平举持球，然后松手让球自然下落。

②下落触地后反弹（六角球的反弹方向会随机变化），两个运动员尽可能快速抓住球。

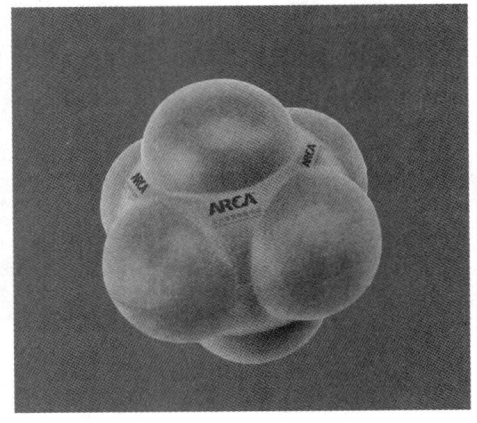

图 8-42 六角球

4. 拦截游戏（见图 8-43）

（1）训练目的。

感觉对手的移动快速反应做出阻挡。

（2）动作执行。

①在地面放 4 个标志筒，2 个为起点线，2 个为终点线，两者距离 20 米。

②进攻队员从起点起跑，目标是到达终点，防守队员目标在中间进行阻挡，但是要求两人不能发生身体接触，只能通过身体的快速移动来预判进攻队员的跑动路线进行阻挡。

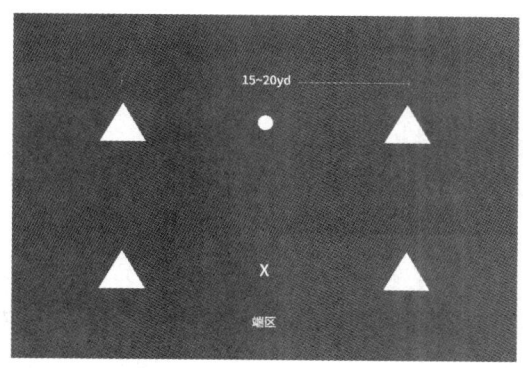
（a）

（b）

图 8-43 拦截游戏

5. 抛硬币游戏（见图 8-44）

（1）训练目的。

根据视觉信息快速做出判断的能力。

（2）动作执行。

①两人面对面以竞技准备姿态站立，在两人的后方 20 米处各摆放一个标志筒，其中一人拿一枚硬币，然后两人选择一面作为各自的启动信号。

②例如 A 队员选择正面，抛出的硬币落地后如果是正面就追对方，对方 B 队员看到正面就快速地转体向后跑。

③如果 B 队员在通过后方的标志筒前，没有被 A 队员触碰到，那么 B 队员就胜利。重复 6~10 次游戏为一组。

(a)　　　　　　　　　(b)　　　　　　　　　(c)

图 8-44　抛硬币游戏

本章小结

1. 速度训练

关于速度的体能训练还有很多方法手段，其中对于起跑、加速、最大速度、冲刺的动作技术更多属于速度的专项训练内容，因此在速度的体能训练中就不做赘述了。速度的体能训练目标是达到高步频和理想的步幅，从而提高移动速度。为了更好地达成训练目标，训练过程中需要减小触地时间，同时还要增加触地时的地面反作用力，这就需要严格确保脚的落点位置处于重心下方，降低制动力，加快摆动腿的后摆速度。在力量训练的时候需要注意肌肉的均衡发展，发展动力肌群力量，同时提高稳定肌群力量，特别是膝关节位置的稳定控制。髋关节屈肌、伸肌、外展、内收肌群之间的力量保持在合理的比例范围，避免由于肌肉发展不均衡造成运动损伤。

2. 灵敏训练

对于灵敏训练方法的选择，要根据专项的特点和运动员的个人情况进行。为了能够更好地把灵敏训练转化为专项的运动表现，需要首先明确训练的专项性和动作的迁移。对于专项的灵敏训练要明确专项的能量供应系统、动作模式、动作的速度及运动形式等，然后从已有的训练方法和手段中选取与专项相似的动作训练，因为动作越相似，运动技能的迁移效果就越好。

在制订灵敏训练的计划时，建议通过以下的顺序进行。首先，让运动员具备良好的身体控制能力和一定的力量基础，以及正确的动作模式和姿态控制能力；其次，进行相应的步伐训练、反应灵敏训练、变向能力训练；最后，在具备了一定的动作模式储备的基础上，结合外部的反应信号，让运动员学会快速地决策和执行正确的运动指令。随着运动员灵敏训练的不断增加，反应时间会逐渐缩短，可以较好地提高运动员的比赛意识和决策能力，同时也能不断地提高运动员的预判能力。

第九章　奥林匹克举训练

奥林匹克举作为传统的力量训练，一直被广泛应用在多种运动项目的体能训练中。由于奥林匹克举动作中踝、膝及髋关节同时伸展发力的特点与垂直跳、冲刺和变向运动具有高度相似性。同时奥林匹克举能够提供超负荷刺激，因此它经常被使用作为发展下肢肌群的训练方式。

第一节　奥林匹克举分拆动作

奥林匹克举的抓举及挺举，是十分复杂的训练动作。对力量、爆发力、身体协调、关节活动幅度及技术都有很高要求。因此，体能教练可以通过分拆动作，将复杂动作简化，便于运动员把握训练技术及预防运动受伤。

举重动作可以分拆为：起跳耸肩、悬垂高拉、股骨中立位翻铃/抓举、预蹲翻铃/抓举、膝关节位高翻/高抓、地面位高翻/高抓、地面位翻铃提铃/抓举提铃、膝关节位翻铃提铃/抓举提铃、预备耸肩及股骨中立位提铃。在这些分拆动作中，体能教练可以把动作分拆为提铃及接铃分拆动作。研究认为接铃分拆动作可以训练运动员对抗冲击力的能力，即"吸收"负重的能力；提铃分拆动作可以产生相等甚至更大的力量、速度和功率（见表9-1）。

表9-1　举重动作拆分

接铃分拆动作	提铃分拆动作
股骨中立位翻铃/抓举；预蹲翻铃/抓举；膝关节位高翻/高抓；地面位高翻/高抓	起跳耸肩；悬垂高拉；地面位翻铃提铃/抓举提铃；膝关节位翻铃提铃/抓举提铃；预蹲耸肩；股骨中立位提铃

第二节 奥林匹克举分解动作速度—力量关系

不同的分解动作不但参与活动关节不同、活动幅度也有差异，其动作的速度及能完成的负荷也不同。因此，作为体能教练，可以运用分解动作本身的特点及训练时使用的负荷，提高运动员力量—耐力、次最大力量、最大力量、力量—速度、速度—力量等能力。

图9-1所示为奥林匹克举分解动作速度—力量关系图。横坐标最右端是可以发展最大力量的举重分解动作，因为它们允许使用的负重是最大的。有研究数据显示，股骨中立位提铃、预蹲耸肩、膝关节位提铃和地面位提铃能够使用超过运动员高翻/悬垂高翻或高抓/悬垂高抓1RM的负重，这是由于这些动作中负重的位移相对较小。纵坐标最上端是更具自然弹振性的举重分解动作。研究表明，起跳耸肩和悬垂高拉，较悬垂高翻可产生更高的速度，使用较轻的负重就可以实现爆发力和速度的最大化发展。虽然图9-1所示为一般情况下接铃和提铃分拆动作的力量—速度属性，但每种动作使用的负重可能影响它们在曲线上的位置。例如股骨中立位提铃被认为是可以使用最大负重（可达140% 1RM负荷的高翻负重）的举重分解动作。同一研究也表明，在使用最小负重（如40% 1RM的高翻负重）时，速度是最大的。这意味着通过调整负重，训练动作在速度—力量曲线上的位置是可变的。体能教练可以根据这些分拆动作的特点，在不同训练阶段应用不同的分拆动作，提高运动员在不同阶段所需要的能力。

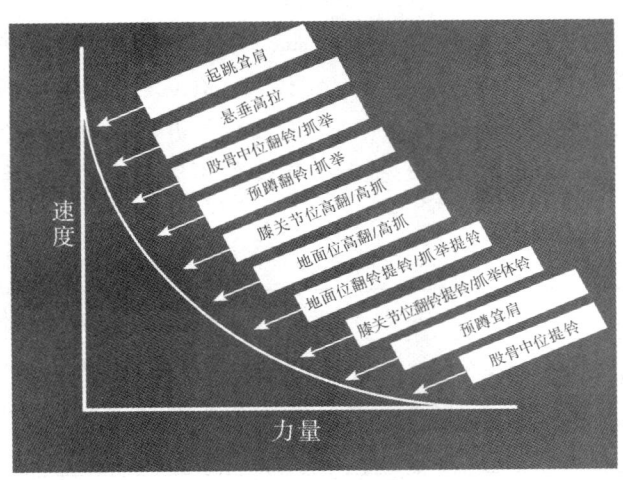

图9-1 奥林匹克举分解动作速度—力量关系

第三节 奥林匹克举分解动作与阶段性力量发展

体能教练根据运动员的水平、训练经验及不同训练周期等，制定抗阻训练目标。目标项目包括：力量—耐力、次最大力量、绝对力量、力量—速度和速度—力量共5个训练期。

一、力量—耐力（strength-endurance）训练期

在力量—耐力训练期可使用包括奥林匹克举提铃分解动作，如地面位、股骨位、膝关节位的翻铃拉/抓举拉，以及采用翻铃/抓举握距的耸肩练习。由于每个训练动作均使用高重复次数、大训练量，体能教练可以考虑采用每组2～5次重复的集群组训练法。例如，进行地面位翻铃提铃/抓举提铃（将每个训练组细划分为若干更小的间歇组，又将10次重复分为两组5次重复，组间休息30秒）练习。通过采用集群组训练法，运动员的技术、力量和爆发力可以存续到之后的训练阶段，从而不仅使运动员能驾驭更大负重，得到更高的做功质量、更强的做功能力，而且方便体能教练利用更多的训练组间歇给予运动员额外的指导反馈。

二、次最大力量（sub-maximal strength）训练期

次最大力量训练期的方法是采用4～6次的动作重复次数和中等重量的负重（通常是80%～90% 1 RM 负荷，提铃分解动作可略高于此），来提高运动员的力量输出及总体力量。针对此训练目标，体能教练应将重点转移到运动员力量输出能力的发展上来。提铃分解动作由于负重位移较小并去掉了接铃环节，因此，使用的负重超过1 RM。地面位、膝关节位、股骨中立位的翻铃提铃/抓举提铃均可以使用超过1 RM 的负重。

三、绝对力量（absolute strength）训练期

绝对力量训练期方法是使用2～3次重复次数和90%～95% 1 RM 负荷，通常使用提铃分拆动作来实现训练目标，帮助运动员需要获得更强的力量输出能力。前几个训练期采用的奥林匹克举分拆动作，如地面位、膝关节位、股骨中立位翻铃提铃/抓举提铃，在绝对力量训练期将继续采用。虽然这些动作可以维持运动员较高的力量输出能力，但包含更快速度特性的其他提拎分拆动作，也可以运用到热身、训练后调整运动

以及较低强度日常训练当中，以维持或提高现有速度—力量水平。这些动作包括悬垂高翻/高抓、高翻/高抓、反向耸肩、反向翻铃/抓举、股骨中立位翻铃/抓举和全程翻铃/抓举。将大负重和中等负重进行组合，既保证了较高的速度，又能使运动员的力量和速度两方面能力同时得到训练，这在绝对力量训练期尤为重要。因为这些训练适应最终将帮助运动员获得神经募集能力、力量输出速率和爆发力的进一步提高。

四、力量—速度（strength-speed）训练期

有大量研究证明，力量输出速率和爆发力是运动员竞技表现两个最重要的因素。力量—速度训练期的目标是进一步提高力量输出速率（rates of force development，RFD）和爆发力，同时维持或提高现有力量水平。体能教练应重视在力量—速度期间维持或继续发展最大力量，因为最大力量决定了运动员包含力量输出速率和爆发力在内的运动表现水平。有研究建议，在力量—速度训练期，应采用大负重和小负重互相组合的奥林匹克举分拆动作，提升力量输出速率和爆发力。但是，此阶段的训练应强调在较高速度下移动相对较大的负重，来提高力量输出速率。图 9-1 中的分拆动作（如股骨中立位翻铃/抓举、反向翻铃/抓举和膝关节位高翻/抓举）可以用来发展力量—速度曲线的纵轴末端部分；而高翻、地面位翻铃提铃/抓举提铃、膝关节位翻铃/抓举提铃以及股骨中位提铃可以发展力量—速度曲线的横轴末端部分。

五、速度—力量（speed-strength）训练期

爆发力可以定义为向心收缩前 0~250 毫秒的力量输出水平。作为弹振性最强的两种奥林匹克举分拆动作，起跳耸肩和悬垂高拉是速度—力量训练期最佳的训练动作。与力量—速度训练期类似，在速度—力量训练期也可以使用大负重和小负重相结合的奥林匹克举分拆动作来提高力量输出速率和爆发力。体能教练应着眼于发展力量—速度曲线的两个末端，可采用股骨中立位、地面位翻铃提铃/抓举提铃以及起跳耸肩和悬垂高拉等分拆动作进行训练。此外，上述训练动作组合可以强化运动员克服负重静止状态惯性和调用牵张收缩循环（如起跳耸肩）的能力。这样的动作组合要求不同程度的神经募集能力，可以有效提升运动员神经冲动、力量输出速率和爆发力水平。在速度—力量训练期，体能教练必须对每个训练动作使用的负重进行认真推敲。

第四节 奥林匹克举训练技术

一、奥林匹克举的技巧

奥林匹克举的握法有环握和锁握。在执行硬拉、深蹲等慢速动作时,建议采用环握(如图9-2所示);执行抓举、翻铃等爆发动作建议采用闭锁式握法(如图9-3所示)。另外,在进行高翻及抓举等训练时,注意调整杠铃握距。翻铃握距是略宽于肩,在膝关节外侧(如图9-4所示);抓举握距比一般训练握举要宽(如图9-5所示),一般体能教练以这两种测量方法。拳头至对侧肩膀距离(运动员肩外展90度、手伸直、运动员握拳头及掌心朝前,体能教练测量由拳头至对侧肩膀距离,如图9-6所示);两侧肘关节距离(运动员肘屈曲、肩外展90度,体能教练测量两侧肘关节距离,如图9-7所示)。当然,以上握距测量仅为普遍的使用方法,体能教练可根据运动员实际情况进行微调。

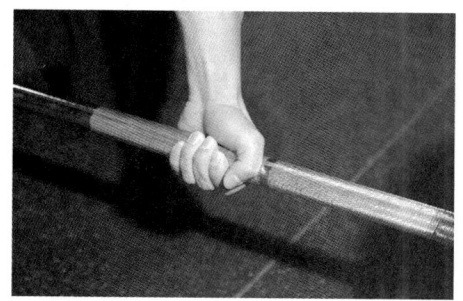

图9-2 环握

图9-3 锁握

图9-4 翻铃握距测量图

图 9 – 5　抓举握距

图 9 – 6　拳头至对侧肩膀距离

图 9 – 7　两侧肘关节距离

二、奥林匹克举训练中的呼吸

奥林匹克举的训练动作多是高速执行，经常采用最大或接近最大负荷，为了避免动作失误需要更好的核心稳定及身体控制，因此常采用瓦尔沙瓦的呼吸方式（详见第六章抗阻训练，第一节第四部分呼吸法则中对瓦尔沙瓦呼吸的介绍）。但如果训练时采用中低强度的负荷，也可使用常规的呼吸方式，即向心阶段呼气，离心阶段吸气的方法，在本节部分，我们将会以奥林匹克硬拉动作为例，介绍瓦尔沙发呼吸的具体操作方式。

（一）前蹲（front squat，见图 9 – 8）

1. 训练目标

锻炼股四头肌、臀大肌、腘绳肌、大腿内收肌群。

2. 准备动作

（1）将杠铃置于深蹲架上适宜高度（高度选择：身体站直无须踮脚即能摘下杠铃杆）。

（2）双手采用翻铃握距（如果出现关节受限，可暂时采用交叉握法持杠），并把杠铃杆置于胸大肌上束及三角肌前束上。

（3）肩关节充分外旋，肘关节尽可能抬高至上臂与地面平行，挺胸并保持脊柱中立，目视前方。

（4）伸髋伸膝抬升杠铃，并往后退 1~2 步。

（5）双脚与肩同宽，脚尖外旋 15~25 度角，并使膝关节对准脚尖方向。

3. 动作执行

（1）吸气，屈髋屈膝，躯干尽可能与地面垂直。

（2）保持脚跟紧贴地面，膝朝脚尖方向。

（3）下蹲至骨盆出现后倾位置之前，或达到大腿与地面平行停止。

（4）呼气，伸膝伸髋（等比例进行）使身体回到站立位置。

（5）身体完全站直，臀部收紧，骨盆及脊柱处于中立位，膝关节自然伸直。

（6）在整个动作执行过程中，躯干尽可能垂直地面，骨盆及脊柱处于中立位，上臂与地面平行。

4. 训练提示

（1）脊柱保持中立位，避免抬头、弓背、腰椎失去生理弯曲等不良身体姿态的现象。

（2）避免膝盖内扣，应对准脚尖方向。

（3）下蹲过程中，避免俯身角度过大导致腰椎压力增加。

（4）避免肘关节过低，增加肩部及手腕压力。

(a)　　　　　　　　(b)　　　　　　　　(c)

图 9-8　前蹲

(二) 背蹲 (back squat, 见图 9-9)

1. 训练目标
锻炼臀大肌、股四头肌、腘绳肌、大腿内收肌群。

2. 准备动作
(1) 将杠铃置于深蹲架上适宜高度（高度选择：身体站直无须踮脚即能摘下杠铃杆）。

(2) 双手握距略比肩宽，环握在杠铃杆对称的位置上，并把杠铃杆置于斜方肌上。

(3) 肩关节充分外旋，挺胸并保持脊柱中立（包括颈椎段），收紧背部肌肉，保持肩胛骨稳定。

(4) 伸髋伸膝抬升杠铃，并后退 1~2 步。

(5) 双脚与肩同宽，脚尖外旋 15~25 度角，并使膝关节对准脚尖。

3. 动作执行
(1) 吸气，同时屈髋屈膝，有控制地使臀部向下。

(2) 下蹲至骨盆即将出现后倾位置，或大腿与地面平行时停止。

(3) 底端位置动作标准：躯干与小腿趋于平行，骨盆及脊柱处于中立位。

(4) 呼气，同时伸膝伸髋使身体回到站立位置（动作准备时姿势）。

(5) 身体完全站直，臀部收紧，骨盆及脊柱处于中立位，膝关节自然伸直。

(6) 在整个动作执行过程中，躯干尽可能垂直地面，骨盆及脊柱处于中立位，肘关节尽量与躯干平行。

4. 训练提示
(1) 杠铃应放在斜方肌上，而不是放在颈椎上。

(2) 保持脊柱中立位，避免抬头、弓背、腰椎失去生理弯曲等不良身体姿态的现象。

(3) 避免膝盖内扣，应对准脚尖方向。

(4) 下蹲过程中，避免俯身角度过大导致腰椎压力增加。

(a) (b)

图 9-9 背蹲

（三）过头蹲（overhead squat，见图 9-10）

1. 训练目标

锻炼臀大肌、股四头肌、腘绳肌、大腿内收肌群，提高肩关节稳定性、躯干稳定性。

2. 训前评估

该动作要求全身大部分关节灵活度均良好，且身体稳定性较高，可使用木棍代替杠铃杆模拟杠铃进行动作评估。

3. 动作执行

（1）将杠铃置于深蹲架上适宜高度（高度选择：身体站直无须踮脚即能摘下杠铃杆）。

（2）双脚与肩同宽，脚尖略外旋，并使膝关节对准脚尖。

（3）采用抓举握距环握杠铃杆。

（4）躯干尽量保持直立，挺胸并保持脊柱中立，目视前方，身体站直并使杠铃在脚跟正上方。

4. 动作执行

（1）吸气，屈髋屈膝，有控制地使臀部向下。

（2）下蹲至骨盆出现后倾位置之前或脚跟离地，或达到大腿与地面平行停止。

（3）杠铃杆在脚跟正上方，骨盆及脊柱处于中立位。

（4）呼气，伸膝伸髋，使身体回到站立位置。

（5）身体完全站直，臀部收紧，骨盆及脊柱处于中立位，膝关节自然伸直。

(6) 在整个动作执行过程中，躯干尽可能垂直于地面，骨盆及脊柱处于中立位，保持肩胛骨稳定。

5. 训练提示

(1) 保持脊柱中立位，避免抬头、弓背、腰椎失去生理弯曲等身体姿态不良的现象。

(2) 避免膝盖内扣，膝盖应对准脚尖方向。

(3) 下蹲过程中，应避免俯身角度过大导致腰椎压力增加。

(4) 杠铃杆始终保持在脚跟正上方，减小肩关节压力。

(a)

(b)

图 9-10　过头蹲

（四）奥林匹克硬拉（olympic deadlift，见图 9-11）

1. 训练目标

锻炼臀大肌、腘绳肌、股四头肌。

2. 准备动作

(1) 双脚与髋同宽，脚尖略外旋，并使膝关节对准脚尖，小腿尽量靠近杠铃杆。

(2) 采用翻铃握距，正握环握杠铃，肘关节完全伸直，并使前臂尽可能靠近膝关节外侧。

(3) 膝关节对准脚尖，在保持骨盆中立的前提下尽可能降低臀部。

(4) 挺胸并保持脊柱中立，收紧背部肌肉，保持肩胛骨稳定。

3. 动作执行

(1) 吸气后短暂闭气，依靠腿部力量抬升杠铃，伸膝伸髋同步进行。

(2) 上升过程中保持躯干与地面角度不变，肘始终伸直。

（3）当杠铃杆高度超过膝关节后，应以髋伸动作为主导，更多动用伸髋力量，并配合膝伸，身体站直后呼气。

（4）动作过程中膝关节始终对准脚尖。

（5）向上动作结束位置标准为耳垂、肩、髋、膝、脚跟在同一直线，避免膝关节超伸。

（6）吸气后短暂闭气，尽量有控制地将杠铃还原至地面以增加肌肉的离心训练，待杠铃落地后呼气。

4. 训练提示

（1）动作执行中，杠铃杆始终在脚面正上方（杠铃杆的运动轨迹为垂直上升）。

（2）保持脊柱中立位，避免抬头、弓背、腰椎失去生理弯曲等身体姿态不良的现象。

（3）避免膝盖内扣，膝盖应对准脚尖方向。

（4）保持肘伸直状态，避免屈肘发力。

5. 注意事项

瓦尔沙瓦呼吸法，适合在高强度训练时采用。若进行中低强度训练，建议采取常规的呼吸法，即向上（向心）阶段呼气，向下（离心）阶段吸气。

（a） （b） （c）

图 9 - 11 奥林匹克硬拉

（五）快速下蹲抓举（quick drop，见图 9 - 12）

1. 训练目标

提高下肢肌群离心减速能力以及肩关节、髋关节动态稳定。

2. 训前评估

要求训练者能标准执行过头蹲动作。

3. 准备动作

采用抓举握距环握杠铃杆，杠铃负重位置和准备姿势同背蹲动作。

4. 动作执行

（1）吸气，小幅屈膝屈髋预蹲，随后迅速伸膝伸髋使身体站直，并顺势推举杠铃至头部附近高度。

（2）呼气，尽可能以最快速度主动下蹲，随着下肢下蹲的动作，上肢做快速上推的动作，并保持上下肢动作同步执行。

（3）当肘完全伸直，身体形成稳定承重姿势后停止动作。

5. 训练提示

（1）保持脊柱中立位，避免出现仰头、弓背，腰椎失去生理弯曲等不良身体姿态的现象。

（2）避免膝盖内扣，膝盖应对准脚尖方向。

（3）下蹲过程中，避免俯身角度过大导致腰椎压力增加。

（4）动作应快速执行，避免动作分离，下蹲和上推应同步进行。

(a) （b） （c）

图 9-12　快速下蹲抓举

（六）冲刺推举（jerk，见图 9-13）

1. 训练目标

锻炼臀大肌、股四头肌、腘绳肌、腓肠肌、斜方肌、三角肌、肱三头肌。

2. 准备动作

完成高翻动作后使身体站直，调整肩关节角度至肘位于杠铃正下方。

3. 动作执行

（1）吸气，主动小幅屈髋屈膝进行预蹲，随后立即快速伸膝伸髋，借助下肢发力，上肢进行上推动作，尽可能将杠铃向上抬升，以便利用杠铃腾空的空间完成接杠。

（2）呼气，髋、膝、踝充分伸展后，快速前后分腿下蹲，躯干尽可能垂直地面，下蹲过程中快速伸展肘关节至完全伸直（非超伸）。

（3）身体继续微微向下以缓冲，全身发力停止杠铃向下的运动，待身体稳定后，前脚收回半步，随后后脚跟进，使身体站直。

（4）除上述介绍的前后分腿接杠，也可以采用左右分腿接杠，下肢呈半蹲或全蹲姿势，该接杠方式对关节活动度要求更高。

4. 训练提示

（1）分腿动作避免做出类似起跳动作，会降低主动下蹲的速度，并且增加杠铃对身体的冲击力。

（2）接杠时身体需要瞬间形成稳定姿势，膝关节对准脚尖，肘关节伸直，后腿膝关节伸直。

(a) (b) (c)

图 9-13 冲刺推举

（七）高翻（power clean，见图 9-14）

1. 训练目标

锻炼臀大肌、股四头肌、腘绳肌、腓肠肌、比目鱼肌、斜方肌、肱二头肌。

2. 训练评估

训练高翻及翻铃前，需熟练掌握奥林匹克硬拉，并检测肩关节活动度是否足够执行前蹲。

(a)　　　　　　　　　　　(b)

(c)　　　　　　　(d)　　　　　　　(e)

图 9-14　高翻

3．准备动作

（1）双脚略宽于髋，脚尖略向外，并使膝关节对准脚尖，小腿靠近杠铃杆。

（2）采用翻铃握距，正握锁握杠铃，肘伸直，并使前臂尽可能靠近膝关节外侧。

（3）在保持骨盆中立的前提下尽可能降低臀部（避免出现骨盆后倾位置）。

（4）目视前方，保持脊柱中立，肩胛骨稳定。

4．动作执行

（1）一拉动作：伸膝为主导抬升杠铃，直到杠铃刚好超过膝关节，过程中躯干与地面夹角基本不变，杠铃杆尽可能靠近小腿。

（2）转换动作：髋伸为主导，使杠铃继续抬升，为平衡重心，该阶段膝关节会有少许向身体前方移动，直至躯干接近且垂直于地面。

（3）二拉动作：转换动作结束后，快速伸展下肢三关节，随后耸肩屈肘使杠铃沿身体垂直上升至胸部附近高度。

（4）接杠动作：迅速使身体主动下蹲，使前臂绕杠铃杆翻转并屈髋膝踝缓冲，接杠时建议解除锁握，避免杠铃对手腕压力过大，造成腕关节受伤。

（5）待身体稳定后，伸髋伸膝关使身体站直，上臂与地面平行，脊柱骨盆保持中立位。

5. 训练提示

（1）动作执行过程中杠铃始终靠近身体并垂直抬升。

（2）动作执行全过程的速度不是一成不变，而是逐渐加速，在二拉的瞬间爆发出最高速度。

（3）保持脊柱中立位，始终目视前方以保持身体平衡。

（4）避免膝盖内扣，膝盖应对准脚尖方向。

（5）动作应由下肢为主，上肢为辅进行发力。

（6）接铃动作是肘绕杠铃转动，而非杠铃绕肘转动。

6. 注意事项

以上内容为高翻技术，翻铃与高翻的区别是训练负荷。高翻技术适合较低负荷，从而产生更高的速度，二拉会拉起更高的高度，因此接杠姿势为半程的过头蹲，而翻铃通常适合相对较大的负荷，而拉的速度相对较低，提铃高度也会低于高翻，这就需要更快速地主动下蹲，达到更低的前蹲角度来完成接杠。因此从技术上来讲，准备姿势、一拉动作、转换动作均相同，区别只在于二拉的高度以及接杠的位置。

（八）高抓（power snatch，见图9-15）

1. 训练目标

锻炼臀大肌、股四头肌、腘绳肌、腓肠肌、比目鱼肌、斜方肌、肱二头肌。

2. 训前评估

在训练高抓及抓举前，需熟练掌握奥林匹克硬拉，可以执行全幅度的过头深蹲。

3. 准备动作

（1）双脚略宽于髋，脚尖略向外，并使膝关节对准脚尖，小腿靠近杠铃杆。

（2）采用抓举握距，正握锁握杠铃，肘伸直。

（3）在保持骨盆中立的前提下尽可能降低臀部（避免出现骨盆后倾位置）。

（4）目视前方，保持脊柱中立，肩胛骨稳定。

4. 动作执行

（1）一拉动作：伸膝为主导抬升杠铃，直到杠铃刚好超过膝关节，过程中躯干与地面夹角基本不变，杠铃杆尽可能靠近小腿。

（2）转换动作：髋伸为主导，使杠铃继续抬升，为平衡重心，该阶段膝关节会有少许向身体前方移动，直至躯干接近垂直地面。

（3）二拉动作：转换动作结束后，快速伸展下肢三关节，随后耸肩屈肘使杠铃沿身体垂直上升至面部高度。

（4）接杠动作：迅速使身体主动下蹲，使前臂绕杠铃杆翻转并屈髋膝踝缓冲，接杠时建议转换为闭合环握，避免锁握承重造成腕关节受伤。

（5）待身体稳定后，伸髋伸膝关使身体站直，杠铃保持在足部正上方，脊柱骨盆保持中立位。

5. 训练提示

（1）动作执行过程中杠铃始终靠近身体并垂直抬升。

（2）动作执行全过程的速度不是一成不变，而是逐渐加速，在二拉的瞬间爆发出最高速度。

（3）保持脊柱中立位，始终目视前方以保持平衡。

（4）避免膝盖内扣，膝盖应对准脚尖方向。

（5）动作应由下肢为主、上肢为辅进行发力。

6. 注意事项

以上内容为高抓技术，抓举与高抓的区别是训练负荷，高抓技术适合较低负荷，从而产生更高的速度，二拉会拉起更高的高度，因此接杠姿势为半程的过头蹲。抓举通常适合相对较大的负荷，而拉的速度相对较低，提铃高度也会低于高抓，这就需要更快速地主动下蹲，达到更低的过头深蹲角度来完成接杠。因此从技术上来讲，准备姿势、一拉动作、转换动作均相同，区别只在于二拉的高度以及接杠的位置。

(a)

(b)

图 9-15　高抓

(c) (d) (e)

图 9-15（续）

九、起跳耸肩（jump shrug，见图 9-16）

1. 训练目标

锻炼臀大肌、股四头肌、腘绳肌、腓肠肌、比目鱼肌、斜方肌。

2. 准备动作

（1）双手采用翻铃握距锁握杠铃杆，肘关节自然伸直。

（2）躯干趋于垂直地面，双脚与髋同宽，膝关节对准脚尖方向。

（3）小幅屈膝使杠铃杆降至股骨上 1/3 处，保持背部张力，脊柱骨盆中立。

3. 动作执行

（1）从静止姿势直接爆发式伸展髋膝踝，完成垂直起跳，同时顺势耸肩。

（2）起跳落地瞬间屈膝屈髋缓冲。

4. 训练提示

（1）膝关节始终对准脚尖，避免膝关节不稳定。

（2）下肢充分伸展起跳，保证爆发力充分发挥。

（3）避免起跳后落地出现不良姿势。

(a) (b)

图9-16 起跳耸肩

十、悬垂高拉（hang high pull，见图9-17）

1. 训练目标

锻炼臀大肌、股四头肌、腘绳肌、腓肠肌、比目鱼肌、斜方肌、三角肌、肱二头肌。

2. 准备动作

（1）双手采用翻铃握距锁握杠铃杆，肘关节自然伸直。

（2）躯干垂直地面，双脚与髋同宽，膝关节对准脚尖方向。

（3）小幅屈膝使杠铃杆降至约股骨上1/3处，保持背部张力，脊柱骨盆中立。

3. 动作执行

（1）从静止姿势直接爆发式充分伸展踝膝髋，竖直向上的发力，配合耸肩屈肘，前脚掌不可离地，动作主要依赖于下肢，其次是上肢，控制力量将杠铃拉至胸骨1/2高度即可，该训练可以间接提高高翻和高抓的技术水平。

（2）在动作顶端无须做停顿动作，杠铃下落时注意屈膝屈髋缓冲。

4. 训练提示

（1）膝关节始终对准脚尖，避免内扣或膝关节不稳定。

（2）上拉前下肢应充分伸展，不可过早使用上肢拉起的力量。

（3）力量的发动应整体向上，常见的问题是伸髋向前使杠铃远离身体导致腰椎压力增加。

(a)　　　　　　　　　　　　(b)

图 9-17　悬垂高拉

十一、预蹲高翻/高抓（见图 9-18）

1. 训练目标

锻炼臀大肌、股四头肌、腘绳肌、腓肠肌、比目鱼肌、斜方肌、三角肌、肱二头肌。

2. 准备动作

（1）双手采用高翻握距锁握杠铃杆，肘关节自然伸直。

（2）双脚比髋略宽，脚尖微向外打开，膝关节对准脚尖方向。

3. 动作执行

（1）预蹲：尽量保持躯干直立，小幅屈髋膝使杠铃杆下降至约股骨上1/3处。

（2）二拉：快速伸展髋、膝、踝，完成竖直向上的发力，借助下肢惯性耸肩、屈肘上拉杠铃。

（3）接铃：当杠铃达到接近胸骨的高度时，迅速使身体主动下蹲，使前臂绕杠铃翻转并屈膝屈髋缓冲接杠。

（4）上述动作为预蹲高翻，与预蹲高抓步骤相同，改为抓举握距及动作执行即可。

4. 训练提示

（1）如果预蹲动作过低，就会无法有效利用牵张反射而导致爆发力下降。

（2）其他常见问题与高抓和高翻类似。

5. 注意事项

训练初期可采用上述预蹲高翻/高抓的动作技术完成动作，随着训练者技术水平的提高，也可以考虑采用较高负荷，采用全幅下蹲位置接杠，即预蹲翻铃/抓举技术完成训练。

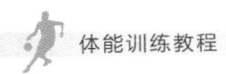

(a) (b)

(c) (d)

图 9-18 预蹲高翻/高抓

十二、膝上高翻/高抓（power clean/snatch from knee，见图 9-19）

1. 训练目标

锻炼臀大肌、股四头肌、腘绳肌、比目鱼肌、腓肠肌、斜方肌、肱二头肌。

2. 准备动作

（1）双手采用抓举握距锁握杠铃，肘关节自然伸直。

（2）屈髋屈膝使杠铃位于膝关节上方，该动作是从此位置静止状态下再开始执行。

3. 动作执行

（1）转换动作：髋伸为主导，使杠铃继续抬升。为平衡身体重心，执行该动作时，膝关节会有少许向身体前方移动，直至躯干接近垂直地面。

（2）二拉动作：转换动作结束后，快速伸展下肢三关节，随后耸肩屈肘使杠铃沿身体垂直上升至面部高度。

（3）接杠动作：迅速使身体主动下蹲，使前臂绕杠铃杆翻转并屈髋、膝、踝缓冲，接杠时建议转换为闭合环握，避免锁握承重造成腕关节受伤。

（4）待身体稳定后，伸髋伸膝关使身体站直，杠铃保持在足部正上方，脊柱骨盆保持中立位。

4. 训练提示

（1）起始位置杠铃杆要远离小腿，否则杠铃高度过膝后，伸髋动作会造成杠铃远离身体。

（2）若脊柱非中立位，会容易出现如抬头、弓背以及腰椎失去生理弯曲等不良身体姿态的现象。

（3）力量没有由髋关节驱动，而是过分使用手臂力量，或执行类似正握肱二头肌弯举的动作。

5. 注意事项

训练初期可采用上述的膝上高翻/高抓的技术完成动作，随着训练者技术的提高，也可以考虑采用较高负荷和全幅下蹲位置接杠技术，即膝上翻铃/抓举技术完成训练。

(a)　　　　　　　　　　(b)

图 9-19　膝上高翻/高抓

（c） （d）

图 9-19（续）

本章小结

奥林匹克举技术是竞技赛事的专项技术，目前比赛只包含抓举和挺举两项，若用拆分奥林匹克举动作的思路进行动作设计，可以找到更适合运动员需求的训练方式，也大大降低举重技术对于关节活动度的要求，从而让更多需要爆发力尤其是下肢爆发力的运动员从中获益。体能教练也应注意在不同的训练周期里根据运动员体能的实际情况，采用适合的负荷和速度进行技术训练。

第十章 恢复与再生

运动员在训练后有多种方法来加速身体机能的恢复进程。这些方法包括完全的休息、低强度有氧运动、运动按摩、泡沫轴肌筋膜放松、冷冻疗法、温热疗法、局部加压、主动或被动牵拉，以及电刺激干预等。本章将会讲解这些恢复干预手段的原理及使用方法，协助体能教练选择合适的方法，帮助运动员在高强度训练后尽快恢复体能，为进行下一节训练课程打下良好的体能基础。要紧记，训练强度越高，训练量越大，运动员的体能和状态需要恢复的时间及方法便越重要。

第一节 运动后恢复干预及方法

一、睡眠及休息

被动恢复技术在所有恢复技术中是最基本的，而睡眠是最主要的被动恢复技术。睡眠对于运动员的恢复扮演了一个核心的角色。当运动员经历了急性或慢性睡眠功能紊乱时，他们的有氧和无氧能力会下降。充足的睡眠对于促进恢复、适应训练，以及在比赛和训练中表现出最佳水平来说，是一个非常基本的必要条件。对于非运动员来说，每天有 5~10 小时的睡眠时间就可以；但对运动员来说，他们就需要更多的睡眠时间。运动员每天需要 9~10 小时的睡眠时间，而其中 80%~90% 睡眠时间应该在夜间，10%~20% 睡眠时间应安排在白天小憩的时候。

（一）提高睡眠质量

1. **渐进肌肉放松**（progressive muscle relaxation）

运动员躺在安静的房间，穿着宽松衣服，调整姿态，放松身心，右脚和右脚腕扭动脚趾拉伸，收缩肌肉约 10 秒，动作反复做几次，记住紧张和放松时的不同感觉。小腿肌肉绷紧约 10 秒然后放松，再往上至大腿，双手拳头收紧及放松，然后往上至肩膀肌肉，最后到躯干，进行卷腹动作收紧腹部，然后放松。整个过程注意呼吸并感受肌肉的放松，放松顺序也可以自上而下。

2. **睡前温水泡脚诱发睡眠**

使用血液再分配的调节作用，当下肢温度升高、血管扩张、血流增多，此时回心血量减少，动脉血压下降，大脑供血少，可诱发睡眠。

3. **等长收缩和放松活动**

一种简单的渐进放松训练：活动时全身肌肉收缩拉紧，活动停止后肌肉放松，躯体等长收缩和放松能诱发和促进睡眠。其机制是当运动时体内乳酸增多，蛋白结合钙减少、游离钙增多，使神经系统兴奋性减低从而诱发睡眠；同时乙酰胆碱释放减少，神经肌肉兴奋性降低，肌肉放松易促进睡眠。躯体等长收缩运动在神经内分泌调控下，大脑皮层和觉醒中枢兴奋性明显增强，加快肌肉产热和散热，体温升高，放松后出现相反变化，兴奋性和活动降低，体温较运动前有所下降，因此可诱发睡眠。这种静止性用力，能转移大脑思考问题的注意力，并使神经系统产生轻度疲劳，起到促进睡眠的作用。

（二）时差反应调整

由于高水平运动员需要参与国际比赛，经常会遇到"时差"的困扰。时差反应是一种在快速跨越多个时区后产生的睡眠障碍，大多数运动员会受到影响。美国睡眠医学会定义时差反应为：在跨越了至少 2 个时区后产生的晚上失眠或白天嗜睡症状，包括功能损伤和全身不适，甚至包括其他身体症状。

时差反应的机制是由于人类的睡眠主要由光照和分泌的褪黑素来调节，两者对睡眠的影响具有相反作用。褪黑素来源于血清素，由松果体在夜间分泌 10～12 个小时，能够促进睡眠。而光照抑制褪黑素的分泌。睡眠与觉醒形成的昼夜节律是人体内在的生理周期，一个周期持续大约 24 小时（也称为"生物钟"）。时差反应的产生是航行时时区的快速变化，使人体昼夜节律与自然昼夜周期之间失调所造成的，导致在不合适的时间人体出现嗜睡或兴奋症状。

1. **时差反应的症状**

典型症状是白天疲劳、晚上睡眠障碍、恶心、呕吐、食欲不振、头痛、便秘或腹泻、精神轻度抑郁、烦躁不安和神经运动协调性降低等。其中睡眠障碍是一个关键症状，加剧了时差反应的程度和持续时间。

2. **时差反应应对策略**

对于运动员而言，应采取积极主动的适应性调整手段与方法来克服时差反应。调整时差反应可分为三个阶段，包括飞行前的准备阶段、飞行阶段和飞行后的适应阶段。只有三个阶段均做到充分的准备，才能尽快克服时差反应，发挥正常的运动水平。

（1）飞行前的准备阶段。出发比赛前的 7 天，体能教练应根据运动员的实际情况改变训练计划，适当调整降低训练的强度和数量，使训练时间与目的地时间尽量一致。在起飞前 2~3 天采用高碳水化合物、低蛋白质的饮食。努力适应在目的地的就餐时间，不吃油腻或者太干的食物，切忌过量饮食。运动员在此期间应确保充足的睡眠，同时调整睡眠时间，使运动员能尽快适应目的地的睡眠时间。合理安排出行时间，以便能在接近目的地的睡眠时间到达。对于跨越 10 个或更多时区的旅途，合适的中转站能够对运动员起到有效的适应作用；如距离正式比赛开始还有一定的时间，可提前到与比赛地点临近的经度地区训练，适应时差，为比赛做好准备。

（2）飞行阶段。运动员在出发前可以将自己手表的时间设定为目的地时间。飞机上的用餐时间尽量与目的地就餐时间一致，食物品种建议用运动员常规食物。保证适当的水分补充以减少时差反应和旅途疲劳，避免过度饮食。飞机上的睡眠时间应与目的地时间一致，创造舒适的环境，不要过度刺激运动员。

（3）飞行后的适应阶段。到达后立即根据当地时间调整训练时间表，最好进行一些轻量的训练。为了使运动员适应当地就餐时间，尽可能安排与本国接近的饮食，应以高蛋白、低碳水化合物的食物为主。在训练方面，到达目的地后的前 3 天可作为调整期，运动员应避免大强度训练，以倒时差为主要任务，可以做些技术战术练习。从第 4 天起可逐渐加大训练强度，根据比赛日程调整运动员身体状态。比赛时间以到达后的第 8~14 天为宜。如运动员无法在当地正常睡眠和恢复体能、状态，须进行药物或非药物干预措施，助其恢复和适应。

3. 时差干预方法

个人不可能在 1~2 天时间内完全适应新的时区，如当跨越时区时间超过 3 天，运动员还不能适应新的时区，就建议采取干预方法。

（1）安慰性药物。不告知实情，让运动员服用维生素类药物（如复合维生素片），使运动员心理上得到安慰或暗示，有助于调整睡眠，从而加速时差反应的调整。

（2）光照法。光照是生物体昼夜节律产生的主要原因。在合适的时间进行足够强度和持续时间的光照，能够有效改变昼夜节律。在向东航行后的早上或向西航行后的夜晚进行光照，对于跨越 8 个或更多时区的时差反应有明显疗效。到达目的地后的前 4 天，每天可使用便携式 LED 灯在 2 500 勒克斯（光照强度的单位）光照强度下，于早餐、午餐、晚餐和睡觉前进行持续 30~60 分钟的照射。照射时间的长短可视运动员的时差反应状态进行调整，如果时差反应不强烈，可适当缩短光照时间和频率。

（3）饮食。控制饮食对于改变昼夜节律也有作用，摄入高蛋白的早餐会促进清晨的觉醒，食用高碳水化合物的晚餐会促进在夜间的睡眠。在新环境中用餐的时间比用餐的类型更重要。

（4）小憩。可以用来重塑昼夜节律或减少到达目的地后的嗜睡症状。如果到达目

的地后感到困意，建议进行15～30分钟的小憩，可有效缓解疲劳，提高白天的兴奋性，这样做并不会导致惯性睡眠。但是小憩时间不宜超过1小时，否则醒来后会头昏脑涨，且影响晚上的睡眠质量。

二、运动按摩

运动按摩是一种已经在世界上被广泛运用的一项康复和放松技术。许多教练、运动员以及运动医学职业人员相信运动按摩能够提高训练后机体的恢复，降低损伤危险，以及提高运动员的表现。很多种类的技术被运用在运动按摩中，肌筋膜放松技术就是其中一种，后面会做较详细的动作描述。同时运动按摩技术的选择也可根据治疗师的经验以及临床实践而决定。

有研究表明，在女子排球和篮球运动员季前赛阶段进行17分钟的运动按摩恢复，与没有进行按摩恢复对比，更能减少运动员肌肉的酸痛、提高弹跳能力。另外也有研究表明，运动按摩能够减少运动员出现焦虑、紧张、压力和抑郁情绪；同时，也能改善情绪、提升放松与健康感以及恢复的感觉。因此，运动按摩能够提供显著的心理影响，对运动员的恢复有积极的影响。

1. **赛前按摩的目的及注意事项**

赛前按摩的主要目的是帮助运动员准备比赛或训练，赛前按摩无法取代赛前热身，这种按摩是愉悦且具有节奏感的，最长时间不超过15分钟。赛前按摩针对运动员在运动中将要使用的肌肉进行按摩，按摩的重点应是搓热皮肤，增加肌肉中的血液量，进行适当的关节活动和提高运动员的兴奋性，而且赛前按摩能为运动员提供心理激励和心理暗示。

在赛前按摩期间不要过度关注运动员身体上的疼痛或疼痛区域，避免使用可能会刺激到运动员疼痛区域的技术。赛前按摩是帮助运动员身体预热，而非治疗伤病，过度注意损伤部位会造成运动员在比赛前因疼痛而分心。赛前按摩不适宜采用缓慢按摩和滑动按摩技术，这两种方式偏向于使运动员冷静下来后才进行。赛前按摩的目的是刺激运动员的身体，让运动员在做完按摩后，在赛场上有一个好的表现，且赛前按摩需要在热身前完成。

2. **赛后按摩的目的及注意事项**

赛后按摩是帮助运动员从训练或比赛中恢复体能。赛后按摩不仅可以帮助运动员缓解疲劳，也可以增强其自信心，防止其对训练或比赛产生厌倦。赛后按摩不能代替训练或比赛后的拉伸练习，赛后按摩的目标部位是运动员在运动中主要使用的肌肉，按摩的重点放在舒缓神经系统和帮助身体恢复上。在高强度的运动后1小时内，应进行15～20分钟的运动按摩。如果运动引起深度疲劳，那么运动按摩多一天进行数次。

三、温热疗法（桑拿）

桑拿是运动员最常用的温热疗法，可用于体能恢复。其实温热疗法还包含多种技术来增加身体体温，例如热水浸入、温热涡流池、蒸气加热敷料包、蜡疗和红外线灯疗法。温热疗法被运用于增加皮下和皮肤的血流以增加心输出量，能降低感觉神经末梢的兴奋性和神经传导速度、提高痛阈，从而缓解疼痛。血流的增多能够增加细胞、淋巴和毛细血管的渗透性，这能够加快新陈代谢、营养传递以及废物从细胞里排出。温热疗法可以缓解胃肠平滑肌痉挛，增加胃黏膜血流量，促进消化液分泌。温热疗法的运用还能够增加中枢神经的传递，提高肌肉弹性与软组织延展性，减少肌肉痉挛。

1. 桑拿的功效

科学研究证明，桑拿对运动后的疲劳消除有显著作用，主要可以归纳为以下六个方面：

（1）对肌肉和关节具有放松作用，能缓解酸痛症状。

（2）可以加速体内血液循环，有助于排除乳酸等运动代谢物。

（3）加热的矿石能持续释放出天然矿物离子，能延缓紧张的情绪，减轻压力，有镇定安神作用，有助于改善睡眠。

（4）通过热、冷交替刺激，可以促进体内激素的分泌，激活身体休眠细胞，增强人体免疫力。

（5）增强血管弹性，改善人体的微循环，有利于营养物质的吸收和利用，促进机体修复与再生，加速消除疲劳。

（6）增加身体基础代谢。

2. 桑拿的注意事项

（1）饭后特别是饱餐后半小时内不适合进行桑拿浴。如果饭后立即进行桑拿浴，会导致皮肤血管扩张，血液大量回流到皮肤，影响消化器官的血液供应和食物的消化吸收，造成消化不良，影响休息。

（2）大运动量锻炼后或饥饿时不适合进行桑拿浴。在过度劳累和饥饿时，人体肌张力较差，对冷和热刺激的耐受力均降低，易引起虚脱。

（3）女性运动员经期期间不宜进行桑拿。此时身体抵抗力降低，易引起感冒和细菌感染，不利于女性身体健康。

（4）桑拿浴的温度不宜过高，时间不应过长，应量力而行。一般情况下，干蒸的温度以 80~85 ℃为宜，湿蒸以 40~50 ℃为宜。一次干蒸或湿蒸的时间以 10 分钟为宜，桑拿浴的总时间应控制在 30~40 分钟。

（5）在桑拿浴之前和过程中，应注意及时补充水分，不要等到口渴时再喝水，以温开水为宜。此外，在蒸桑拿的过程中或之后都不要食用冷食或冷饮。

3. **温热疗法的禁忌症及注意事项**

主要注意事项是高温导致的皮肤灼烧。热疗的运用不当会引起炎症反应、肿胀和水肿。如果使用热水浴，可能会导致异位心搏、血压过低、过热晕厥、心动过速，以及罕见死亡等情况的发生。体能教练和运动员在使用热疗的时候必须谨慎，尤其当运动员有伤口、皮肤肿胀、外周血管疾病、血液循环损坏以及急性肌肉损伤等身体状况时，应避免使用温热疗法。因此，了解温热疗法使用的适应症和禁忌症是非常有必要的。

四、冷疗

冷疗是一种使用冷水浴或者冰浴、冰按摩的技术，可促进运动员运动或比赛后体能恢复。冷疗减轻疼痛的功能在于它低温，能减低感觉神经敏感性，以及冷刺激向中枢的传导可掩盖或阻断痛觉传导，从而减轻疼痛。但是它也可能导致短时间的运动表现下降，这是由于肌肉收缩速度和力量生成能力的降低的缘故。

如果在冷疗后马上进行运动，那么运动表现可能会受到损害。有研究表明在冷水浴后的 1 小时内，运动员的短道自行车表现会受到损害。另有一些研究甚至表明，冷疗不能加速恢复，即使它能促进肌肉放松和肌酸激酶水平的下降。长期使用冷疗可能导致运动员耐力和抗阻训练适应性的下降。

冷疗对于急性损伤、病理性损害是一种有效的工具。当用冷疗来缓解延迟性肌肉酸痛时，单纯冷疗对白细胞介素 6 的降低效果要优于冷热交替的方法，但会使前列腺素 2 波动较大。综合来看，在密集的大强度比赛的赛季中，更适合使用单纯冷疗的方法减轻延迟性肌肉酸痛。

1. **冷水浴**

冷水浴的应用非常广泛，涉及的时间、温度、浸泡位置、次数等不尽相同。目前，并没有一个准确的最佳参考指标可以作为实际应用的依据。目前建议的有效温度区间为 10~20 ℃，时间为 5~15 分钟，可连续进行，也可以分次间歇进行。

冷水浴对运动员来说也有一些危险性。突然的冷水浴能够导致运动员出现换气过度、心动过速、抽搐等情况。对冷有高度敏感性的运动员会出现对冷水浴有过敏反应，甚至导致死亡。因此，基于上述情况，建议冷水浴用于局部急性损伤和减少炎症，而不是作为一种恢复技术。

2. **冰按摩**

冰按摩是一种运动后缓解肌肉酸痛的恢复技术。治疗持续 7~10 分钟，可以每 20 分钟重复一次。这种按摩通过冰作用于运动员皮肤表面，通过环形的或纵向的轻抚，且每一次轻抚覆盖之前的位置。直到皮肤麻木,冰疗即可停止。值得一提的是,冰按摩比冰袋能使皮肤温度更快地降低,且冰按摩导致冻伤的危险情较低。但如果运动员患有糖尿病,冷疗运用的时间和强度需要根据病情进行调整。

3. 低温液氮

低温液氮系统提供低于 -100 ℃ 的治疗温度环境,由于人体短暂地暴露于低温环境中,可以迅速激发多种良性的生理反应,包括改善免疫功能、激活内啡肽分泌和阻止疼痛因子产生,而且这些良性的生理反应能够在使用后持续数小时。有实验证明 -110 ℃ 是最适宜的治疗温度,此时冷疗中没有任何水分,当运动员进入冷疗房后疼痛感觉迅速消失,且这种疗效能维持续 6 小时。在急冻情况下,身体的应激保护机制马上激活。大脑会控制人体内激素的分泌,维持体温、心跳速度以及血压会升高。当回到常温下,肌肉又会以平时三四倍的速度放松,血液循环加速,可以把更多的氧和养分带到运动损伤患处,从而加速身体恢复。另外,由于低温可以阻止疼痛因子产生,改善免疫功能,因此可以大大减轻运动的损伤疼痛感。

目前在运动医学上,低温液氮已经作为一种广泛接受的疗法,用于治疗肌肉损伤以及体能恢复训练中。低温液氮还可以治疗多种疾病,包括迅速缓解疼痛以及刺激性症状,可治疗关节炎、纤维肌痛、强直性脊柱炎,尤其是对于风湿性疾病有显著疗效。

五、主动恢复(低强度运动)

主动恢复是一种传统的干预手段,可以提高由于运动导致的肌肉损伤后症状的恢复率,加快轻度运动引起的血液循环,能有助于清除肌肉中有毒物质,促进内啡肽的释放,从而产生镇痛效果。但是,也有分析表明,低强度运动在延迟性肌肉酸痛的恢复缺乏支持。事实上,有研究检测到肌肉延迟性酸痛的暂时缓解,低强度运动对运动后肌肉延迟性酸痛没有显著影响,特别是在运动后 24 小时、48 小时和 72 小时。

主动恢复对于运动后的恢复,比被动恢复更加有效。当进行主动运动恢复的强度低于 50% 的 $VO_{2\,max}$ 时,恢复效果更佳。主动恢复能显著增高肌肉乳酸的清除率,使运动后体温平稳地下降,能抑制中枢系统的活动。

虽然主动恢复策略对于运动后恢复有更大的效果,但目前的科学文献关于可选择的主动训练强度及持续时间非常模糊,然而 10~20 分钟且低于 50% 的运动员最大心率强度,同时加上 10~20 分钟的牵拉对运动后恢复有积极的影响。

六、压力

压力是指利用压力设备,对肢体施加压力,以改善肢体血液循环、组织缺血、缺氧的治疗方法。常用的方法有肢体气囊加压、肢体气仓加压、体外反博疗法（根据心率的舒张收缩的节律进行不同部位的加压，以促进血液循环）。加压主要是通过压力压迫肢体软组织，促进组织间静脉和淋巴管回流以消除肢体局部水肿的治疗方法。

七、电刺激

神经肌肉电刺激是一种应用低频脉冲电流，刺激运动神经和肌肉以引起肌肉收缩的方法。其作用机制是当电刺激作用于肌肉时，首先激活的是运动神经，当运动神经被电刺激激活后会产生神经冲动，神经冲动传导至肌肉引起肌肉收缩。低频脉冲也可以刺激感觉神经纤维，以获得止痛或暂缓疼痛之功效，感觉神经纤维的刺激会增加产生内啡肽，因此电刺激可用于治疗局部的急性或慢性疼痛以及肌肉疼痛。

1. **神经电刺激的作用机制**

（1）细胞膜的去极化。这使细胞膜通透性发生改变，膜内外的离子浓度和电位改变，破坏膜的极化状态，引起去极化形成动作电位，产生兴奋，引起肌肉收缩（引起肌肉收缩适宜的电流频率是 1~10 Hz，引起肌肉完全性强直收缩适宜的电流频率为 50 Hz）。

（2）轴突反射。皮肤感受器接受低频脉冲电流后产生冲动，经传入神经，再沿轴突传出神经，传导至小动脉壁，引起动脉扩张。此外，感觉神经接受低频脉冲刺激后释放少量 P 物质与乙酰胆碱等物质，引起血管扩张（在 50 Hz 的电流强度下可以促进血液循环）。

（3）闸门控制学说。低频脉冲电流为非痛性刺激，经感觉粗纤维传至脊髓。因为粗纤维的兴奋阈低、传导速度快、易兴奋，兴奋传导至脊髓后使脊髓后角胶质细胞兴奋，关闭疼痛闸门。而细纤维兴奋阈高、传导速度慢，它所传导的痛觉冲动受阻，从而达到镇痛效果（镇痛效果较好的频率是 100 Hz）。

（4）体液机制。低频脉冲电流刺激人体，中枢神经系统神经介质释放，神经系统释放出内源性吗啡样物质（脑啡肽、内啡肽）而引起镇痛效果。

2. **神经电刺激的不同应用方面**

（1）恢复方面。在运动后通过电刺激增加血流，加速代谢物的消除，降低肌张力，促进恢复和放松的效果。

（2）训练方面。电刺激能让更多运动单元被募集，增加肌肉的最大力量及肌肉收缩速度，并改善爆发性动作的效率。

（3）康复方面。通过增加局部血液循环和释放内啡肽止痛来改善损伤，恢复损伤肌纤维的面积和体积，促进肌纤维恢生长和发育。

（4）疼痛方面。通过阻滞疼痛信号的传导来缓解疼痛，促进内啡肽的分泌达到止痛目的。

八、泡沫轴放松

泡沫轴及按摩球等按摩工具，已经广泛应用在体能训练课程中。已经有多份研究表明，泡沫轴及按摩球能通过压力刺激肌筋膜，改变组织温度及水分，从而放松肌肉、增加关节活动幅度。泡沫轴提供的压力能刺激高尔基腱器（GTO），形成自我抑制机制，降低肌梭的激发，从而减低肌肉的张力。

1. 肌筋膜基本信息

肌筋膜是包围在肌肉上面的白色薄膜，其主要成分为生命最基本的元素—水及蛋白质。它的功能取决于所在的位置及更细之组成成分。这些组成成分包括胶原蛋白、弹力蛋白、结缔组织细胞、基质等。肌筋膜主要有以下四大基本功能：

（1）塑性。包裹、填充、保护、支撑及赋予结构形状。
（2）动作。传送并储存肌肉的力量、抗衡阻力及伸展。
（3）供应。新陈代谢、液体运输及供应养分。
（4）传递。刺激与信息的接受与继续传送。

当运动员过度训练后，肌筋膜组织可能会出现撕裂或小伤口。这些细微的伤害可能引起肌筋膜发炎，导致肌筋膜无法正确传送信息到肌肉组织，形成肌肉损伤、导致肌肉紧张，并形成慢性疼痛情况。

2. 活化肌筋膜及放松方法

通过对肌筋膜组织的施压，能让受压部位进行水分交换。以海绵进行形象化解释，当受压时，海绵的水分会被挤压出去；当压力消失，水分又会被吸收回来。人体的肌筋膜受压后，水分连同新陈代谢废物及淋巴液会一同排出。当压力消失后，水分将流入肌筋膜组织内。这不但能促进新陈代谢作用，还可以改善肌筋膜与所属器官部位的养分供给状态。另外，肌肉相关感受器受外力刺激后，会将信息传送至自律神经系统及肌肉，并降低肌筋膜及局部肌肉的张力，解除局部绷紧及粘连的现象。

运动员可以利用泡沫轴在需要放松的肌肉群进行缓慢来回滚动，有研究建议使用泡沫轴在紧张肌肉滚动 60 秒，休息 30 秒，进行 3 组。也有研究以 90 秒为 1 组，进行 3 组来回滚动小腿肌肉，发现被泡沫轴滚动后，踝关节足背屈幅度增加 6 度（22%）。另外，也有学者建议在某一区域感觉有明显的疼痛点位置，停留至少 30 秒，这样能有效激活肌肉相关感受器，放松肌肉。

如果在训练前使用泡沫轴，可以重点放在比较紧张的肌肉位置并作停留，然后再进行拉伸，获取运动中需要的关节活动度。如果在训练后使用泡沫轴，可以在运动中对比较多的肌肉进行来回滚动，然后再配合拉伸。

第二节 泡沫轴肌筋膜放松动作

一、肱二头肌放松（见图10-1）

1. 准备动作

（1）俯身跪姿，将泡沫轴竖直放在左臂靠近肩关节的位置。
（2）左手向外水平打开，掌心向下；右手肘屈90度角，支撑于地面。
（3）双腿微屈，膝关节与脚尖支撑于地面。

2. 放松方法

右手用力，带动身体向右移动，使泡沫轴滚动至靠近肘关节的位置。

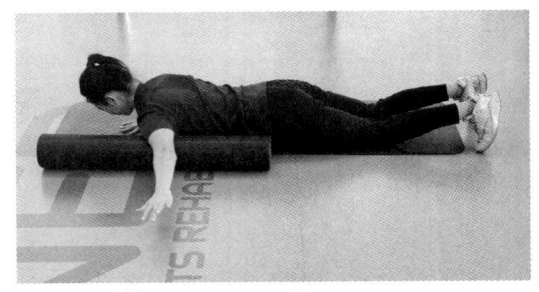

（a） （b）

图10-1 肱二头肌放松

二、肱三头肌放松（见图10-2）

1. 准备动作

（1）右侧卧，将泡沫轴放在右手臂靠近腋下的位置。
（2）右手肘屈支撑头部；左手支撑于胸前地面。
（3）右腿髋屈膝屈90度角；左腿伸直。

2. 放松方法

左手用力，使身体离地距离增加，并把泡沫轴滚动至靠近右肘关节的位置。

(a) (b)

图 10-2 肱三头肌放松

三、颈后肌群放松（见图 10-3）

1. 准备动作
（1）仰卧，将泡沫轴放在颈椎和枕骨连接的位置，头偏向右侧。
（2）双手自然放于身体两侧。
（3）双腿髋屈膝屈。

2. 放松方法
（1）将头部向左侧缓慢扭转，保持泡沫轴不动。
（2）保持下颚微向内收，肩膀不要往上耸。

(a) (b)

图 10-3 颈后肌群放松

四、腰方肌放松（见图 10-4）

1. 准备动作
（1）侧卧身体略向后倾斜，将泡沫轴放在右侧肋骨下方的位置。
（2）右手肘支撑于肩膀下方。

（3）左腿伸直；右腿膝屈 90 度角，膝关节撑于地面。

2．放松方法

右腿用力，髋关节伸展，带动身体向上移动，使泡沫轴滚动至骨盆上方位置。

（a）

（b）

图 10-4　腰方肌放松

五、臀部肌群放松（见图 10-5）

1．准备动作

（1）右腿伸直，将泡沫轴放在右侧臀部靠近骨盆上方的位置。

（2）右手撑于地面，手肘微屈。

（3）左腿膝屈支撑于右腿前侧。

2．放松方法

（1）左腿用力带动身体向上移动，使泡沫轴滚动至臀部略向下的位置。

（2）为保证对目标肌群更多的施压面积，应始终保持髋关节及躯干略向左侧扭转。

（a）

（b）

图 10-5　臀部肌群放松

六、髂胫束放松（见图 10-6）

1. 准备动作
（1）侧卧，将泡沫轴放在右腿外侧上部的位置。
（2）右手肘屈，支撑于头部垂直上方；左手肘微屈，支撑于胸部前方地面。
（3）右腿伸直；左腿髋屈膝屈 90 度角，支撑于右腿前侧。
2. 放松方法
右手和左腿用力，带动身体向上移动，使泡沫轴滚动至靠近膝关节的位置。

(a)

(b)

图 10-6 髂胫束放松

七、股四头肌放松（见图 10-7）

1. 准备动作
（1）俯卧，将泡沫轴放在双腿靠近骨盆的位置。
（2）双手握拳，肘屈，支撑于在头部上方。
（3）双腿并拢，与地面平行。
2. 放松方法
双臂用力，带动身体向上移动，使泡沫轴滚动至靠近膝关节的位置。

(a)

(b)

图 10-7 股四头肌放松

八、内收肌群放松（见图10-8）

1. 准备动作
（1）俯卧，将泡沫轴一端斜放在左腿内侧靠近骨盆的位置。
（2）左腿髋屈膝屈，向外打开，右腿伸直，脚尖支撑。
（3）手臂屈曲支撑于地面。
2. 放松方法
双臂用力，带动身体向右移动，使泡沫轴滚动至靠近膝关节位置。

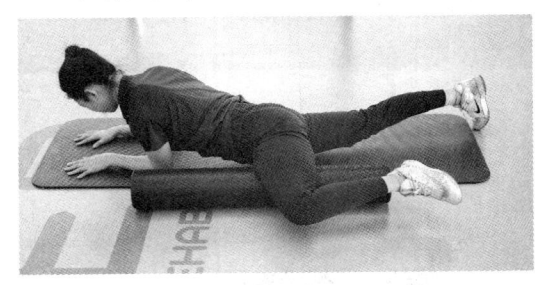
(a)

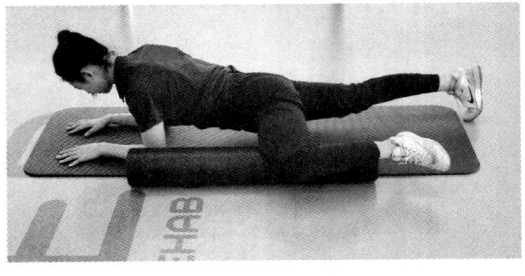
(b)

图10-8　内收肌群放松

九、腘绳肌放松（见图10-9）

1. 准备动作
（1）坐姿，将泡沫轴放在左大腿靠近坐骨的位置。
（2）双手支撑于身体后方。
（3）右腿伸直；左腿膝屈90度角搭在右腿膝上方。
2. 放松方法
双臂用力，带动身体向后移动，使泡沫轴滚动至左腿靠近膝关节的位置。

(a)

(b)

图10-9　腘绳肌放松

十、小腿肌群放松（见图 10-10）

1. 准备动作
（1）坐姿，将泡沫轴放在右腿小腿靠近膝关节的位置。
（2）双手伸直支撑于身体后方。
（3）右腿伸直离地；左腿外展屈髋屈膝支撑身体；臀部离地。
（4）收紧腹部，背部挺直并向后倾。

2. 放松方法
双手和左腿用力，带动身体向后移动，使泡沫轴滚动至靠近跟腱位置。

（a）　　　　　　　　　　　　　　（b）

图 10-10　小腿肌群放松

第三节　静态拉伸技巧

一、三角肌前束主动静态拉伸（见图 10-11）

1. 准备动作
（1）双腿屈髋屈膝坐于垫上。
（2）双手放于身后，掌心向下。
（3）背挺直，上肢伸直支撑体重。

2. 动作执行

（1）双手往后移,使上肢尽可能后伸。

（2）牵拉时,肘关节避免过伸。

（a）　　　　　　　　　　　　　（b）

图 10 - 11　三角肌前束主动静态拉伸

二、三角肌中束静态拉伸（见图 10 - 12）

1. 准备动作

（1）可将直径为 5 厘米的毛巾卷放于腋窝下（防止关节挤压）。

（2）左手放在背后,肘关节屈曲,右手握住左手腕关节。

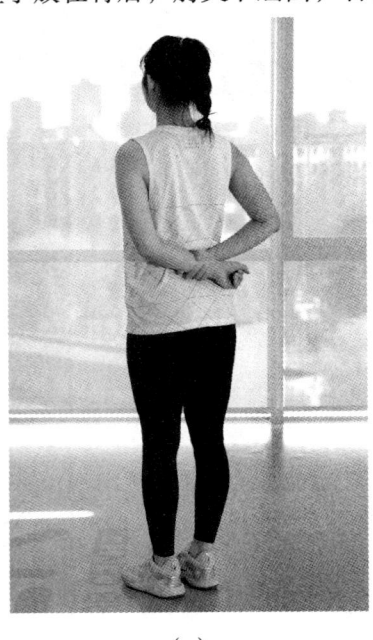 

（a）　　　　　　　　　　　　　（b）

图 10 - 12　三角肌中束静态拉伸

2. 动作执行

(1) 将前臂向右侧牵拉。
(2) 上身不要侧弯。

三、三角肌后束静态拉伸（见图 10-13）

1. 准备动作

(1) 左手伸直向前，拇指向下。
(2) 右手前臂抵住左大臂近肘关节处。

2. 动作执行

(1) 将左大臂拉向右肩。
(2) 注意左肘关节低于右肩关节，同时双肩保持水平。

(a) (b)

图 10-13　三角肌后束静态拉伸

四、肩关节内旋肌肉静态拉伸（见图 10-14）

1. 准备动作
（1）左侧躺于垫上。
（2）左侧肩关节前屈 90 度，肘关节屈曲 90 度。
（3）前臂与地面垂直，大臂贴紧垫子。
（4）右手握住左侧前臂末端。

2. 动作执行
右手用力将左前臂向上推向垫子。

（a）

（b）

图 10-14 肩关节内旋肌肉静态拉伸

五、肱三头肌静态拉伸（见图 10-15）

1. 准备动作
（1）上身挺直，站立。
（2）双手分别握住毛巾两头。
（3）左手在上，右手在下，位于体后。

2. 动作执行
（1）右手将毛巾向下拉。
（2）上身始终保持直立。

（a）　　　　　　　　　　（b）

图 10-15　肱三头肌静态拉伸

六、肩关节外旋肌肉静态拉伸（见图 10-16）

1. **准备动作**
（1）上身挺直，站立。
（2）双手分别握住毛巾两头。
（3）左手在下，右手在上，位于体后。
2. **动作执行**
（1）右手将毛巾向上拉。
（2）上身始终保持直立。

(a)　　　　　　　　　　(b)

图 10-16　肩关节外旋肌肉静态拉伸

七、肱二头肌静态拉伸（见图 10-17）

1．准备动作

（1）上身挺直，站立。

（2）上肢伸直放于体侧。

（3）掌心朝后。

2．动作执行

（1）牵拉时，上肢向斜后方后伸，同时前臂内旋。

（2）牵拉时，肘关节保持伸直。

（a） （b）

图 10-17　肱二头肌静态拉伸

八、肱三头肌静态拉伸（见图 10-18）

1. 准备动作
（1）坐于垫上，保持上身挺直。
（2）左侧肩关节前屈，肘关节屈曲。
（3）右手扶住左侧肘关节。
2. 动作执行
（1）牵拉时，右手将左侧肘关节向后上方推。
（2）肘关节尽量屈曲。

（a）

（b）

图 10-18　肱三头肌静态拉伸

九、前臂肌群静态拉伸（见图 10-19）

1. **准备动作**

（1）低跪在垫上。

（2）上肢伸直撑于地面，掌心向下。

（3）五指向后指向自己（大拇指向外），双手呈内"八"字形。

2. **动作执行**

身体重心逐渐向后移。

（a）

（b）

图 10-19　前臂肌群静态拉伸

十、前臂内旋、外旋肌肉静态拉伸（见图 10-20）

1. **准备动作**

（1）左上肢伸直，掌心向后，拇指向下。

（2）用右手握住左手手掌。
2. 动作执行
右手将左手腕屈曲及向外旋牵拉。

(a)

(b)

图 10-20　前臂内旋、外旋肌肉静态拉伸

十一、背阔肌静态拉伸（见图 10-21）

1. **准备动作**
（1）跪在垫上，上肢伸直放在垫左侧位置。
（2）右掌心朝上，左手按住右掌。
2. **动作执行**
（1）身体向右侧做水平侧向后移动。
（2）背部不要下塌。

(a)

(b)

图 10-21　背阔肌静态拉伸

十二、胸大肌静态拉伸（见图10-22）

1. 准备动作

站立位。肩关节外展，右肘屈曲90度，右前臂紧贴并固定于墙壁。

2. 动作执行

（1）牵拉时，右侧上肢位置保持不变。

（2）以右侧肩关节为轴，向左侧旋转身体。

（a）

（b）

图10-22 胸大肌静态拉伸

十三、臀大肌静态拉伸（见图10-23）

1. 准备动作

（1）支撑俯身，腰背挺直。

（2）将右腿往前及膝屈曲。

（3）将左腿移至身体后方，伸直，脚背朝下。

2. 动作执行

上身向前靠近右前侧大腿，使肚脐尽量贴近大腿。

(a)

(b)

图 10-23　臀大肌静态拉伸

十四、屈髋肌群静态拉伸（见图 10-24）

1. 准备动作

（1）弓步，腰背挺直，双手叉腰。

（2）右腿屈膝大于 90 度。

（3）左腿往后，小腿贴于垫上。

2. 动作执行

（1）重心前移，使双腿打开幅度增加。

（2）保持骨盆稳定在中立位，不要前倾。

(a)

(b)

图 10-24　屈髋肌群静态拉伸

十五、股四头肌静态拉伸(见图10-25)

1. 准备动作
(1) 站立位。
(2) 髋关节保持不动,左膝屈曲。
(3) 左手握住左踝关节或脚背。

2. 动作执行
(1) 将小腿拉近大腿。
(2) 左大腿垂直于地面。

(a)　　　　　　　　　　　(b)

图10-25　股四头肌静态拉伸

十六、股二头肌静态拉伸(见图10-26)

1. 准备动作
(1) 长坐位,上体保持正直坐在垫上。
(2) 左腿伸直,右腿盘腿,右脚掌贴于左侧大腿内侧。
(3) 左脚尖朝上。

（4）双手伸直向前。
2. 动作执行
（1）上身前倾向大腿靠近。
（2）保持上身伸直，不得屈曲，左膝伸直。

(a)

(b)

图 10-26　股二头肌静态拉伸

十七、大腿髋内收肌群静态拉伸（见图 10-27）

1. 准备动作
（1）上身挺直，屈腿坐于垫上。
（2）双手放于双膝上。
2. 动作执行
手用力按腿，使腿靠近垫子。

(a)

(b)

图 10-27　大腿髋内收肌群静态拉伸

十八、腓肠肌静态拉伸（见图 10-28）

1. **准备动作**
（1）面朝墙站立。
（2）右腿往后屈曲，左腿伸直。
（3）前脚掌贴于墙面，同时脚跟尽量靠近墙面。
（4）双手扶墙保持身体平衡。
2. **动作执行**
（1）右膝逐渐伸直将重心前移以牵拉左小腿。
（2）防止左膝关节超伸。

（a）　　　　　　　　　　（b）

图 10-28　腓肠肌静态拉伸

十九、比目鱼肌主动静态拉伸（见图 10-29）

1. **准备动作**
（1）弓步，上身正直，双手叉腰。
（2）左腿往后屈曲约 30 度伸直，全脚掌着地。
2. **动作执行**
重心往下，使左小腿与地面夹角缩小以牵拉左小腿。

图 10-29　比目鱼肌主动静态拉伸

第四节　本体感觉神经肌肉促进拉伸技巧

一、肱二头肌 PNF 拉伸（见图 10-30）

1. **准备动作**

运动员上身保持正直坐在垫上，双手往后及掌心向上。体能教练站在运动员身后，双手分别握住两侧腕关节，使其上肢伸直后伸。

2. **动作执行**

（1）先向上提拉运动员双臂至最大限度，随后向后进行轴向牵拉，至运动员有轻微拉伸不适感，保持 10 秒。

（2）运动员进行肘关节屈等长收缩 6 秒，对抗体能教练施加的阻力。

（3）运动员放松，体能教练进行更大幅度的肱二头肌拉伸，并维持 30 秒，可重复进行。

3. **注意事项**

（1）幅度不要过大，肘不可高于肩。

（2）肘关节保持伸直。

（3）腰背挺直。

(a)   (b)

图 10-30 肱二头肌 PNF 拉伸

二、肱三头肌 PNF 拉伸（见图 10-31）

1. 准备动作

运动员上身保持正直坐在垫上，左手提高举过头顶，肘弯曲。体能教练单腿跪于运动员身后，左手握住运动员左肘稳定关节，右手握住运动员前臂末端。

2. 动作执行

（1）体能教练右手缓慢向下施加压力，至运动员有轻微拉伸不适感，保持 10 秒。

（2）运动员进行肘关节伸等长收缩 6 秒，对抗体能教练施加的压力。

（3）运动员放松，体能教练进行更大幅度的肱三头肌拉伸，并维持 30 秒，可重复进行。

(a)   (b)

图 10-31 肱三头肌 PNF 拉伸

三、胸大肌 PNF 拉伸（见图 10-32）

1. 准备动作

运动员跪在垫上，双手交叉于头部后侧。体能教练站在身后，双腿抵住运动员的大臂，双手扶着运动员大臂中间靠近肘关节的位置。

图 10-32　胸大肌 PNF 拉伸

2. 动作执行

（1）体能教练缓慢给运动员大臂施加斜后方的压力，从被动的胸大肌静力拉伸开始，会有一点轻微的不适感，大约持续 10 秒。

（2）运动员缓慢地进行肩关节内收对抗体能教练施加的阻力，做等长收缩 6 秒。

（3）运动员放松呼气，体能教练做更大幅度的胸大肌静力拉伸 30 秒，可重复进行。

四、大腿内收肌群 PNF 拉伸（见图 10-33）

1. 准备动作

运动员坐在垫子上，双腿打开，两脚并拢，双手抓住自己的前脚掌，体能教练跪在运动员身后，双手按住运动员的大腿内侧靠近膝关节的位置。

2. 动作执行

（1）体能教练双手放于运动员大腿内侧靠近膝关节位置，缓慢往下施加压力至运动员有轻微的拉伸不适感并维持 10 秒。

（2）运动员进行髋内收等长收缩6秒，对抗力量。

（3）运动员放松，体能教练进行更大幅度的大腿内收肌拉伸并维持30秒，可重复进行。

图 10-33　大腿内收肌群 PNF 拉伸

五、股四头肌 PNF 拉伸（见图 10-34）

1. 准备动作

运动员俯卧在垫上，左腿膝屈曲，右腿伸直，体能教练跪在垫上，将运动员左腿放在双膝中间以固定，左手按住左侧骨盆作固定，右手扶住左侧踝关节。

2. 动作执行

（1）将运动员小腿向前下方推，使小腿靠向大腿后侧（膝屈曲）至极限，运动员有轻微拉伸不适感，保持10秒。

（2）运动员进行膝关节伸等长收缩6秒，对抗体能教练施加的压力。

（3）运动员放松，体能教练进行更大幅度的股四头肌拉伸并维持30秒，可重复进行。

(a)

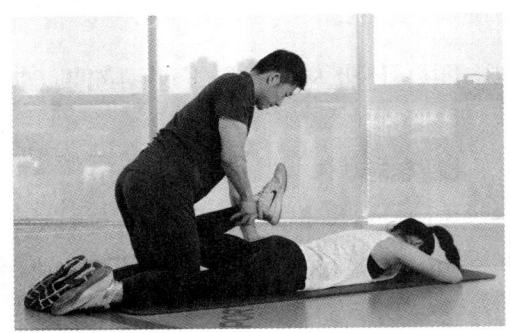
(b)

图 10-34　股四头肌 PNF 拉伸

本章小结

体能教练为运动员训练后进行整理放松,不但能加速运动员的体能恢复,为下一次的体能训练做好准备,更能修复运动员在训练中出现肌肉僵硬及关节活动幅度减少的情况,预防运动受伤情况的出现。因此,体能教练需要提醒运动员对训练后调理的重要性,这是抗阻训练及技术训练后必须进行的一个重要环节。

参考文献

[1] 苏同生,强军,万兆新. 基于闸门控制学说雀啄灸治疗慢性痛的机理探析[J]. 陕西中医,2017(5):652-653.

[2] 邓华荣. 篮球运动员训练后疲劳消除与运动营养研究[J]. 文体用品与科技,2019(9):211-212.

[3] 胡传峰. 如何加快运动员训练后的恢复进度[J]. 科技创新导报,2014(10):251.

[4] 房国梁,夔超艺,赵杰修. 时差反应对运动员的影响及应对策略[J]. 中国运动医学杂志,2015(9):918-922.

[5] 殷越,吴昊. 冷水浴缓解运动性疲劳的效果差异性探析[J]. 中国运动医学杂志,2018(3):256-262.

[6] 聂文良. 跑步经济性相关下肢刚度与神经肌肉力量训练适应性研究[D]. 苏州:苏州大学,2013.

[7] 郑洲会. 睡眠障碍的综合治疗[J]. 中国医学创新,2012(1):127-128.

[8] 赵辰砚,马旭,刘建军,等. 不同冷疗方案对肌肉延迟性酸痛治疗作用的对比[J]. 中国组织工程研究,2017(24):3827-3832.

[9] 肖国强,石真玉,王军利. 桑拿浴后渐增负荷运动对有氧能力的影响[J]. 体育学刊,2004(2):41-43.

[10] 王瑞元,苏全生. 运动生理学[M]. 北京:人民体育出版社,2012.